～“さんため”から“クッションモデルTM”へ～

# 新・中間省略登記が図解でわかる本

改訂版

フクダリーガル コントラクツ＆サービシス司法書士法人 代表社員
司法書士 福田 龍介 著

住宅新報出版

# はじめに

本書の初版に筆者は、「私がこの本を執筆したきっかけ」は「“新・中間省略登記”は『大変メリットのある手法なのに、なぜ十分に普及していないのか？』という疑問を抱いたことである」と書いた。

幸い初版は「大変読みやすくわかりやすい」という評価を得、この10年で新装版を含め７回の増刷を重ねていただいた。

そして「三為（さんため）」（「第三者の為にする契約」の略）という俗称が生まれるほど、この手法は不動産業界に広く普及し定着した。すでに「新」中間省略登記ではなくなっているといってもよいかもしれない（“新・中間省略登記”という言葉を使うと「また新しい手法が出てきたのですか？」と聞かれることもある）。

“新・中間省略登記”を積極的に利用されている大手不動産会社の方から「福田さんのおかげで年間数千万円〜億単位の金額を取引当事者に還元できています」という感謝の言葉をいただくことが一再ならずある（私には直接的には何の見返りもないのが残念である（笑））。

筆者が代表を務める司法書士法人でも、取り扱う不動産登記に“新・中間省略登記”が占める比率は年々高まっている。特に投資用不動産（新築・中古）の登記に限れば、それはさらに高まる。

こういった“新・中間省略登記”の普及に本書は少なからぬ貢献をしてきたと自負しており、その意味で本書は所期の目的を達したといってもよいであろう。

しかし一方で、この手法に関しては新たに読者にお伝えしたい事もこの１０年余りの間に少なからず蓄積された。これらに関してはセミナー等で情報発信をしてきたが、ここで一度書籍として取りまとめ、改訂版として出版させていただくことにした。改訂版で新たにお伝えしたいことの概要は概ね下記のとおりである。

## 1　クッションモデル™の再認識と活用実例

今年（2021年）“新・中間省略登記”は政府承認15周年を迎え、前述したとおり不動産業界に広く普及し定着した。

ここに至るまでの道のりは決して平たんなものではなかったが、この手法が普及・浸透したのは規制改革会議がその答申で評価した「中間省略登記は不動産取引ひいては経済の活性化要因である」という点が広く社会に受け入れられたからに他ならないといえよう。

しかし、実は不動産取引の活性化に資するのは“新・中間省略登記”より、まずはその土台であるクッションモデル™なのである。“新・中間省略登記”はそれをより価値のあるものにする働きをしているに過ぎない。

クッションモデル™とは何か、そしてその活用実例については本文を参照されたいが、一言で言えばこれまで光を当ててこられなかった「転売型不動産取引モデル（注）」に、積極的かつ肯定的な意義を見出すということである。

なお、その活用実例についても初版（「第２部 第３章 どんな動機・目的で利用されるのか？」）では紹介しきれなかった、あるいは初版当時にはなかった活用法に関する情報も数多く蓄積されてきたので、改訂版ではそれを詳しく紹介したいと思う。

（注）本書初版では「第三者介在型不動産取引」と言っていた。

## 2　批判や疑問に答えること

一方で依然としてクッションモデル™や“新・中間省略登記”の利用に対する批判や否定的な取扱いについても仄聞（そくぶん）するため、それに答えることの必要性も感じている。もっとも批判内容には変化がみられる。

最近の批判は“新・中間省略登記”の開発当初（2006～2007年頃）の批判（新しいことには必ず反対意見が出てくるものである）、とはいささか趣を異にしているようである。

開発当初は「節税」すなわち“新・中間省略登記”の中核的な意義についての誤解や偏見に基づくものが多かったが、最近は“新・中間省略登記”が用いられる場面（クッションモデル™）についての漠然とした印象に基づくものが多いように感じられる。そこでその印象がいかに誤った情報に基づく誤解であるのかについても本書では十分に解説を施したつもりである。

また普及が進んだ反面、誤った使い方によるトラブルも少なからず発生しており、それが批判の要因ともなっている。その点についても答えることとした。

# 本書の構成について

上述したように、本改訂版を出版するに至った最大の理由は、初版刊行以降初版で伝えきれなかったものや新しく伝えたいものが蓄積されたことにある。その第一がクッションモデル™であり、第二が”新・中間省略登記”に対する批判や疑問に答えること、である。

ただ、未だに“新・中間省略登記”に関する実践的な解説書が本書以外に存在しないことにより、基礎的な知識を求めて購入される方もいらっしゃるため、それらについて十分な解説を施すことも依然として求められている。

そこで本書の構成は第一にクッションモデル™についての解説と活用事例、第二に”新・中間省略登記”に関する疑問の解消、そして最後に“新・中間省略登記”の基本的事項の詳細な解説という体裁をとることとした。

# 謝　辞

本書は実に多くの方々の支援の下に執筆することができた。初版の前書きにはそれらある意味「生みの親」ともいうべき方々への謝辞を述べさせていただいた（この改訂版にも当然ながら再録させていただいた）。もちろん、この改訂版においても本業を支えて下さった弊司法書士法人のメンバーや顧問の諸先生方、そして妻の力に大きく支えられたことは言うまでもない。改めて感謝申し上げる。

そして、初版から大変お世話になり、改訂版においても根気よく執筆にお付き合いいただき、素晴らしい書籍に仕上げて下さった住宅新報出版の編集者のみなさまにも深甚の感謝を申し上げる。また、クッションモデル™・“新・中間省略登記”の活用に関してご指導いただいた（株）スマイルゲート代表取締役社長滝澤将史氏、税務会計面の監修をしていただいた税理士木村祐司氏及び公認会計士兼税理士町山修一氏並びに公認会計士萩原剛氏、そして書式をご提供いただいた司法書士大野静香氏の各氏にも厚く御礼申し上げる。

そして最後に、この改訂版においては特に今は亡き川口雅弘さん（元弊司法書士法人所属司法書士）へ感謝を捧げたい。

川口さんには私の講演原稿・スライドを書籍の形に整える作業を行っていただいただけでなく、裁判例の調査を行っていただくなど、この本の法的な整備をしていただいた。また、学究肌だった川口さんの実務家とは異なった視点からの意見は新鮮で、川口さんとの議論を通じ本書の内容がより充実し、精緻なものになった。さらにペースメーカーとしての役割も果たしていただいたため、川口さんが病に倒れたことで本書の執筆も一時中断することになってしまった。川口さんが復帰すればもう少し早く執筆も再開できたのかもしれなかったが、願い空しく一昨年８月川口さんは帰らぬ人となり、私の筆も止まってしまった（皮肉にもコロナ禍という大災厄が執筆再開のきっかけとなり、本書の上梓にこぎつけることはできた）。

この場を借りて川口さん、今は亡き旧友（奇しくも同年であり、はるか昔に別の職場で机を並べていたこともあった）の冥福を心より祈るものである。

2021年9月

新型コロナウイルス４度目の緊急事態宣言下の東京にて

福田 龍介

※ｐⅤ～ｐⅥは初版の序文に掲載したもの

# はじめに

## 1　私がこの本を執筆したきっかけ

それは、**“新・中間省略登記”は「大変メリットのある手法なのに、なぜ十分に普及していないのか？」**という疑問を抱いたことである。

“新・中間省略登記”は、一時的あるいは形式的に不動産取引の当事者になる者について、通常課税される流通税（不動産取得税、登録免許税）合計約３～４％が発生しないようにする知恵、工夫であり、政府の承認を受けたものである。

このような、当事者に少なからぬ恩恵をもたらす“新・中間省略登記”が、公認されてから３年を経過した現在も、一部を除いて十分に普及していない現状に疑問を感じたことが、本書執筆の契機となった。

## 私がこの本に込めた願い

**【願い1】**

**この本によって“新・中間省略登記”を全国に普及させること**

そのために次のような工夫をした。

1　“新・中間省略登記”の意義や方法について、**図解を多用**して一般の方にもできるだけ**わかりやすく解説**する（☞第1部「理論編」）。

2　**最新の実務情報**を可能な限り全て公開し、この本一冊で“新・中間省略登記”を利用する**あらゆる場面に対応**できるようにする（☞第2部「実践編」、第3部「書式編」）。

**【願い2】**

**司法書士の存在意義を世に問うこと**

そのために、技術的なことだけでなく“新・中間省略登記”という**「サービス」を提供するという姿勢と考え方**についても論じた。

## 私がこの本を書かせていただけた理由

① 新聞紙上でいち早く不動産登記法改正後の中間省略登記の可否について問題提起した（2005年1月、☞第4部「資料編」参照）。

② 新・中間省略登記が政府に公認される（2006年12月）に至る一連の過程の当初から関与した（規制改革会議での意見交換等）。

③ 司法書士として、恐らく日本で最も多くこの手段による登記手続を実践している。

④ 全国の司法書士会、不動産業界団体、学会等での講演活動、新聞・雑誌等への執筆、書籍の出版（前著『中間省略登記の代替手段と不動産取引』（共著、住宅新報社）等）を通じてこの手段の普及に尽力し続けている。

## 謝　　辞

中間省略登記問題について世に問うきっかけを与えていただいた住宅新報元編集長（現論説主幹）本多信博氏、“新・中間省略登記”を最初に発案された同紙記者遠藤信明氏、この手法を法律的に検証していただくとともに政府承認のきっかけを作っていただいた吉田修平弁護士、そして政府承認の実現に尽力していただいた規制改革会議委員の福井秀夫政策研究大学院大学教授の各氏に、深甚なる感謝の気持ちを捧げます。

また、我儘で怠慢な筆者に辛抱強くお付き合い下さり、本書を企画し素晴らしいものに仕上げて下さった住宅新報社実務図書編集部のみなさま、本当に有難うございました。

そして最後に、執筆のための時間を取らせていただき、支え続けてくれた事務所スタッフと妻に心から感謝します。

2010年3月

司法書士　福田 龍介

（フクダリーガルコントラクツ＆サービシス　代表）

# CONTENTS

## 第3章　トラブルに関する疑問を解消する



## 第4章　現場での対応をめぐる疑問を解消する



# 第３部　"新・中間省略登記"の基礎（理論編）

## 第1章　基礎知識



## 第2章　基本となる考え方

## 第5部　書式編



## 第6部　資料編

# 第1部

# “新・中間省略登記”の土台
# クッションモデル™

# 第1章

# クッションモデル™って何だろう？

# Q1 クッションモデル™とは何だろうか

## 1. クッションモデル™の意義

「はじめに」で述べたとおり、クッションモデル™はこれまで「三為」（“新・中間省略登記”の俗称）の陰に隠れて評価されてこなかった（むしろ否定的な面が過度にクローズアップされてきた）「転売型取引構造」に光を当てるため、筆者が考案した呼称（商標）である。

クッションモデル™＝転売型取引構造とは、Ａの所有不動産をＢが転売目的で買受けさらにそれをＣに転売するという取引のしくみであるが、間にＢを挟むことに意義があることから「クッションモデル™」と命名した。

クッションモデル™はこれまで不動産流通のしくみとして機能してきたが、近年はさらに活用が活発化し、大手不動産会社をはじめとした新規参入も増えている。これは不動産流通を活性化させるという政策の効果でもあるが、むしろクッションモデル™そのものの果たす機能（☞Ｑ２）の成果であるというべきであろう。

## 2. クッションモデル™の誤ったイメージ

クッションモデル™は消極的なイメージを持たれることがある。しかし不動産に限らず、商品の流通は全て（新製品市場も中古品市場も）転売型取引で成り立っており（注1）、消極的要素はどこにも見当たらない。不動産の転売型取引が消極的なイメージを持たれやすい理由は下記のようなところにあると思われる。

### ⑴ 直接売買モデルの多さ

不動産は高額な商品であり買い取って転売するにはリスクも大きいこと、また歴史的な理由（不動産の所有及び売買を行い得る身分が限定されていた）からもクッションモデル™でなく仲介（媒介）による直接売買モデルでの流通が多かった。

### ⑵ 悪用の歴史

クッションモデル™には以下の様に悪用されて来た歴史がある。

① 大手ハウスメーカーが数十億円規模の被害を受けたいわゆる「地面師詐欺」や悪徳事業者による詐欺的なシェアハウス投資などのセンセー

ショナルな事件。

② 悪質な「転売屋」の存在。しかしこれは不動産市場に限った事ではない。新しい商品・サービスや市場が生み出されるたびに、転売屋が登場し、その対策が取られ、場合によっては法による規制が行われるのが世の常である。

③ 投機的土地取引。しかしこれは過去のものと言ってよいであろう（注2)。

（注1）不動産以外の商品では「転売」という用語は一般個人が市場や小売店から購入したものをさらに売却するという意味で使われることが多い。事業者が行う転売は伝統的に「仲買い」や「卸」「問屋」「故買」「古物商」「中古品販売」といったしくみとして成立してきたため「転売」という用語は使われない。不動産の場合は転売自体が事業性を持ち、免許が必要とされ、一般個人（非免許保持者）が行う事は許されない。呼称としては「買取再販（事業)」という呼び方が定着しつつあるが、筆者はより広いモデルとしてクッションモデル™という呼び方を提唱するものである。

（注2）かつての「土地ころがし」に象徴される投機的な土地取引のイメージである。しかし地価はバブル崩壊以降ほぼ一貫して長期的な下落傾向にあり、土地神話も今は昔の話であって投機的土地取引は起こりにくい状況になっている。したがってこんなイメージも払拭されるべきであろう。

## クッションモデル™とは

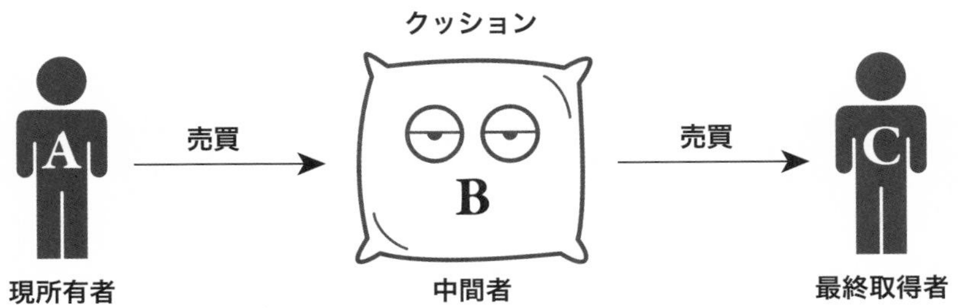

# Q2 クッションモデル™の機能

“新・中間省略登記”の土台であるクッションモデル™は様々な機能を果たすことによって不動産取引、ひいては経済の活性化に寄与してきた。主な機能は以下のようなものである。

## 1. リスク吸収機能

クッションモデル™の果たす機能のうち最も重要なものがこれである。他の機能は仲介モデルでも、ある程度提供は可能と解される。また、不動産の場合は金額の大きさに比してリスクが見えにくいため、特にこの点の重要度が高い。

売主と買主の間に入る不動産事業者が下記のような様々なリスクを吸収する。

### ⑴ 買主側

不動産に内在する危険、権利に内在する危険、売主そのものやその行動に内在する危険（引渡しを受けられない危険等）、等々

### ⑵ 売主側

売れないことの危険、価格下落の危険、宅建免許を要求される危険（無免許営業により処罰される危険）、買主そのものやその行動に内在する危険（代金を受け取れない危険等 ）、等々

### ⑶ 双方

相手方が倒産する危険（無資力化する危険）、等々

## 2. 不動産の選別・評価機能

市場にあふれる数多の不動産情報から専門家の目でより良い不動産を選別し適正な価格設定を行う。

## 3. 価値増大機能

リノベーション（改装＝修復及び改良）がその最たるものである。

## 4. 時間短縮機能

資金力のある事業者が早期に買取りを行うことで売主の早期資金化を可能とする等

## 5. 規制対処機能

相続税法、消費税法等各種税法、会社法、農地法、等々の規制への対処を最

適化する。

**6. 利害調整機能**

売主・買主双方の相反する利害を調整する。

**7. 連続承継機能**

売買以外でも不動産承継を連続的に行うことを可能にする。

**8. その他**

上記以外の積極的な意義（動機・目的）。

※BがAから買取る時点ですでに転売先のCが決定していたり、先にＡＣ間の売買が決定しているにも関わらず、わざわざ一旦ＡからＢに売却し、さらにＣに転売するスキームも多い。

## クッションモデルTMの機能

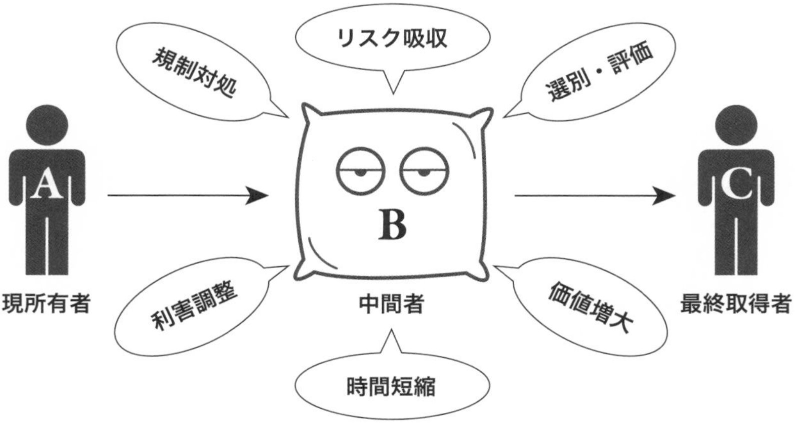

# Q3 クッションモデル™の実例一覧

## Ⅰ．典型的クッションモデル™

### ㈠ 買取り再販スキーム

リスク吸収機能、選別・評価機能、価値増大機能、時間短縮機能…Q5、Q6、Q7

### ㈡ 専有卸スキーム

リスク吸収機能…Q8

### ㈢ グループ連携スキーム

リスク吸収機能…Q9

### ㈣ 借地権付分譲スキーム

リスク吸収機能、価値増大機能…Q10

### ㈤ とりまとめスキーム

リスク吸収機能…Q11

### ㈥ ファンドの出口対策スキーム

規制対処機能…Q12

### ㈦ 競売・払下げスキーム

規制対処機能、リスク吸収機能、選別・評価機能…Q13

### ㈧ 農地承継スキーム

リスク吸収機能、価値増大機能、規制対処機能…Q14、Q15、Q16

## Ⅱ．非典型的クッションモデル™

### A 予防型クッションモデル™

#### ㈠ 契約不適合責任回避スキーム

リスク吸収機能…Q17

#### ㈡ 無免許営業回避スキーム

リスク吸収機能、規制対処機能…Q18、Q19

#### ㈢ 一括買取・再販スキーム

リスク吸収機能…Q20

#### ㈣ 直接取引回避スキーム

リスク吸収機能…Q21

**B 調整型クッションモデル™**

**(ア) 建物代金比率不一致解消スキーム**

規制対処機能、利害調整機能…Q22

**(イ) 相続税、贈与税軽減スキーム**

規制対処機能…Q23

**(ウ) 会社分割・合併スキーム**

規制対処機能…Q24

**C 攻撃型クッションモデル™**

**(ア) Win$^{\times 3}$スキーム**

リスク吸収機能、価値増大機能、利害調整機能…Q25

**(イ) 相続関連スキーム**

**i 遺産分割後売却スキーム**…Q26

連続承継機能

**ii 特定遺贈後売却スキーム**…Q27

連続承継機能

**iii 相続後売却スキーム**…Q28

連続承継機能

**iv 死因贈与後売却スキーム**…Q29

連続承継機能

**D その他**

**(ア) 売上増大スキーム**

利害調整機能？…Q30

**(イ) 利益抑制スキーム**

利害調整機能？…Q31

# Q4 クッションモデル™と“新・中間省略登記”の関係

## 1．中間者Bの所有権取得の必要性

クッションモデル™においては、中間者Bは不動産を所有する必要がないのが通常である。売買契約上の買主兼売主になることに意味があり、それだけが必要なのである。

すなわち、クッションモデル™がその機能（☞Q２）を発揮するために、Bが所有権を取得する必要性はないのである。

しかし単純なクッションモデル™では、Bは必要のない所有権及びその登記名義を取得しさらにそれに伴う税金（不動産取得税及び登録免許税）を支払わなければならないことになる。これは合理的ではない。

## 2．“新・中間省略登記”の役割

そこで、この不合理を解消するために考案したのが“新・中間省略登記”である。

クッションモデル™において“新・中間省略登記”を活用すれば中間者Bは所有権を取得する必要はなく、所有権を取得した場合に負担する登録免許税及び不動産取得税（合わせて不動産評価額の４％前後）をゼロにすることができる。これが、“新・中間省略登記”が「不動産取引の活性化に寄与する」といわれる（2006年の規制改革会議答申）所以である。

## 3．“新・中間省略登記”が付与する価値

すなわち“新・中間省略登記”は、クッションモデル™の価値をさらに高めるものなのである。

中間者のコスト負担（税）を軽減するということは中間者の利益であるだけでなく、例えば買取り再販の場合の買主としては、“新・中間省略登記”を行わない買主よりも有利な条件で買い取ることができ、また同じく売主としては“新・中間省略登記”を行わない売主よりも有利な条件で売却することができる。つまり、より高く買い、より安く売ることができるのである。

不動産評価額の４％前後の範囲でのことであるが、この差が熾烈な競争にさらされるビジネスシーンにおいては大きな意味を持つことになる。

## “新・中間省略登記”が付与する価値

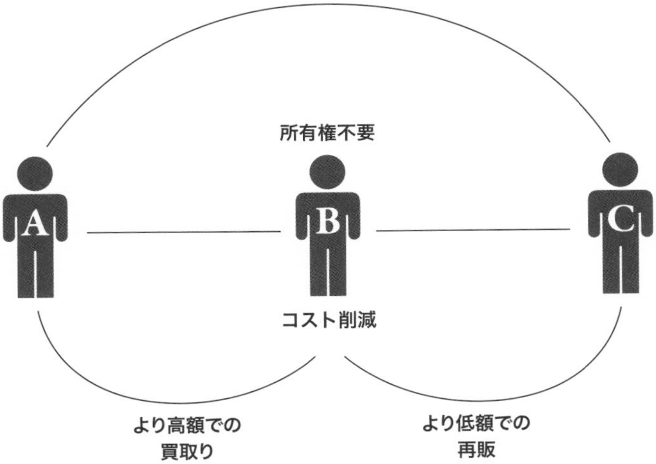


## クッションモデル™と“新・中間省略登記”の関係

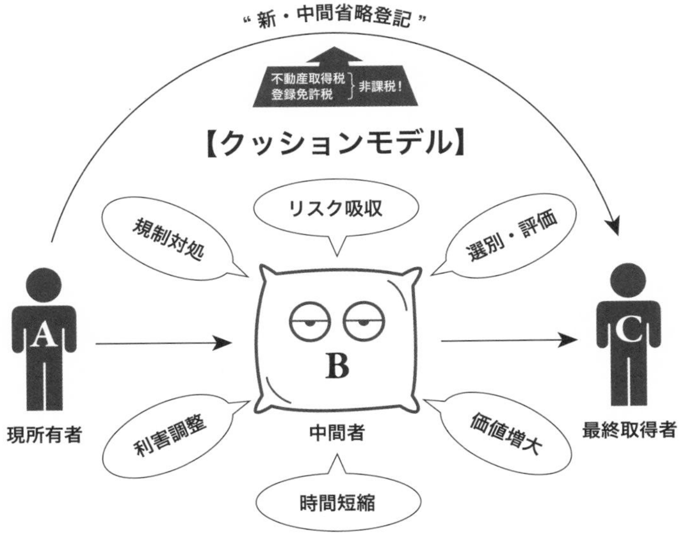

# 第2章

# クッションモデル™の実例

# I　典型的クッションモデル™

買取り再販 → Q5・Q6・Q7

専有卸 → Q8

グループ連携 → Q9

借地権付分譲 → Q10

とりまとめ → Q11

ファンドの出口対策 → Q12

競売・払下げ → Q13

農地 → Q14・Q15・Q16

# Q5 買取り再販スキーム

## ◆リスク吸収機能、選別・評価機能、価値増大機能、時間短縮機能

### 1. 発揮する機能

クッションモデル™の具体的な活用例のうち、最も利用数が多いと思われる買取り再販スキームはこのモデルの果たす機能の中で主に下記の機能を発揮することにより市場の活性化に寄与するため、その利用が増えている（機能の内容はＱ２参照）。

**(1) リスク吸収機能**

**(2) 不動産の選別・評価機能**

**(3) 価値増大機能**

**(4) 時間短縮機能**

### 2. 事業者が獲得する利益

初版ではこのビジネスについて「リスクを犯して大きな利益を上げる」「得られる利益には（規制のある仲介手数料に比べて）制限がない」と書いたが、このモデルが市場に受け入れられ一般化してくると当然価格競争も起こり、そこで獲得できる利益も適正な水準に収まってきたのではないかと思われる。

すなわち、クッションモデル™の提供する機能に見合った利益・報酬を獲得する、ということである。買取り再販事業者は物件と人を見極めた上で、後述する機能を提供するにふさわしい報酬が獲得できると判断した場合、買取りに参入する。

### 3. “新・中間省略登記”の活用

事業者自らが買主・売主になるが、自ら所有権を取得する必要性はない。そこで、“新・中間省略登記”の手法を用いる事で流通税負担をなくし、売主に対してはより有利な買取り価格を、買主に対してはより有利な売却価格を提示することができる。

ただし、初版当時は同じ買取り再販ビジネスでも“新・中間省略登記”を採用していたのはいわゆる賃貸用不動産（投資用マンション）の買取り再販ビジネスのケースが大半であり、実需（居住用）の不動産の場合にはほとんど“新・中間省略登記”は用いられていなかった。

しかし、近年になってある居住用不動産買取り再販の大手企業が“新・中間

省略登記”の採用に方針を転換したため、今後、実需の買取り再販ビジネスでの利用増加が予想される（☞Q6、Q7）。

## 買取再販スキーム

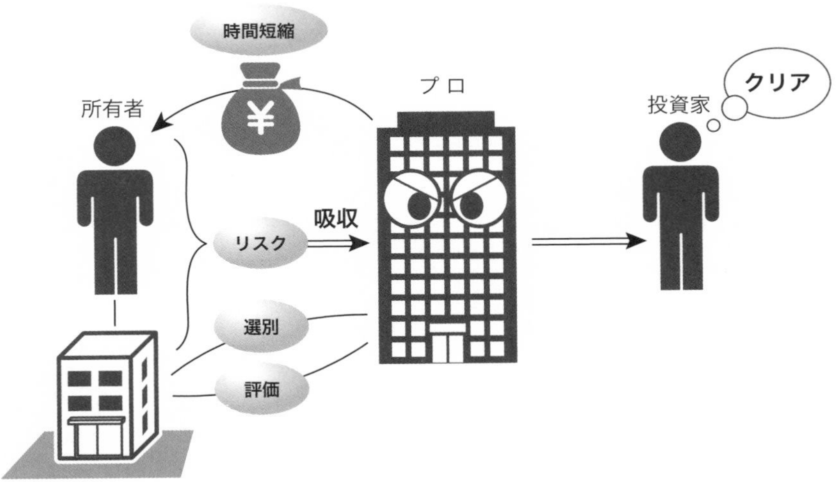

# Q6 買取り再販（実需）スキームでの“新・中間省略登記”の課題

## 1. 実需買取り再販で“新・中間省略登記”が行われてこなかった理由

“新・中間省略登記”を利用すれば節約できる税金は膨大な額（☞「はじめに」）に上ると考えられるが、これまで実需の買取り再販では“新・中間省略登記”を利用している事業者（特に大手では）は、ほとんどいない状況であった。

仄聞するところを整理すると、その理由は以下のとおりである。

### ⑴ “新・中間省略登記”共通の事項

① 特約の説明が面倒である。

② 買取り代金を融資で賄う場合、担保設定のため所有権移転が必要となる。

③ 再販事業者自らが所有者である方が買主に安心してもらえる。また、再販事業者が所有者として登記されていれば、所有者であることが一目瞭然でわかりやすい。

④ 買主Cに融資する金融機関や仲介事業者が“新・中間省略登記”に否定的である。

### ⑵ 実需買取り再販に特有な事項

① 買取り後にリノベーション工事が必要なため、それのない投資用不動産の買取り再販（オーナーチェンジ）に比べ、買取りと再販（決済）の間の期間が長い（３カ月程度又はそれ以上）。その間所有権を留保しておくのはリスクがある。

また印鑑証明書の有効期限が３カ月であるため、再販までの期間が３カ月を超える場合、印鑑証明書の差替え（売主Ａに新しい印鑑証明書を取得・提出してもらう）が必要になってくる。

② 所有権を留保したまま工事を行うと、再販が不調に終わった場合、工事代金の負担について売主とトラブルになりやすい。

## 2. 問題点の検討

### ⑴ “新・中間省略登記”共通の事項

これらに関して他分野ではすでに解決済みであり、実需買取り再販の分野でのみ問題とする理由はない。

### ⑵ 実需買取り再販特有の事項

#### ①所有権留保のリスク／印鑑証明書の期限

売主の信頼度とコストの比較衡量の問題であって、必要な場合は保全手段を講じればよい（☞Q51）。

印鑑証明書の差替えについては売買契約書に規定することで差替えを確実にすればよい（注）。

#### ②再販不調の場合のトラブル

売買契約書中にリノベーション費用の負担について取り決めることで解決できる（☞Q7）。

上記の方法で問題点を解決した某実需買取り再販大手事業者が、最近になって“新・中間省略登記”を採用することに方針を転換した。

（注）売主Aが再販事業者Bに3カ月ごとに最新の印鑑証明証を提出する旨及びそれに対しBからAに費用又は謝礼を支払う旨の規定。

## 実需買取り再販の課題

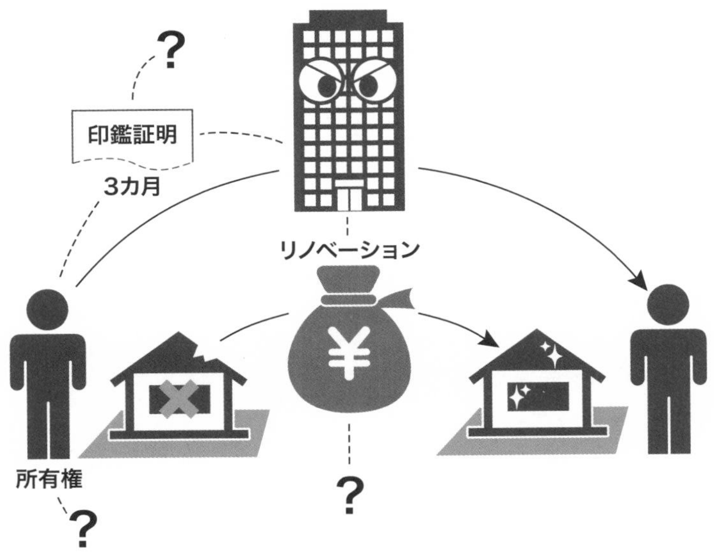

# Q7 買取り再販（実需）スキームで“新・中間省略登記”を行う方法

## 1．基本型

① 再販事業者Ｂが、所有者Aから区分マンション、戸建て住宅等を買い取る（売買代金を支払う）。

② 必要に応じて保全登記を行う（☞Q51）。

③ 所有権はＡに留保したまま、リノベーションを行う（注1）（注2）。

④ Ｂは、リノベーションを施したマンションや戸建てを、Ｃに転売する（“新・中間省略登記”によって所有権はＡからＣに直接移転）。

## 2．リスクを減らす方法

### ⑴ 売買契約のみでリノベーション

① 再販事業者Ｂが、現所有者Ａとの間で売買契約を締結する。

② Ｂが決済前に（所有権はＡに留保したまま）リノベーションに着手する（注3）。

③ Ｂは並行して買主Ｃを探す（なお、すでに購入希望者Ｃがいる場合は、Ａとの契約と同時に、Ｃとも契約する。）

④ Ｂは、リノベーション完成後（あるいは完成前）に、Ｃとの間で売買契約を締結する。

⑤ ＡＢ間、ＢＣ間の決済を同時に行う（“新・中間省略登記”によって所有権はＡからＣに直接移転）。

この方法は、Ａ及びＣにとって、次のようなメリットがある。

＜Ａにとってのメリット＞

現状では買い手が付かない劣化した物件が売却しやすくなる。

＜Ｃにとってのメリット＞

比較的廉価で希望に沿った仕様の住宅を購入できる（リノベーション代金が自分で発注するよりも低廉）。

### ⑵ 転売後にリノベーション

買取り再販事業者Ｂが、現所有者Ａとの間で売買契約を締結した後、リノベーション未了のままＣに売却（“新・中間省略登記”によって所有権はＡからＣに直接移転）し、その後リノベーションする。

例えば、一棟収益物件で、空室あるビルの借り上げ（空室保証）を前提に、Ｂが投資家Ｃに売却する場合に、この方法が用いられる。

この場合、買取り再販事業者Ｂが、売却後も投資家Ｃから借り上げて管理するため、ＣとＢとの間の信頼関係が重要となる。

（注1）売買契約書に「売買代金支払いと同時にAはBに当該不動産を引渡す（占有移転）」「売買代金支払後はBが当該不動産のリノベーション（増改築・修補・改良）を行うことをAが承諾する」を規定する。

（注2）売買契約書に「転売が不調に終わった場合にはＢが買取る」または「Ｂが工事代金を負担し契約解除する」と規定する。

（注3）売買契約書に「売買代金支払前であってもBが当該不動産のリノベーション（増改築・修補・改良）を行うことをAが承諾する」を規定する。

## 実需買取り再販の方法

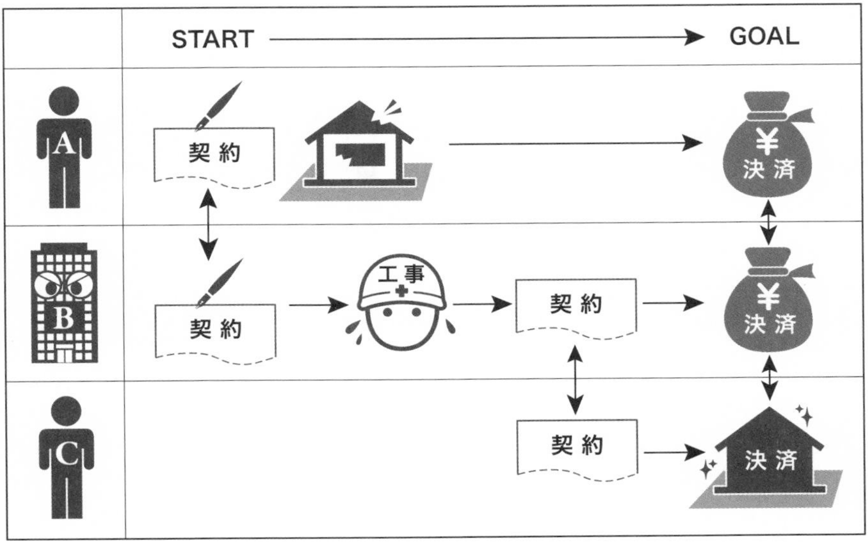

# Q8 専有卸スキーム
## ◆リスク吸収機能――営業リスク

### 1．「専有卸」の意義及び典型例

「専有卸」（せんゆうおろし）とは、不動産事業者Aが土地を取得してマンションを建て、そのマンションを一棟丸ごと不動産事業者Bに売却することをいう。「専有売買」（専有売り、専有買い）ともいわれる。

BはAが建築したマンションに自社ブランドを付けて分譲する、というのが「専有卸」を使った典型的な事業である。

### 2．「専有卸」の目的

専有卸が行われる目的は様々であるが、いずれもBがAの営業リスクを吸収するというクッションモデル™の「リスク吸収機能」である。

#### ⑴ Aが販売リスク（売れないという危険）を負いたくない場合（ブランド力・販売力のあるBと土地調達力のあるAの共同事業）

出口（専有卸先B）が決まってから、土地を整備し、あるいは建築を開始すれば販売リスクを負うことはない。もちろん、Aにとって取得できる収益は販売まで行った方が大きいが、それよりもリスクの低さを選ぶ場合である。

#### ⑵ Bの財務体質が弱く、マンションを建てるだけの資金調達力がない場合

BはAに建ててもらえば資金力は不要である。後にAから買い取るための資金は必要であるが、こういったケースでは、Bは分譲して売れるごとに、その代金の中からAに買取代金を支払って行くという取り決めをする。

そして、「一定の期限までに売れなかった場合は、買い取る」という約束をする。Bが販売力に自信があるからこそできる方式である。

#### ⑶ 不動産証券化の手法

信託受託者（信託銀行）Aがマンション用地の信託を受け、同土地上にマンションを建設し、不動産事業者Bに専有卸で売却し、Bが分譲する。受託者（信託銀行）や受益者（SPC・特別目的会社）には販売力がないため、販売力のある不動産事業者Bに頼るためである。

### 3．「専有卸」における“新・中間省略登記”の活用

いずれもBが$C_1$～Cnに対して分譲するが、その場合、“新・中間省略登記”を利用して、Aから直接所有権を$C_1$～Cnに移転させることができる。

この手法を用いれば、Bが流通課税を削減できるのは当然なのだが、Cが自己名義で所有権保存登記を行うことができる（不動産登記法74条2項）という利点もある。

すなわち、「専有卸」で"新・中間省略登記"を利用しない場合、B名義でいったん所有権保存登記を行い、Cに対しては所有権移転登記を行うことになるため、新築物件であるにもかかわらず、あたかも中古物件のような外観を呈する（現所有者Cの前に所有権登記をしている者がいる）ことになってしまうが、"新・中間省略登記"を利用すれば、買主C名義で直接所有権保存登記を行うことができるので、このような不都合を回避することができる。

## 専有卸

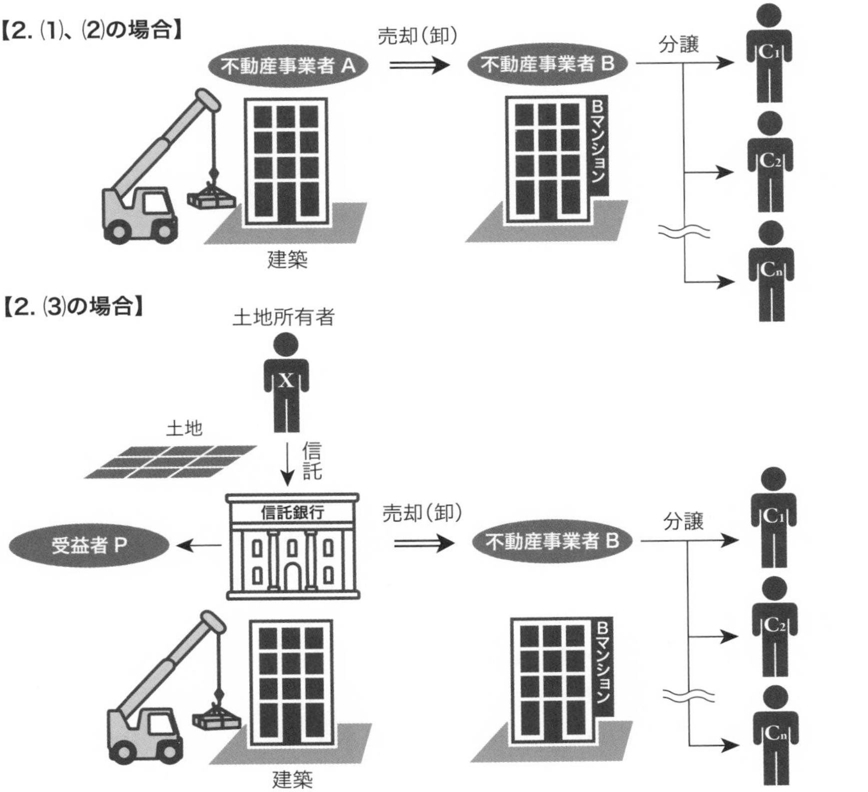

# Q9 グループ連携スキーム

## ◆リスク吸収機能——営業リスク

これは、「CRE戦略」の一環という位置付けである。

### 1．CRE（Corporate Real Estate）戦略とは

CRE戦略とは、企業不動産について、「企業価値向上」の観点から、経営戦略的視点に立って見直しを行い、不動産投資の効率性を最大限向上させていこうという考え方である。

CRE戦略は、以下のような特徴を持っている。

第一に、不動産を単なる物理的生産財としてとらえるだけでなく、「企業価値を最大限向上させるための（経営）資源」としてとらえ、企業価値にとって最適な選択を行おうということ。

第二に、不動産に係る経営形態そのものについても見直しを行い、必要な場合には組織や会社自体の再編も行うこと。

第三に、ITを最大限活用していこうということ。

第四に、CRE戦略においては、従来の管財的視点と異なり、全社的視点に立った「ガバナンス」、「マネジメント」を重視すること。（以上、国土交通省CRE研究会「CRE 戦略実践のためのガイドライン」2010年改訂版）

### 2．グループ連携スキームにおける「クッションモデル™」の利用

CRE戦略に基づき、売却を決定した不動産について、より有効な処分方法として活用されてきたのが、①親会社（一般事業会社）Aが、建売住宅やマンションのデベロッパー（開発分譲会社）Bを子会社ないしグループ会社として保有し、②企業不動産（自社所有の遊休地）を子会社（グループ会社）であるデベロッパーBに売却し、③Bが当該土地上に建物（分譲マンション、建売住宅等）を建てて分譲するという方法である。これがこのスキームにおけるクッションモデル™である。

例えば、典型的な例として挙げられるのが民間鉄道会社各社である。これらの会社は以前から系列不動産会社を持ち、沿線不動産を開発してきたが、自社所有遊休地の有効活用にも当然系列不動産会社を活用している。

これらの場合でも、もちろん“新・中間省略登記”を利用することができる。

特にこの例では、後に述べる（☞Q47）最終取得予定者Cまたは中間者Bが

所有権を取得できない「危険性」を考慮する必要がなく、“新・中間省略登記”を活用すべき典型例であるといえる。

## グループ連携スキーム

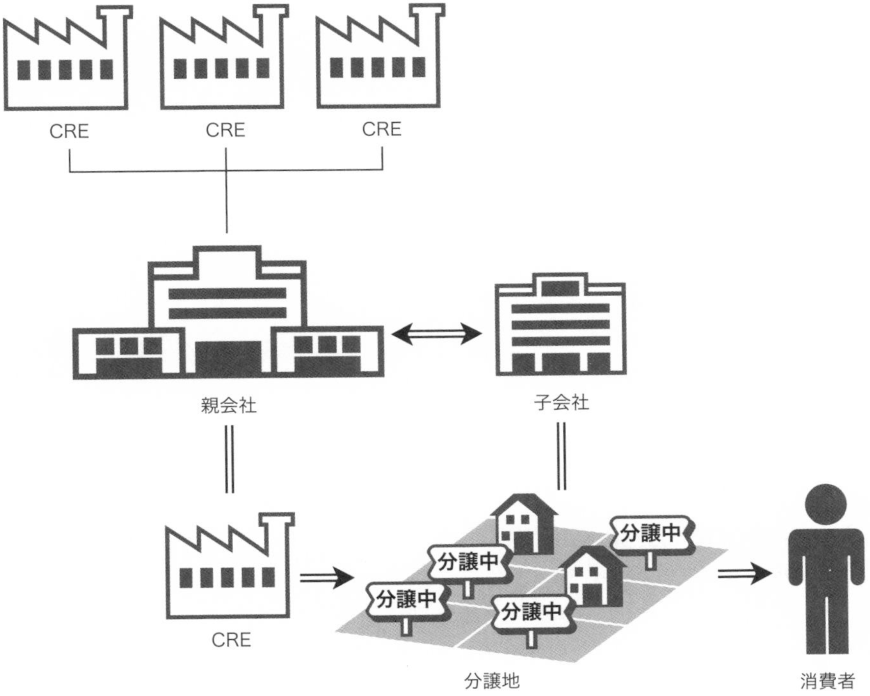

# Q10 借地権付分譲スキーム
## ◆リスク吸収機能、価値増大機能

### 1. 借地権付建売でのクッションモデル™

土地所有者Ａから事業主体Ｂ（売主／ハウスメーカー、デベロッパー等）が土地を賃借（定期借地等）して土地上に建物を建築し、建物竣工後に賃借権と建物を併せて買主Ｃに譲渡するというスキームである。所有権でなく賃借権ではあるが、権利の取得（発生）と譲渡がＡ→Ｂ→Ｃと連続するという点でクッションモデル™の一種（ＡＢ間の契約をＣが承継するという手順を経ることにより、Ｃが直接Ａと契約を結ぶリスクを吸収する機能が働く）である。

### 2. 賃借権登記の手順

**(ア) 旧不動産登記法下（2005年３月以前）**

売主Ｂ名義での賃借権設定が行われたが、Ｂ名義での賃借権設定登記を省略し冒頭から買主Ｃ名義での賃借権設定登記（「賃借権設定　賃借権者Ｃ」）が行われていた（旧・中間省略登記）。

**(イ) 現行不動産登記法下**

売主Ｂ名義での賃借権設定登記を経た上で、買主Ｃへの賃借権移転登記をするという扱いがされ、コストの増加要因となっている。

そこで、“新・中間省略登記”を活用してＢ名義の賃借権設定とＣへの移転（及び各登記）を省略し、コストを削減する方法を検討する。

### 3. “新中間省略登記”の応用

**(ア) 特約**

ＡＢ間の賃借権（定期借地権）設定契約において、賃借権はＢでなくＣ（Ｂの指定する第三者）が取得するという特約（第三者のためにする契約）を付す。すなわちＢは、Ａとの間で賃貸借契約を締結するが、自らは賃借権を取得しない（保証金等の支払い債務は発生）。

**(イ) 別途の土地利用契約**

Ｂは土地上に建物を建築する必要があるため、別途建物建築のための土地一時利用契約（賃貸借、使用貸借等）を締結する（登記は不要）。

**(ウ) 分譲手続**

建物竣工後、Ｂは建物については所有権をＣに譲渡し、土地については賃借権者としてCを指名するとともに賃貸借契約上の地位（主に賃料支払い義務）をCに譲渡する。

**(エ) "新・中間省略登記"の効果**

Bは賃借権を取得しない以上、登記上に登場することはない。賃借権はBがCを指名した時に発生する。実体上の権利変動は賃借権者をCとする賃借権の発生（設定）であり、それを忠実に反映する登記は「賃借権設定　賃借権者C」である。Bを賃借権者とする賃借権が発生していない以上、「賃借権設定　賃借権者B」→「賃借権移転　賃借権者C」とする登記はむしろ実体に反する。

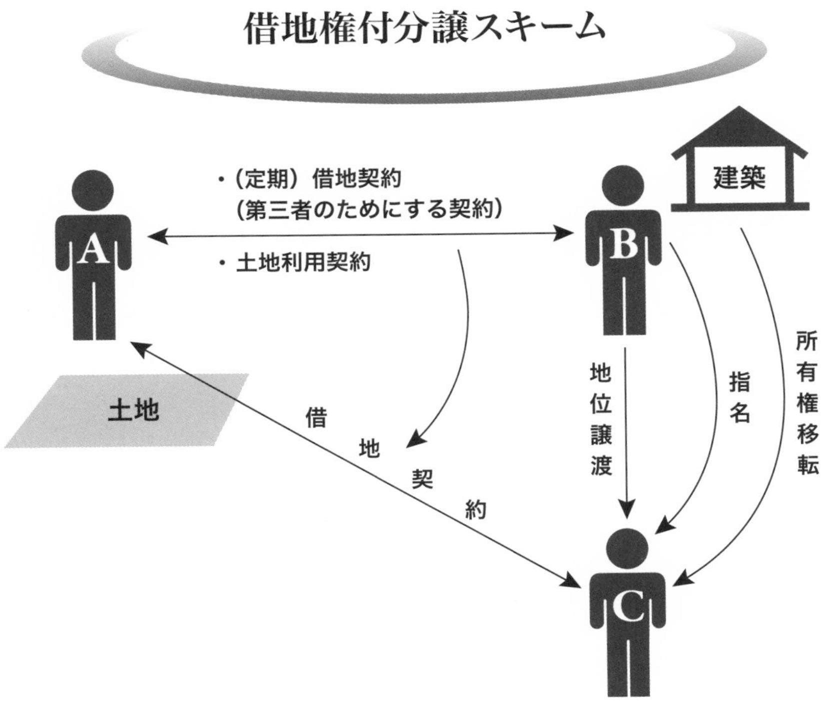

# 11 とりまとめスキーム
## ◆リスク吸収機能――営業リスク

「とりとめ事業」の例としては、次のようなものがある。

### 1．いわゆる「地上げ」の場合

多数の土地所有者・借地人がいる土地を一つにまとめて大規模再開発、太陽光発電施設建設などを行う場合、土地のとりまとめ自体は、事業主体となるデベロッパー等が行うのではなく、とりまとめの専門事業者が行うのが一般である。

すなわち、とりまとめの専門事業者（地上げ事業者）はいったん自社で土地を買い取り、すべての地権者から権利を買い取ることができた段階で、はじめて最終取得者（事業主体）に転売する。最終取得者は、一筆でもまとまらないうちは買わないのが通常である。

地権者を$A_1$～$A_n$、地上げ事業者をB、最終取得者をCとすると、「$A_1$～$A_n$→B→C」というクッションモデル™となる。そしてBは所有権を取得する必要がないので、“新・中間省略登記”を活用する。

ただ、売主A（地権者）が数十人にも上る地上げ案件では、次のような注意が必要である（☞Q58）。

⑴ 決済当日に一人でも欠けることがないようにする。そのためには、①当日欠席予定の場合は代理人を出席させること、②できるだけ早い時間帯を設定することが必要である。

⑵ 全員の同意が得られてから決済までの期間を短くする。①特に高齢者の場合は万が一のことがあると全体の手続がストップしてしまうからであり、また、②付随する行政手続（開発許可、農転許可等）の期間が経過してしまわないように、期間を確認しておくことが必要である。

### 2．借地権付建物の完全所有権化

借地権付戸建住宅が多数建っている土地や借地権付マンションで、地主（底地権者）が建物所有者（借地権者）に底地権を買い取ってもらう（完全な所有権にする）動きをする場合がある。この場合に、一般的な地主は建物所有者との個別交渉を行うことに慣れていない。そこで、地主の依頼により底地専門事業者等の第三者がまとめて底地権を買い取り、各建物所有者と交渉の上、個別に建物所有権を譲渡していくという方式を取ることがある。これもクッションモデル™である。この場合も、中間者である当該第三者は所有権を取得する必要がないので、"新・中間省略登記"を活用できる。

## 3．不動産の共同相続人の一部が残部を買い取って第三者に転売する場合

不動産の共同相続人の一部が、他の共同相続人から持分を買い取り、とりまとめて第三者に転売する場合である。

すなわち、不動産を多数の相続人が相続し、共有状態になっている場合に、当該不動産を売却して代金を共有者間で分配するにあたり、交渉や時間の経過を嫌がった共有者から他の共有者が持分を買い取り、とりまとめて、第三者と交渉の上で第三者に転売する場合、とりまとめ役の相続人は所有権を取得する必要はないので、"新・中間省略登記"を活用できる。

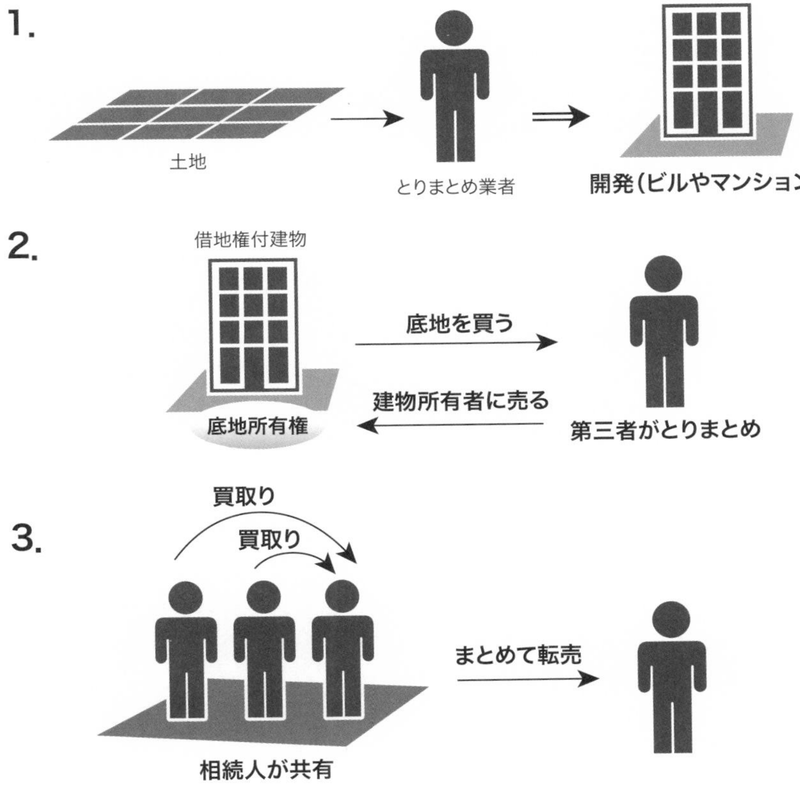

# Q12 ファンドの出口対策スキーム
## ◆規制対処機能

### 1．ファンドを組成する物件の買主が「現物化」する方法と問題点

#### ⑴ 買主が信託受益権を買受けた後に信託解除する方法の問題点

これまで、ファンドを組成している物件の売買で、買主が信託受益権でなく「現物不動産」（所有権）で保有したいという場合、信託受益権を買い受けた後、信託解除をして「現物化」するという方法を取るのが一般的であった（現物不動産の売買ではない）。

① しかし、近時、ファンドの「出口」（物件の売却先）として個人投資家や一般事業法人が登場する機会が増加してきている。
彼らは、「プロ」投資家と比較して、信託受益権あるいはファンドのスキームに馴染みが薄く、受益権の取引に抵抗感があることも少なくない。

② また、この取引を仲介するためには第二種金融商品取引業者の登録が必要であるが、大半の宅建業者は同登録を行っていない。そのため、多数の「買い情報」を有する宅建業者からの情報が集まりにくいという問題が生じている。

#### ⑵ 現物化後に売却する方法の問題点

法的には、現物化後に売却する（SPCが受益者のままで信託を解除し、信託物件の所有権を受託者から受益者に移転する）ことも可能である。

しかし、この方法ではSPC自体に不動産取得税・登録免許税が課せられてしまう。また、不動産特定共同事業法の許可が必要とされるケースも想定される。

#### ⑶ 信託銀行が信託不動産を売却する方法の問題点

受益者の指図に従って、受託者（信託銀行）自らが信託不動産を処分する（売却する）という方法もあるが、これは、受託者が契約不適合責任を負わない場合に限定されており、買主が宅建業者である場合以外（個人投資家、一般事業会社等）には、この方法は現実的には採用が困難である。

### 2．クッションモデル™の応用による解決

クッションモデル™を応用することで、これらの問題点を回避することができる。

クッションモデル™の売主Aに相当するのが受託者（信託銀行）、買主（中間者）Bに相当するのが受益者（SPC）、最終買主Cが個人投資家や一般事業会社である。すなわち、一般的なクッションモデル™ではAB間は売買であるが、本件では信託解除（合意）である。

さらに、"新・中間省略登記"を利用することが必要である。その手順は以下のとおりである。

① AB間で、信託解除の合意中に、"新・中間省略登記"の特約（第三者のためにする契約）を設ける。これには、信託契約及び信託目録の一部変更を含むことになる。

② BC間で通常の現物不動産の売買契約（他人物売買、"新・中間省略登記"の特約付）を締結する。

これによって、信託契約終了時の信託不動産の交付先はCとなり、BC間の売買契約上の義務の履行としてAから直接Cに所有権が移転することになるわけである。

## ファンドの出口対策

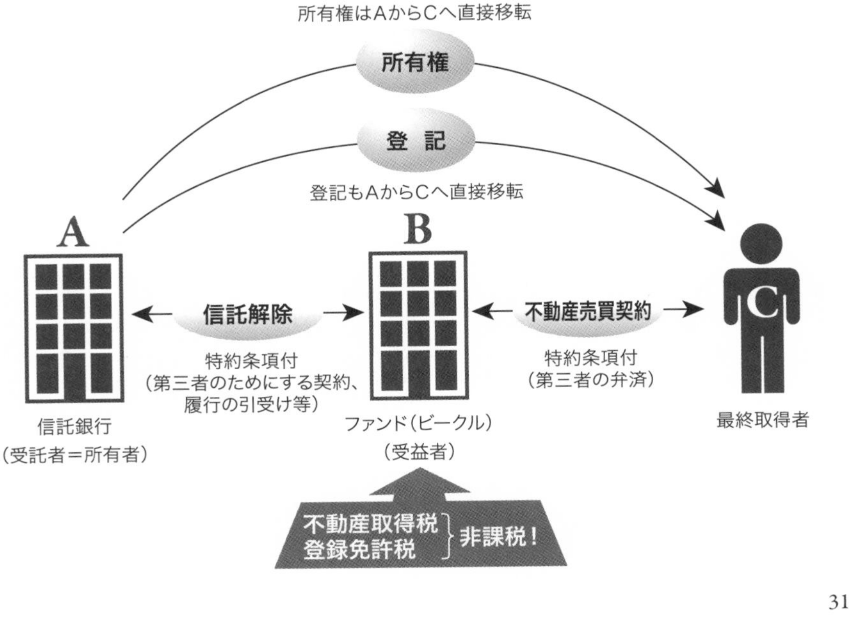

# Q13 競売・払下げスキーム

## ◆規制対処機能、リスク吸収機能、選別・評価機能

### 1. 競売・払下げにおけるクッションモデル™

#### ⑴ 競売におけるクッションモデル™

A所有の不動産について強制執行または担保権の実行としての競売によってBが買受け、直ちにCに売却するというスキーム。

#### ⑵ 払下げにおけるクッションモデル™

国有財産である不動産について一般競争入札によってBが落札し、直ちにCに売却するというスキーム。

いずれも複雑かつ特有な法的手続等への対処（規制対処機能）や、物件の見極め（選別・評価機能）といった機能を持つクッションモデル™の一種である。

### 2. 競売の場合の“新・中間省略登記”の可否

AB間の売買が競売の場合、民事執行法79条が「買受人は、代金を納付した時に不動産を取得する。」と規定しているため、買受人Bが代金納付時に所有権を取得してしまい、Aから買主Bが指定するCに直接所有権を移転することはできない。したがって、現行法の下では“新・中間省略登記”を利用してAからCに直接所有権を移転させることは困難である。

### 3. 国有地の払下げの場合の“新・中間省略登記”の可否

#### ⑴ 国有地払い下げの手続

払い下げの手続は財務省理財局長から各財務（支）局長等に宛てた通達（注1）及びそれを受けて各財務局等が作成する案内によって定められている。

そこには所有権の移転登記は、売買代金全額の納付確認後、原則として国が行うが、買い受人が行うことを妨げない旨の記載がある（注2）。

#### ⑵ “新・中間省略登記”は可能

国有地の払下げの場合は、競売の場合のような所有権移転に関する法律の規定はなく、“新・中間省略登記”は可能である。

#### ⑶ “新・中間省略登記”の実現方法

売買契約書に“新・中間省略登記”の特約を記載することが必要である。通達及び案内において売買契約書のひな型（標準契約書式）が提示されてい

るが、ひな型に特約を加えることは契約自由の原則の範囲内であり、通達にも「私法上の契約であり、(中略) 所要の修正を行なうことはさしつかえない」と記載されていることから特約の追加は可能と解される。

(注1) 「一般競争入札等の取扱いについて」平成6年6月28日蔵理第2708号「普通財産の管理及び処分に係る標準契約書式及び同取扱要領について」平成13年3月30日財理第1298号

(注2) 案内には中間省略登記はできない旨の記載がされている場合があるが、これは旧・中間省略登記のことであり、当然の記載である。

## 競売・払下げスキーム

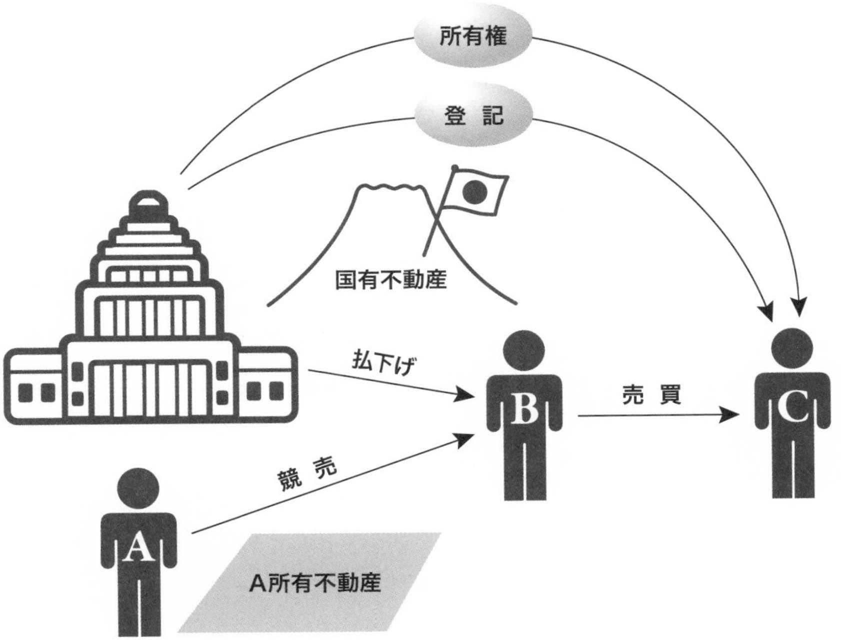

# Q14 農地承継スキーム
## ◆リスク吸収機能、価値増大機能、規制対処機能

### 1. 農地法による規制

農地（田、畑等耕作の目的に供される土地）及び採草放牧地に関しては、農地法が、その処分や転用（用途の変更）を規制している。

農地法の許可（農業委員会、都道府県知事等）が必要な取引は、基本的に次の３通りである。

⑴　農地を農地のまま処分（所有権移転、用益権・質権・使用借権・賃借権の設定等）する場合（農地法３条）

⑵　農地の所有者が農地を農地以外の用途に転用する場合（同法４条）

⑶　農地を転用目的で処分（所有権移転、用益権・質権・使用借権・賃借権の設定等）する場合（同法５条）

例えば、Ａ所有の農地をＢが買うという場合には、⑴または⑶に該当し、原則として許可が必要である（許可が売買の効力発生要件である）。

### 2. 農地のクッションモデル™及び“新・中間省略登記”

では、上記でＢがさらに農地を転売する場合、すなわちＡ→Ｂ→Ｃというクッションモデル™の場合はどうか。

#### ⑴ クッションモデル™に対する規制

農地法は農地の譲渡（所有権移転）や転用を制限するものであるが、譲渡の手順であるクッションモデル™の利用を制限することはないと解される。

ただし、通常のクッションモデル™（例えばＡ→Ｂ→Ｃという単純な転売で“新・中間省略登記”を行わない）の場合、所有者Ａを「譲渡人」、転買人Ｃを「譲受人」として農地法３条または５条の許可を取得しても所有権移転の効力は生じない。農地法の許可の性質は当事者の法律行為を補充してその法律上の効力を完成させるものであるが、ＡとＣとの間には許可によって補充すべき法律行為（権利移転に関する合意）が存在しないからである（注）。

#### ⑵ “新・中間省略登記”に対する規制

##### ①規制の対象

“新・中間省略登記”はＡ→Ｂ→Ｃというクッションモデル™において所有権をＡからＣに直接移転させる、すなわち所有権の移転経路を変更

する手法である。したがってこの手法そのものが農地法の規制対象となることはない。規制対象となるのはCによる所有権の取得である。

**②所有者Aと転買人Cによる共同申請**

そして、これに関する許可申請は所有者Aと転買人Cがそれぞれ「譲渡人」(A)、「譲受人」(C)として共同申請することで可能と解される。前記(1)に記載した通常のクッションモデル™とは異なり、AC間には直接的な関係(権利義務)が生じるからである。

すなわち、農地のクッションモデル™では"新・中間省略登記"を行うことではじめてACによる許可申請が有効になると解されるのである。

(注)昭和38年11月12日最高裁第三小法廷判決　判例タイムズ157号55頁、ウエスト・ロージャパン

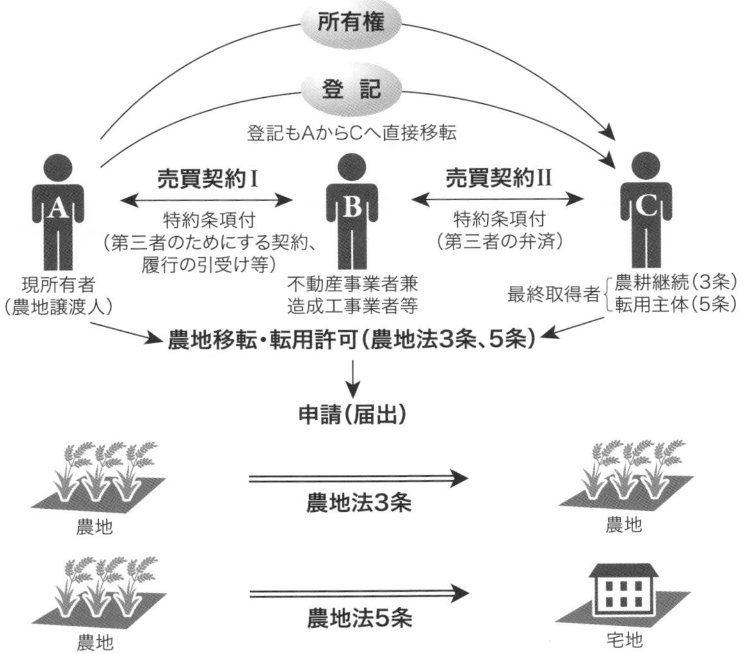

# 15 中間者が農地転用の主体となる場合

## 1. 問題点

転用を伴う移転（農地法5条）の場合、農地法は転用主体となる者の適格性を所有者（及びその他の権限を有する者）のみに与えていると解される（注）。

すなわち、クッションモデル™においてBが転用主体となる（建売事業、建築条件付土地分譲事業等）にはBが所有権を取得しなければならず、“新・中間省略登記”を利用できないと解されるのである（【図１】）。

## 2. 解決策

しかし、方法はある。開発分譲事業者Bが、①農地法5条の許可を得て、農地の所有者Aから、農地の転用目的で借地権の設定を受けて、農地を造成しその上に建物を建築した後、②当該土地をAから買い取って（このAB間の売買契約には農地法の許可は不要）、土地と建物を最終取得者Cに分譲し（Cとの間で売買契約を締結する）、③“新・中間省略登記”を利用して、土地についてAからCに所有権移転登記をする（【図2】）。

ただし、この方法を利用する場合、前述の買取り再販（実需）スキームと類似の課題がある（☞Q6、Q7）。

（注）農地法４条は「転用」（事実行為）と規定するのみでその権原を問題にしていないが５条は権利の取得・設定を転用の前提にしている。また、農地法事務に係る事務処理基準第６、３（２）イは届け出を不受理とする場合として「届出者が届出に係る農地につき権原を有していない場合」とし、農地法に係る事務処理要領別紙様式例において許可の申請人となる「当事者」は「譲渡人」及び「譲受人」とされている。ただ一方で、農地法の許可の効力は私法上の行為の解除によって影響を受けないという判例もある（最判昭和40年4月16日ウエストロージャパン）。

【図1】

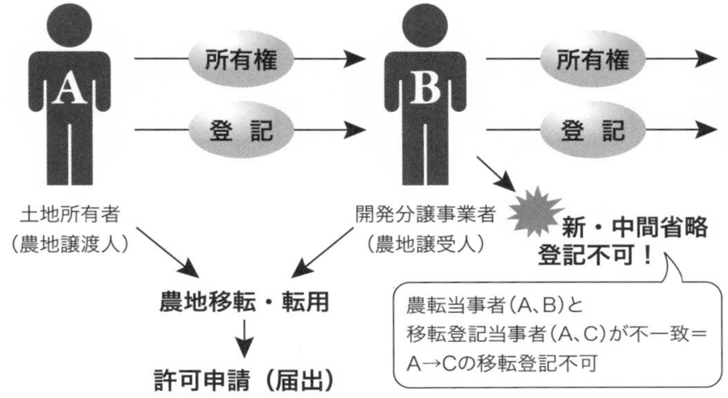


【図2】

① 農地法5条の許可を得て借地権設定・土地造成・建物建築

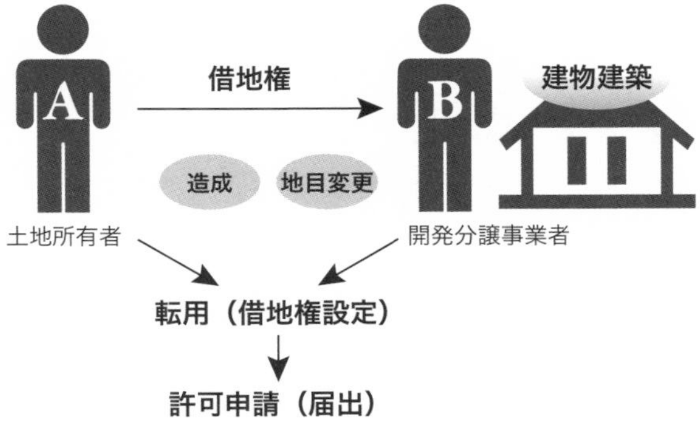


② 開発分譲事業者が土地を買取り、建物と併せて分譲

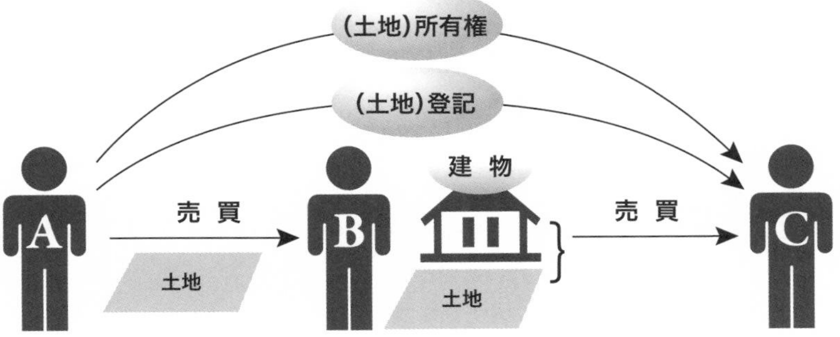

# Q16 市街化調整区域内農地での宅地分譲
## ◆リスク吸収機能、規制対処機能

### 1. 事案の内容

市街化調整区域内農地の土地所有者Aがクッションモデル™のリスク吸収（無免許営業回避）機能（☞Q18）を活用するために土地を宅建業者Bに売却し、その後Bが土地に一定の加工を加えて分譲しようと考えた。果たして可能だろうか？

### 2. 規制

#### ⑴ 都市計画法の規制（開発許可）

市街課調整区域内の土地でも住宅の建築等の開発行為が可能な場合がある。

㋐ 農家住宅

農家住宅（農業を営む者の居住の用に供する建築物）の場合、開発許可は不要である（都市計画法29条１項２号）

㋑ 市街化区域近接住宅

一定の要件を満たせば開発許可が取得可能である（同法34条11号：立地基準、33条：技術基準）。

#### ⑵ 農地法の規制（転用目的移転の許可）

市街化調整区域内農地であっても、一定の要件（立地基準、一般基準）を満たせば許可を取得することは可能である（農地法５条）。

※　市街化区域であれば届け出のみで足り、転用者が農業を継続することも求められないので、分譲事業目的での転用も容易に容認される。しかし市街化調整区域内の農地の転用は厳格に制限される。

### 3. Bによる農地転用許可取得

Bは農業従事者ではなく農地転用許可の申請適格がないため、市街化調整区域内農地の分譲は不可能に思えるが、“新・中間省略登記”を利用すれば可能となる場合があると解される。

### 4. 解決策＝“新・中間省略登記”

#### ⑴ 許可の申請適格

転用主体は自己居住のために家を建てる農業従事者Cであるから、C（C1

～Cn）には農地転用許可申請の適格性がある。また、農地法５条の場合、行政の許可を要するのは「権利移動」すなわち所有権移転であるから、買主（宅建業者）Ｂに所有権を移転しなければＢが許可を取得する必要はない。所有権を取得する転売先の農地転用適格者（農業従事者／C1～Cn）が許可を取得すれば足りる。

**⑵ 許可取得方法**

㋐ 前述（☞Q14）したとおり、“新・中間省略登記”を用いれば、クッションモデル™でのＡとＣという、直接売買当事者ではない者同士による共同申請でも農地転用許可が有効に取得できると解される。

㋑ 地位譲渡

Ｂが土地の買主としての地位をＣに譲渡する方法である（☞Q89、Q108）。ＡＣ間の売買契約となり、農地法の許可もＡＣ共同で取得できる。

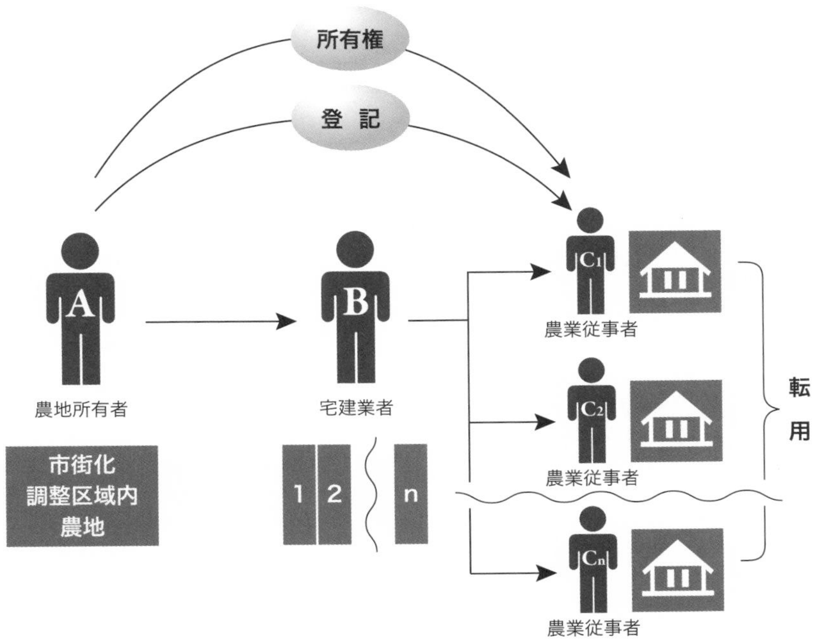

# Ⅱ　非典型的クッションモデル™

# A　予防型クッションモデル™

契約不適合責任 ——→ Q17

無免許営業 ——→ Q18・Q19

一括買取・再販 ——→ Q20

直接取引 ——→ Q21

# Q17 契約不適合責任回避スキーム
## ◆リスク吸収機能——売主リスク

### 1　契約不適合責任の意義

売買契約の売主は契約不適合責任を負う（民法562条以下）。

契約不適合責任とは、「引き渡された目的物が種類、品質又は数量に関して契約の内容に適合しないものであるとき」に売主が買主に対して負う責任のことをいう（民法562条～ 564条）。

責任（買主が売主に請求できる権利）の内容は①履行の追完請求権、②代金減額請求権、③損害賠償、④契約解除である。

そして、その法的性質は売買契約に基づく債務不履行責任である。

しかし、売買価格との兼ね合い等から、売主Aが契約不適合責任を負担できない（負担させられるのであれば取引に応じない）場合や、融資元金融機関から融資条件として担保物件に関する契約不適合責任の負担を禁止されている場合がある。

### 2　特約による契約不適合責任の排除が禁止される場合

本来、民法の契約不適合責任の規定は任意規定であり、当事者間の合意で排除できる性質のものであるが、売主Aが宅建業者の場合、契約不適合責任を排除する特約は宅地建物取引業法で禁止されている（宅建業法40条）。一般人である買主が売主である宅建業者に対して責任追及する機会を保障し、買主を保護する趣旨である。

かかる趣旨からすると、買主もまた宅建業者である場合（宅建業者間の取引）は、買主を保護する必要はないため、この禁止規定が適用されず、契約不適合責任を排除する特約が可能である（同法78条2項）。

### 3　宅建業者Aの契約不適合責任を排除し、BがCに対して契約不適合責任を負う方法

そこで、買主が一般消費者や事業会社（非宅建業者）であるため、宅建業者である売主Aの契約不適合責任の排除ができない場合、間に宅建業者Bを挟む（宅建業者が買主になり、物件を転売する形）、という方法が考えられる。

この方法がまさにクッションモデル™であり、これを利用すれば、現所有者Aと間に入ったBは双方とも宅建業者であるから、AB間の売買契約において契

約不適合責任を排除する特約ができる。

そして、宅建業者Bと一般消費者Cとの売買契約では、契約不適合責任の排除特約はできないから、最終取得者Cに対してはBが契約不適合責任を負うのである。Cも宅建業者に契約不適合責任を負ってもらえるので安心して取引ができる。

この場合、AとBの間には一定程度の信頼関係があるというケースが多いであろう（もちろん何がしかの報酬がAからBには支払われるだろうと思われる）。

なお、BC間が売買契約でなく無名契約（「指名契約」等、民法上に規定のない契約）の場合は、宅建業法が適用にならないため、契約不適合責任の排除も可能となることがある。ただし買主が消費者である場合、完全に免責とすることは許されない（消費者契約法8条1項1号・2号、2項）。

### 4　Aの契約不適合責任の負担能力に問題がある場合等

また、Aの信用力に問題があり、契約不適合責任の負担能力に疑問が残るような場合や、AがSPC（特別目的会社）等のペーパーカンパニーである場合にも、同様の手法で問題を解決できる。

ある不動産会社の経営者が「顧客に対して責任のある仕事をしたいので、単なる仲介ではなく自ら売主になるのだ」といっていた例もある。

以上、クッションモデル™のリスク吸収機能（売主責任の吸収）の一例である。

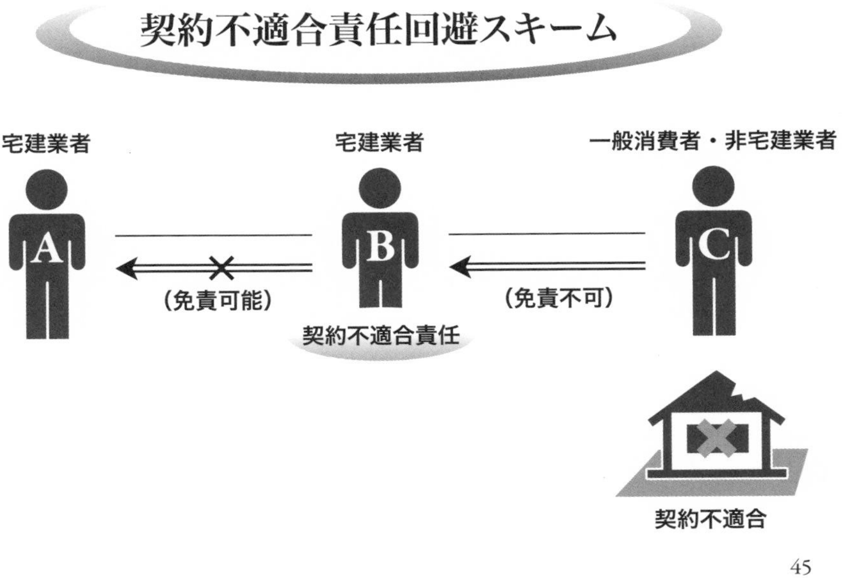

# Q18 無免許営業回避スキーム①
## ◆リスク吸収機能、規制対処機能

## 1. 自己所有の土地を分譲するためには宅建免許を必要とするか

会社員Aは、その所有する土地を分割・造成して複数の宅地又は建売住宅にして分譲する（不特定多数の買主に売却する）計画を立てた。

この場合、Aに宅地建物取引業法上の免許が必要とされるだろうか？

## 2. 宅建業法の規定

宅地建物取引業（宅地及び建物の売買等を業として行う行為）を営むためには免許が必要で、違反すると刑事罰が課される（宅建業法２条２号、３条１項、12条１項、79条２号）。

そこで「業」とはどういうことかが問題となる。これに関しては最高裁の判例と国土交通省のガイドラインがその基準を示している。

## 3. 「業」の基準

### ⑴ 最高裁の判例の基準

最高裁判所の判例（昭和49年12月16日判決）によると、「宅地建物取引業を営む」（同法３条１項）とは、①営利の目的で、②反復継続して行う意思のもとに、同法２条２号所定の行為（宅地・建物の売買・交換やそれらの媒介行為）をなすことをいうとする。②の要件を満たすか否かは、ⅰ取引回数、ⅱ取引の当事者（不特定・多数か等）、ⅲ取引の目的、ⅳ取引形態、ⅴ取引の端緒（広告等）、ⅵ施設・設備等を総合考慮して判断するとされる。

### ⑵ 国土交通省のガイドライン

国土交通省のガイドラインによると、宅地・建物の売買等の取引を「業として行う」（同法２条２項）とは、次の事項を考慮して総合的に判断する、すなわち考慮要素として、①取引の対象者（一般人か特定人か？）、②取引の目的（利益目的か、特定の資金需要目的[相続税の納税、住替えに基づく既存住宅の処分]か？）、③取引対象物件の取得経緯（転売目的か、相続・自己使用目的か？）、④取引の態様（直接販売か、業者に代理・媒介を依頼するか？）、⑤取引の反復継続性（１回限りの取引か？）が挙げられている。

## 4. 判断はケース・バイ・ケース

最高裁の判例の基準、国土交通省のガイドラインのいずれの基準によったとしても、Ａの行為が業となるかは上記の要素を個別に検討する必要がある。その結果次第で免許が不要とされる場合もあろうが、全ての場合において明確に免許を必要あるいは不要とする基準を示すのは難しい。

例えば、そもそもＡに営利目的がない（不動産は相続で取得した唯一の不動産であり売却目的も相続税の支払いである）場合でも、自ら土地を分割・造成して不特定多数者に分譲しようとした場合は、業とならないのかについて明確な回答はない。つまりケース・バイ・ケースであり、最終的には監督官庁の判断を仰がなければ結論がでないということである。

## 5. クッションモデル™による救済

このように、無免許営業になるのかどうかが不明確であるという、曖昧で不安定な状態を回避し宅建業法の規制に安心して対処できるようにするのがクッションモデル™である（リスク吸収機能、規制対処機能）。

すなわち、Ａは土地を宅地建物取引業者Ｂに売却し、Ｂが分譲（複数の買主Ｃ１～Ｃｎに売却）を行うというモデルに変更するのである。

ＢがAとＣとの間に立つことによってＡの行為（不動産売却行為）から業にあたる要素を取り除くことができる。言うならば、業にあたる要素（リスク）をＢが吸収するのである（クッションモデル™のリスク吸収機能）。

例えば前例の場合、営利の目的で反復継続する意思はＢのみが有するもので、Ａからはその要素は取り除かれる。またAとの取引の対象者も一般人（Ｃ１～Ｃｎ）ではなく特定人（Ｂ）になる。

結果としてこの場合、Ａが無免許営業罪に問われる可能性は極めて低くなるといってよいであろう（クッションモデル™の規制対処機能）。

なお、この場合Ｂは"新・中間省略登記"を行って節税を図るのが合理的である。

## 6. "新・中間省略登記"の場合の疑問点

このスキームで"新・中間省略登記"を行うと免許の要否について少し疑問が生じる。Ａから不特定多数の買主に所有権が直接移転しているためである。詳しくは次項（Q19）で検討する。

## Q19 無免許営業回避スキーム②
## “新・中間省略登記”だと業にあたるのか

### 1. 問題点

前項（☞Q18）で会社員Ａから土地を買い取った宅建業者Ｂは土地を分割造成し、建物を建てて不特定多数の買主に分譲するが、その際に“新・中間省略登記”を活用する。

この場合Ａは一筆の土地を特定の相手に一度売却しただけなのに、所有権移転経路及び登記を見ると、数筆の土地所有権を不特定多数人に移転しているため、Ａの売買が反復継続性・営利性を帯び「宅地建物取引業」にあたることになり、Ａは宅地建物取引業免許（宅建業法２条２項、３条１項）が必要とされるのではないかが問題になる。

### 2. 検討

前項で今回のＡの行為について、国や裁判所の基準に照らし合わせたところ（“新・中間省略登記”を考慮しない場合は）「業」にあたらないという結論を出した。

そこで“新・中間省略登記”を用いる、つまり所有権移転経路が変わった（ＡからＣに直接移転）ことによってその要素に変化が生ずるかを検討してみればよいことになる。

すなわち、Ａの行為からクッションモデル™によって「業」の要素が取り除かれたにも関わらず、所有権が直接移転することでその要素が復活するのかという点である。以下、個別の要素について検討してみよう。

- 営利目的→もともとＡには営利目的はなく、「納税のため」という目的があったが、所有権が直接不特定多数者に移転することでその目的に変化が生じることはない。
- 反復継続の意思→売買の相手がＢのみであることに変わりはなく、この一回限りの売却で終わらせる意思（反復継続の意思がない）が、所有権移転経路の偶然的な変更で変わることはない。所有権の移転経路の変更（不特定多数者への移転に変更）はＡの積極的な意思によるものではないからである。
- 売買の相手→売買契約の相手方が特定人（Ｂのみ）であるという点も何ら影響はなく、売買契約の相手方が不特定多数者に変るわけではない。

以上、検討してみると単に所有権の移転経路が変わっただけで、Aの行為が業としての性格を帯びるとは考えにくい。

すなわち、“新・中間省略登記”を用いると、Aの行為が宅地建物取引業に該当することになる、とはいえないと解される。

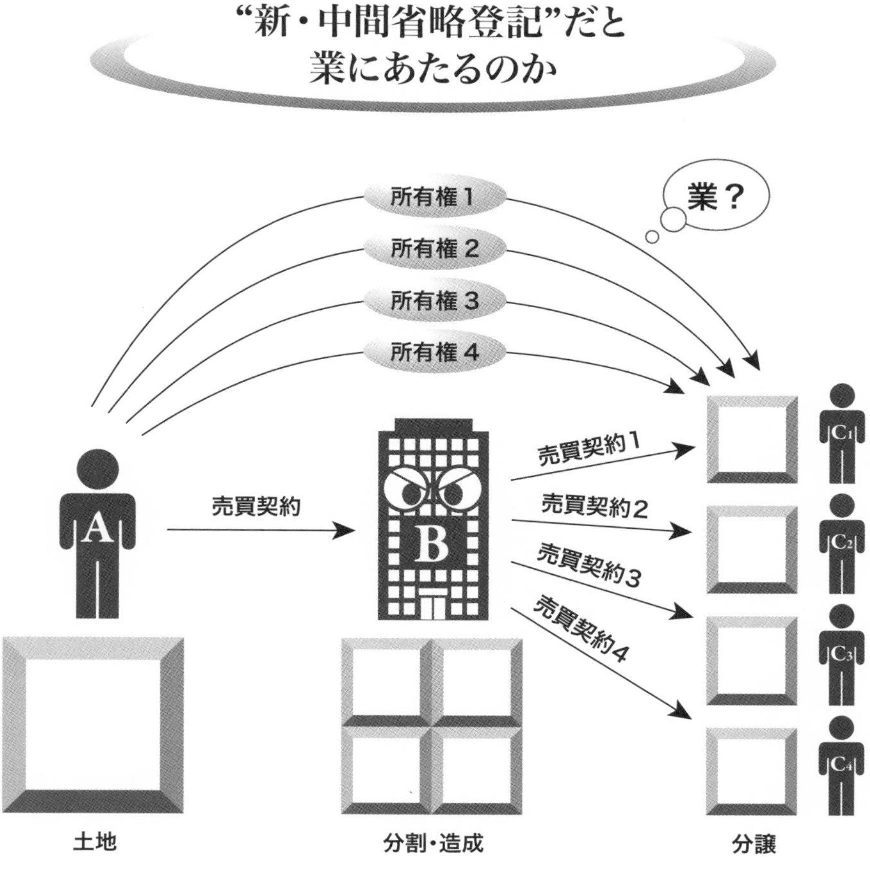

# Q20 一括買取・再販スキーム

## ◆リスク吸収機能——信用リスク

### 1．信用リスクの吸収

これは、クッションモデル™のリスク吸収機能の一態様「信用リスクの吸収」である。すなわち、財務体質の弱い企業との取引又は共同事業において、体力のある企業が弱小の企業の「保証人的」ないし「スポンサー的」な地位に立って事業を進めるモデルである。

### 2．信用リスクの具体例

不動産事業者Aが不動産事業者Bと共同でマンションを建て、分譲する事業を計画しているとする。原則として、共同事業（ジョイント・ベンチャー）の場合は土地を共同で購入し（共有となる)、建物も共同で建設発注し（共有又は区分所有となる)、分譲する。この分譲では、AとBが共同（連名）で売買契約上の売主となるか、部屋ごとにA又はBが売主となる（マンションの購入者が$C_1$～Cn)。

しかし、不動産事業者Bの財務状態が不十分で信用力に不安がある場合、共同所有で開発を進めると、事業途中でBの信用状態が悪化した場合に不動産が差押えられるなどの様々な不都合が生じることが予測される。

### 3．信用リスクの吸収方法

そこで、そういった不都合を避けるため、AがBの持分をいったん買い取り、Aの単独所有とした上で開発（マンション建設）を進める。建物完成後にAが買い取った持分（又は区分所有権）をBに売り戻し、AとBが共同で売主となる。

すなわち、この場合、①Aの持分は「A→C」という売買経路になり、②Bの持分は「B→A→C」という売買経路になるが、②について、“新・中間省略登記”を利用することによって所有権はBからCに直接移転させることができる。

この場合、「BC間決済先行型（☞Q96、Q100)」で行えば（$C_1$～Cnに売れるごとに決済をする)、Aの損害発生の危険は最小に抑えることができる。

「専有卸」も信用補完の一環ととらえることができるが、これに関しては前述した（☞Q8)。

# 一括買取・再販スキーム

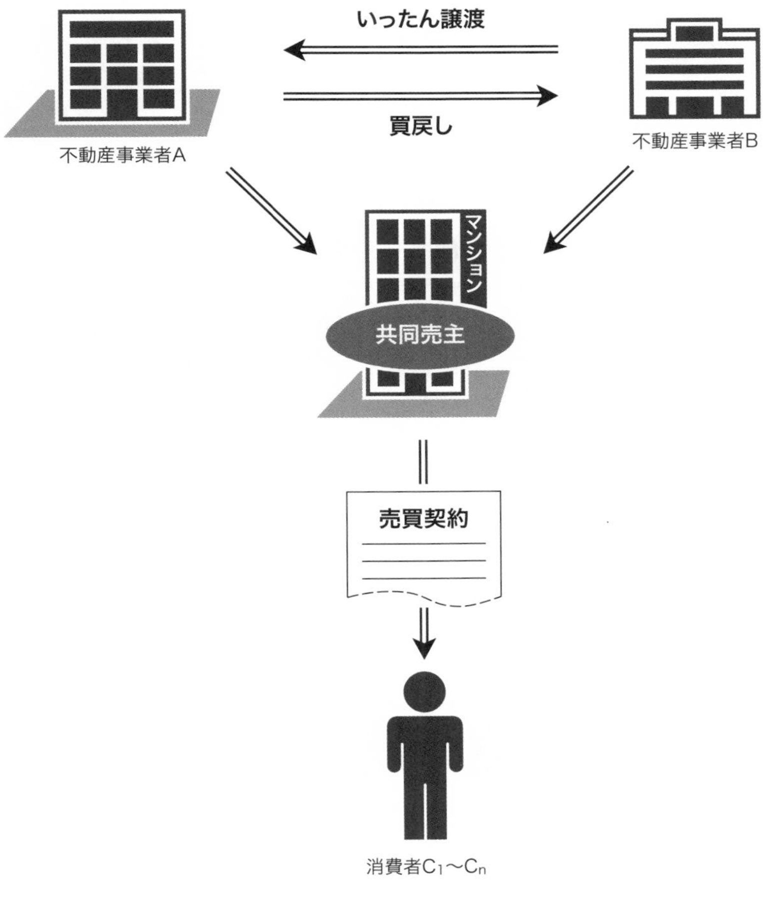

## Q21 直接取引回避スキーム
### ◆リスク吸収機能――信用リスク

直接取引回避スキームの例として、次のような場合に、取引実績のある（またはネームバリューのある大手）不動産会社Bに、AとCの間に入ってもらうことが挙げられる。

### 1．Cが第三者の介在を望む場合

CがA所有の不動産を購入したいが、①Cが法人で過去にAとの取引実績がなく、内規により取引実績のないAとは売買ができない場合（そもそも個人との直接取引を禁止している企業もある）、あるいは、②Cが個人で、財務状態の不明なAとの直接取引を望まない場合である。

### 2．Aが第三者の介在を望む場合

①とは逆に、不動産の所有者Aが購入希望者Cとの直接取引を望まない場合である。

典型的な例は、個人の土地所有者で、相続税納付のために土地を売却したいが近隣の「あの人（C）にだけは売りたくない！」というケース。「あの人には売りたくないが、あなた（B）にだったら譲る。あなたがそれをどこに転売しようと構わない（「あの人（C）」に売ってもよい）」という土地所有者は案外いるものである。

### 3．担保権者がBへの売却を望む場合

Aに融資している金融機関（担保権者）が、Aの所有物件（担保物件）を売却させたいが、B以外には売って欲しくない（Bが転売するのは構わない）という場合である。当該金融機関にとってBの経済的信用に対する評価が高く、AがBから確実に売買代金の支払いを受けることができ、その代金をもってAに対する融資金を確実に回収できるからである。

1.～3.の場合、Bには所有の意思も必要性もないから、“新・中間省略登記”を利用することにより、流通コストを削減できる。

### 4．注意点

中間者Bは、自分がA及びCのリスクを吸収するという認識を持つことが重要である。自己が売買当事者（売主及び買主）になった場合は当然払うべき注意、行うべき調査等が（当然ながら）必要になることを忘れてはならない。

# 直接取引の回避

## 1.【Cが第三者の介在を望む場合】

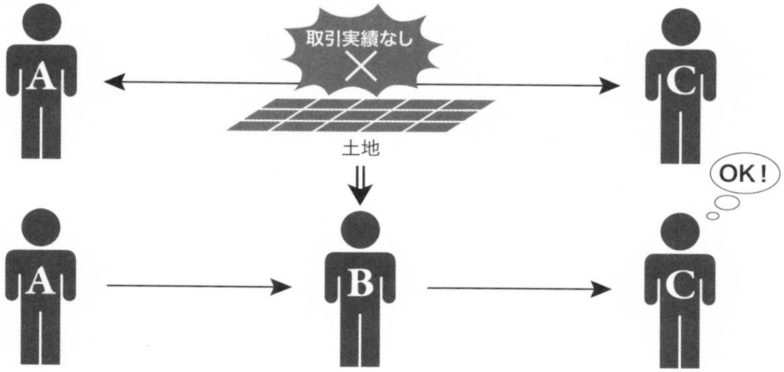


## 2.【Aが第三者の介在を望む場合】

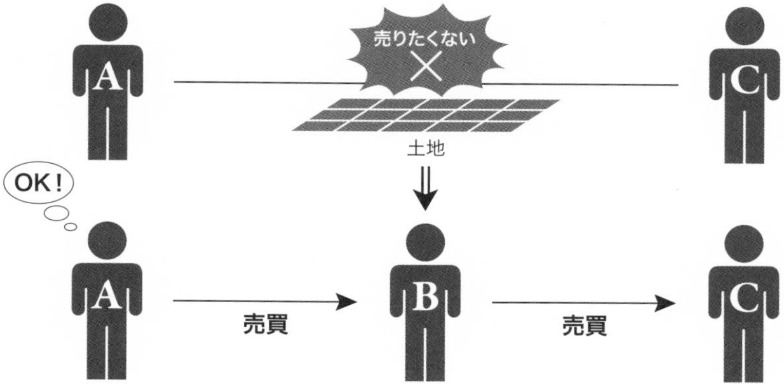


## 3.【担保権者がBへの売却を望む場合】

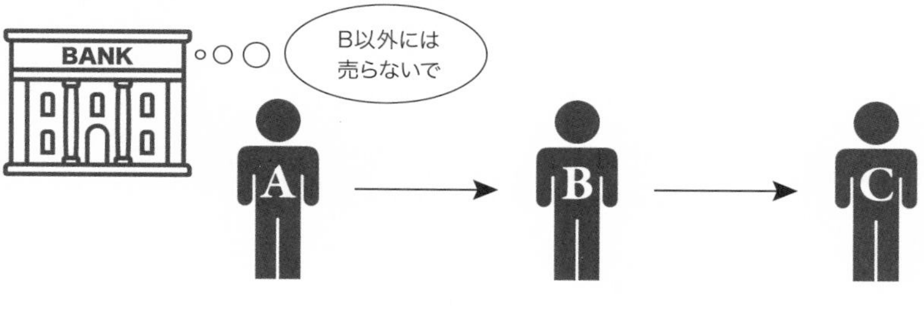

# B　調整型クッションモデル™

# 22 建物代金比率不一致解消スキーム（注）

◆規制対処機能、利害調整機能

## 1．土地と建物を売買する場合の消費税

土地の取引について消費税は課税されないが（非課税取引、消費税法2条1項8号、4条1項、消費税法基本通達第6章第1節）、建物の取引については消費税が課税される（課税取引、同通達第5章第1節）。土地は消費されるものではなく、資本移転の一種であるとの考え方による。また消費税の課税標準は原則として売買契約書に記載された売買代金額である。そして売買代金額の土地・建物の区分は合理的な範囲内であれば当事者の合意で自由に定め得る（同法28条1項、同法施行令45条3項、消費税基本通達10-1-5）。そのため、建物の代金（代金比率）をいくらにするかが問題となる。

すなわち、①売主側は、消費税を預かる（後日、税務署に払う）ため建物の代金比率をできるだけ小さくして、消費税額を少なくしたいと考えるが、②買主側は、消費税を支払う（後日、消費税を控除できる）ため、建物の代金比率をできるだけ大きくして、減価償却費を多くしたいと考える（売主が消費税の免税事業者であれば問題になることは少ない）。

## 2．クッションモデル™の利用による建物代金比率不一致の解消

売主Aと買主Cの思惑が一致せず建物代金比率が決まらない場合、いったん第三者Bに売却し、BからCに転売する形式（クッションモデル™）にすると、A、Cそれぞれが希望の建物代金比率で売買ができる。

すなわち、①売主Aは、Bとの売買契約において建物の代金比率を小さくし、②買主Cは、Bとの売買契約において建物の代金比率を大きくすることができるのである。

この場合、中間者Bが所有権を取得すると流通税（不動産取得税・登録免許税）を負担しなければならない。しかしBは所有権を取得する必要性はない。そこで“新・中間省略登記”を利用することで所有権を取得する必要はなくなり流通税も課税されない。AB間の売買契約及びBC間の売買契約に“新・中間省略登記”の特約を付すことにより、Bが所有権を取得せず、AからCに所有権が移転するようにすれば、AからCに直接、所有権移転登記をすることができる。

（注）本項は（株）スマイルゲート代表取締役滝澤将史氏のご指導に、また税務面は税理士木村祐司氏の監修に基づく。

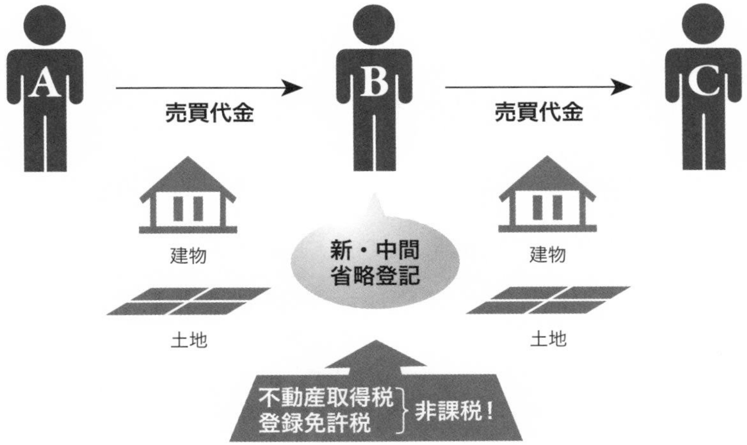

# Q23 相続税、贈与税軽減スキーム（注）

## ◆規制対処機能

クッションモデル™を相続税及び贈与税の節税対策の中で活用した例である。

不動産所有者が相続税対策として贈与を活用する場合で、不動産ではなく現金化して贈与したいと考えた場合。

設定

・建物の簿価　1,000万円

・固定資産税評価額300万円

・同族会社への売却価格　1,000万円

この場合二つの方法が考えられる。

### 1．不動産を同族会社に売却して、売買代金を子や孫に贈与する方法

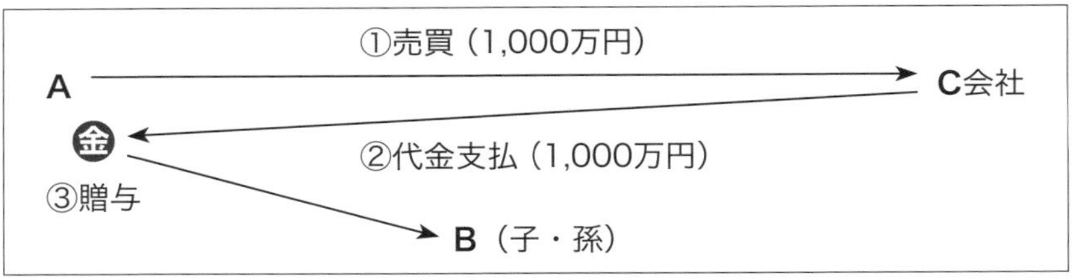


①譲渡所得税　売却価格（1,000万円）－簿価（1,000万円）＝0（ゼロ）

②贈与税（1,000万円－110万円［基礎控除］）×30％－90万円＝177万円

### 2．不動産を子や孫に贈与し、直後に同族会社に売却する方法

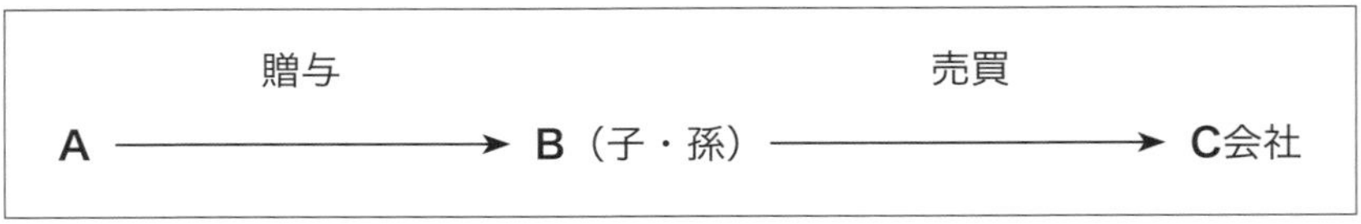


①贈与税　（300万円－110万円[基礎控除]）×10％＝19万円

②譲渡所得税　売却価格（1,000万円）－簿価（1,000万円）＝0（ゼロ）

「1.」と「2.」を比較すると、贈与税について「2.」のほうが158万円の節税効果が期待できる。

この場合も当然“新・中間省略登記”を利用してBに課税される不動産取得税や登録免許税を節税できる。

※実際には“新・中間省略登記”はほとんど利用されていない。税務の専門家の間に“新・中間省略登記”が浸透していないためである。

※登記原因に関する注意点

2. の「A－（贈与）→B－（売買）→C会社」の場合、Cの所有権取得登記の原因（所有権移転原因）は「売買」でなく「贈与」になる。

この場合、「Cの所有権取得はAB間の契約の効果として生じる」からというのが、法務省の見解である。

もっとも、BC間の実体関係（売買契約）には何ら影響はない。したがって、Cは無償で所有権を取得しているわけではないから、Cに贈与を理由とする税金が課税されるということはない。あくまでも贈与契約の当事者であり贈与による利益を得るのはBであるから、B（Bが個人の場合）が贈与税を課税される。

なお、「A－（交換）→B－（売買）→C」の場合は、Cの所有権取得登記の原因は「交換」である。

（注）本項は税理士木村祐司氏の監修に基づくものである。

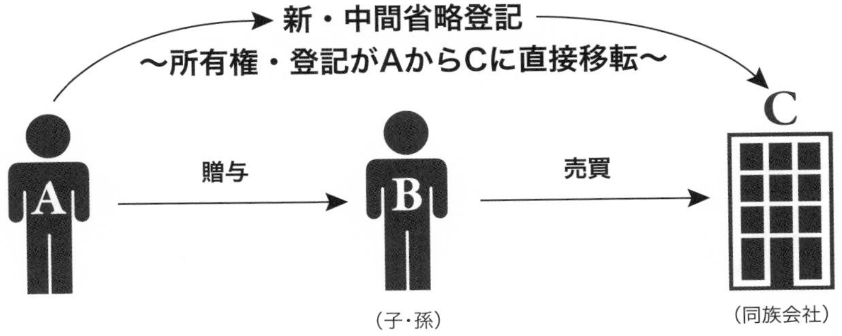

# 24 会社分割・合併スキーム
◆規制対処機能

## 1．グループ会社間のクッションモデル™

グループ企業であるA社、B社及びC社の内部において、A社のX事業部門に属する甲不動産の所有権をC社に移転させ、かつ、B社のすべての権利義務をC社に承継させるために、①法人税法上の「適格分割」（注1）を利用すべく、B社が、A社からX事業部門（甲不動産を所有）に属する権利義務を承継する「吸収分割契約」を締結し、同時に、②C社を存続会社、B社を消滅会社とする「吸収合併契約」を締結するスキームである。

この場合、B社は会社分割によって、A社から甲不動産を承継し、即時に合併によってそれらをC社に承継させることになる。そこでB社に不動産取得税及び登録免許税が課税されないようにするため、“新・中間省略登記”を活用する（注2）。

## 2．“新・中間省略登記”の活用

AB間の会社分割契約に特約を付してA社から第三者Cに直接、所有権を移転させ、A社からC社へ直接、所有権移転登記をすること（“新・中間省略登記”）によって、売買の場合と同様に、B社に不動産取得税及び登録免許税が課税されないようにすることができる。

弊法人が行ったこの登記は（売買等でなく）、会社分割について“新・中間省略登記”を用いた恐らく全国で初めての事例である。

なお、本スキームについての登記原因証明情報の記載方法は第5部書式編を参照されたい。

（注1）「適格分割」とは、法人が会社分割によりその有する資産等を移転した場合でも、その資産の移転が形式のみで実質的には保有が継続していると認められる一定の要件（株主構成等の支配関係や保有資産等が分割前と変わらないこと等）を満たすものについて、その資産等の譲渡損益に対する課税（法人税）の繰り延べができる分割方法をいう。これは、グループ企業内部や共同事業を行う会社間の株式分割に認められる。

（注2）不動産取得税については、例外として、地方税法73条の7第2号後段及び地方税法施行令37条の14に定める会社分割により不動産を取得した場合、非課税となる。登録免許税については、会社分割に伴う不動産の所有権移転登記の税率の軽減措置（租税特別措置法81条）は、平成27年税制改正により廃止された。

**【図1】（課税）**

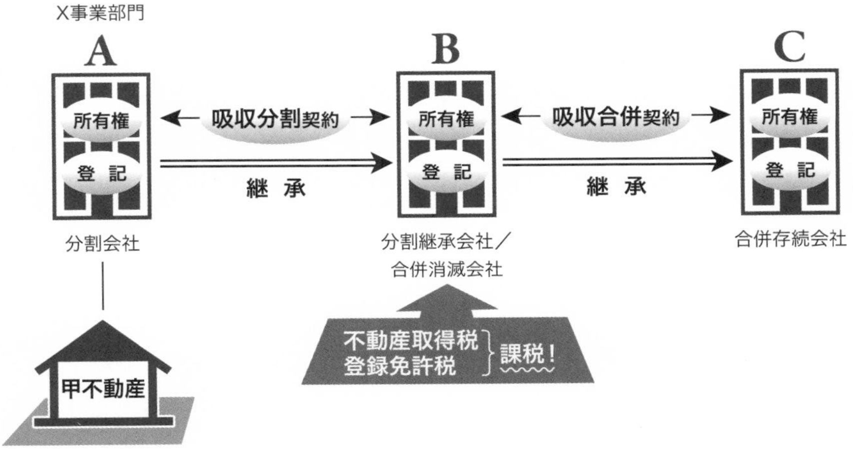
X事業部門
A
所有権
登 記
分割会社
甲不動産
吸収分割契約
継 承
B
所有権
登 記
分割継承会社／
合併消滅会社
吸収合併契約
継 承
C
所有権
登 記
合併存続会社
不動産取得税
登録免許税
課税！

**【図2】（非課税）**

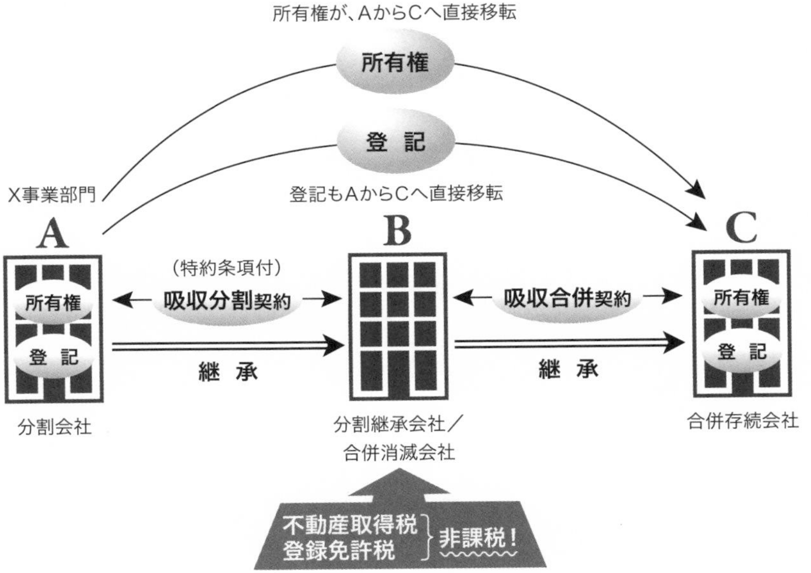
所有権が、AからCへ直接移転
所有権
登 記
登記もAからCへ直接移転
X事業部門
A
所有権
登 記
分割会社
（特約条項付）
吸収分割契約
継 承
B
分割継承会社／
合併消滅会社
吸収合併契約
継 承
C
所有権
登 記
合併存続会社
不動産取得税
登録免許税
非課税！

# C　攻撃型クッションモデル™

WIN×3 ——→ Q25

遺産分割・売却 ——→ Q26

特定遺贈・売却 ——→ Q27

相続・売却 ——→ Q28

死因贈与・売却 ——→ Q29

# Q25 WIN×3スキーム（注）

## ◆リスク吸収機能、価値増大機能、利害調整機能

**～当事者全員の満足度をより上げる…より高く売りより安く買い適正な報酬を～**

### 1．WIN×3スキームとは

土地及び建物の流通ビジネスにおいて、クッションモデル™のリスク吸収機能、価値増大機能、利害調整機能を活用し、不動産所有者と購入希望者、そして間に立つ不動産事業者、三者全員の満足度をより高める（WIN-WIN）スキームがこのWIN×3スキームである。

これには中間事業者Ｂの高い意識と優れた手腕が求められる。 その手順は以下のとおりである。

⑴　不動産事業者Ｂが、不動産所有者Ａに対し一般的な不動産事業者買取り査定価格よりも高い買取り価格での売買契約を締結する。

⑵　その際に、リノベーション費用、コンサルフィー、その他費用（広告費等）もＡに明示する。「買取り価格＋費用」が売却価格となる。

⑶　上記売却価格よりも高く売れた場合には、その上昇分は一定割合でＡＢが分配する旨のプレミア条項も規定する（Ａへの分配は売買代金の増額として処理される）。

⑷　Ｂは、当該不動産の所有権をＡに留保したまま、リノベーション（建物の場合)、分割造成（土地の場合）等不動産の価値を上昇させる作業を行う。

⑸　Ｂは、購入希望者Ｃ（C1～Cn）に当該不動産を売却する。多くは（物件に対する満足度が高いため）Ｃにとって割安感がある価格となる。また建物の場合フルリノベーション後の物件は契約不適合責任（民法562条以下）を問題にされることもない。

⑹　ＡＢ間及びＢＣ間は同時実行（☞Q50。ただしＡＢＣ同席で可能）で“新・中間省略登記”を利用する。

⑺　“新・中間省略登記”で減額できたＢの流通コストはＣにも分配（売却価格の低廉化）。

## 2．シミュレーション

⑴　事業者買取り査定価格1,000万円

⑵　Ｂの買取り価格1,200万円

⑶　売却費用

①　リノベーション費用500万円

②　売主側コンサルフィー 100万円

③　買主側コンサルフィー 100万円

④　その他費用100万円

計800万円

⑷　売却価格は最低2,000万円（⑵+⑶）

⑸　Ｃへの売却価格が2,200万円になった場合

①　想定売却価格を超えた金額の分配比率を50：50としていた場合

②　ＡＢ間売買代金を1,300万円に変更（売買契約変更合意）

③　Ｂのコンサルフィーを100万円増額。

## ３．Ａ・Ｂ・Ｃそれぞれのメリット

### ⑴ Ａのメリット〜高価格での買取り

ＡＢ間の決済はＣ（C1〜Cn）に売却するごとに行うため、Ｂは買取り資金の金利諸費用負担等及び（“新・中間省略登記”の利用により）不動産取得税等の流通コストがかからず、資金調達リスクが回避される。その結果、Ｂは買取り価格を事業者査定価格より高くしても利益が出せるため、Ａは、通常の事業者買取り価格より高い売却代金を手にすることができる。

### ⑵ Ｂのメリット〜期間的・資金的メリット

Ｂは事業期間につきある程度余裕を持つことができ、より需要に合った買い手を探すことができるとともに、より多くの事業に着手できる資金的メリットがある。

### ⑶ Ｃのメリット〜より満足度が高い＝割安な物件の入手

Ｃは必ずしも低価格の物件を入手できるわけではないが、より希望に沿った物件を選択、あるいは調整（リノベーションの仕様、土地の形状や面積等のカスタマイズ）を受ける余地が増え、物件に対する満足度が高く、割安感のある物件購入ができる。

## ４．留意点

⑴　不動産事業者Ｂのバランス感覚と信頼感が重要である。

⑵　Ｂは一般的なクッションモデル™より高い調整能力とより精度の高い見立てが必要となる。

⑶　Ｂは事業者利益を過度に求めないことが必要である。

⑷　Ａが資金化を急いでいる場合はこのスキームの利用は難しい。

⑸　多くの不動産事業者は割に合わず面倒だと感じ取り、このスキームを実際に行うケースは稀であったが、売主との合意さえできれば難しいスキームではなく、本項を参考に是非多くの事業者に活用していただきたい。

⑹　可能な限り多くの利益を獲得することが要請される不動産事業者、例えば株主等の利害関係者から短期間での売上・利益最大化を求められる上場企業や大企業等ではこのスキームの利用は難しいと思われる。

（注）本項は（株）スマイルゲート代表取締役滝澤将史氏の指導に基づくものである。

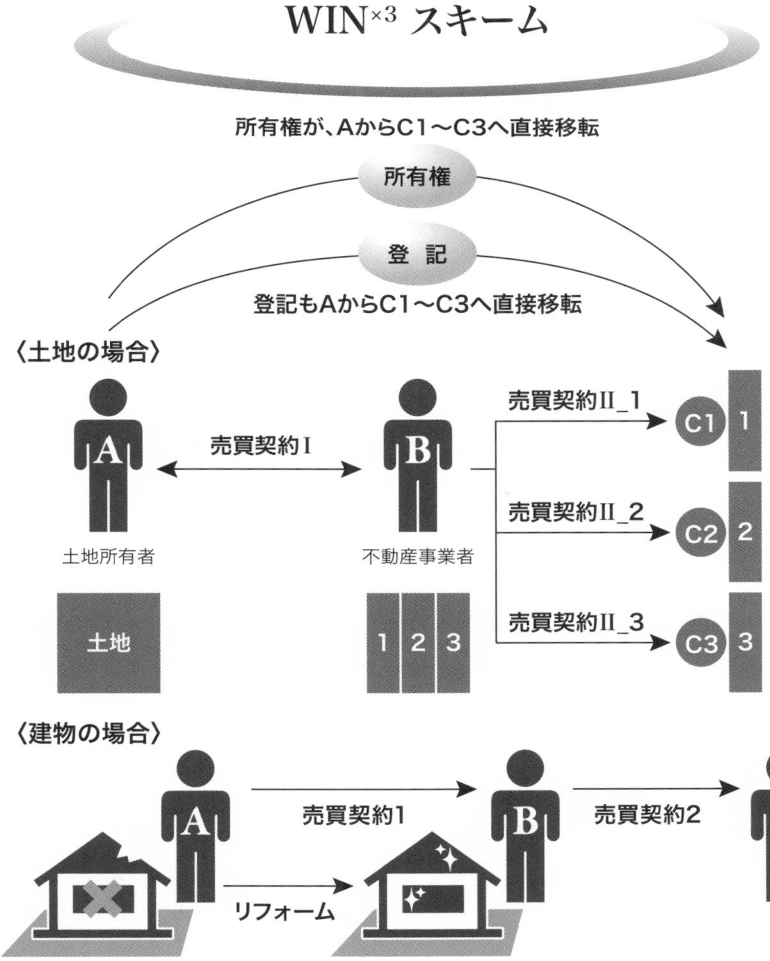
WIN×3 スキーム
所有権が、AからC1～C3へ直接移転
所有権
登 記
登記もAからC1～C3へ直接移転
〈土地の場合〉
A
売買契約Ⅰ
B
売買契約Ⅱ_1
売買契約Ⅱ_2
売買契約Ⅱ_3
C1
C2
C3
1
2
3
土地所有者
不動産事業者
土地
1 2 3
〈建物の場合〉
A
売買契約1
B
売買契約2
C
リフォーム

# Q26 遺産分割後売却スキーム
## ◆連続承継機能

### 1．遺産分割協議におけるクッションモデル™

Ｘ不動産を所有しているＡが死亡して、その法定相続人が$B_1$と$B_2$の２名であり、両者の遺産分割協議（民法907条１項）によって$B_1$がＸ不動産を相続することになり、$B_1$がＣにＸ不動産を売却するというスキームである。ＡＢ間は売買ではないが、不動産の承継が連続するという意味でクッションモデル™の一種である。この場合も“新・中間省略登記”の手法を用いて、ＡからＣに直接所有権移転をすることができるのだろうか。

### 2．通常“新・中間省略登記”は否定

“新・中間省略登記”は通常Ａと$B_1$間の合意（契約）による特約に基づいて行われる（☞Q79）。遺産分割協議の場合、被相続人Ａは遺産分割協議に参加して意思表示をすることができないため、Ａと$B_1$との意思表示の合致＝合意がなく、通常はこの手法を用いることができないと考えられる。

### 3．“新・中間省略登記”を利用できる可能性

もっとも、Ａが遺言により「遺産分割方法の指定」（同法908条）として「Ｘ不動産を$B_1$に相続させる」旨を記載することにより、“新・中間省略登記”の手法を用いることができる余地がある。「相続させる」旨の遺言について、次のような判例（最高裁判所平成３年４月19日判決）があるからである。

#### ⑴ 判例の考え方

① 原則

「遺産分割方法の指定の内容が『ある相続人にある財産を相続させる』とするものであった場合、原則として、何らの行為を要せず、当該遺産は、被相続人の死亡の時に直ちに当該相続人に相続により承継される。」なぜなら、「当該遺言をした遺言者の意思は、当該遺産を相手方相続人に単独で相続させる趣旨だからである。」これは、遺言者の意思を最大限尊重したものである。

② 例外

上記原則に対し、「当該遺言において相続による承継を当該相続人の意思表示にかからせたなどの特段の事情」がある場合を除外している。これ

は、相手方相続人が当該特定の遺産の承継を望まない場合もあるため、相手方相続人の承諾の意思表示を遺言の効力発生の要件とするものである。

### ⑵ “新・中間省略登記”の利用可能性

前記②の例外の場合、当該遺産の相続による承継は$B_1$の意思表示により決定されるため、Aが当該遺言の中で、ⅰ．X不動産の相続による承継を$B_1$の意思表示にかからしめ、かつ、ⅱ．「X不動産の所有権は、$B_1$の指定する者に直接移転する」旨を定めた場合において、$B_1$が当該定めを含めて相続による承継を承諾する意思表示をしたときは、Aから$B_1$の指定する者にX不動産の所有権が直接移転すると考えることもできよう。この場合、“新・中間省略登記”の手法を用いることができることになる。

もっとも、仮にこれが可能だとしても、相続を原因とする所有権移転の場合不動産取得税は課税されず、登録免許税も低廉である（0.4%）ため“新・中間省略登記”によって得られる節税効果は限定的である。

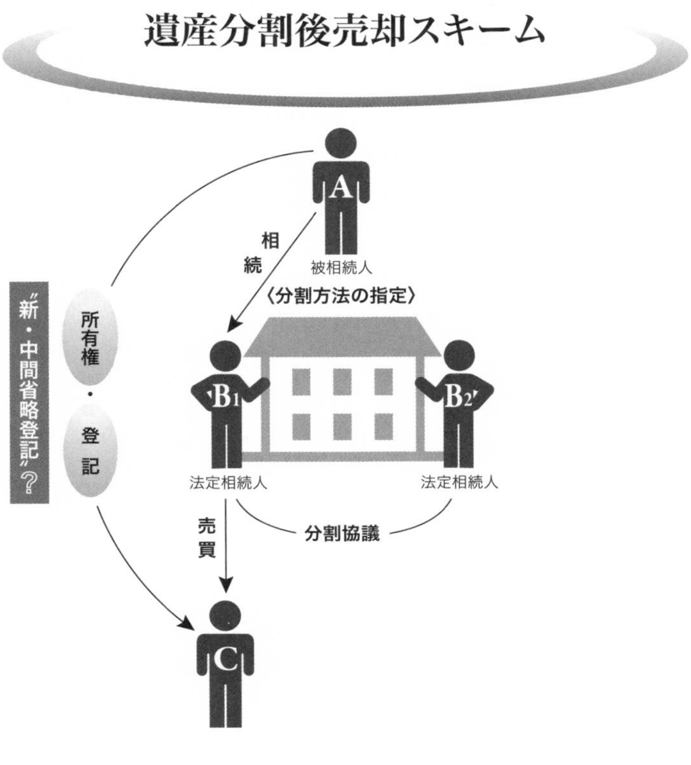

# Q27 特定遺贈後売却スキーム
## ◆連続承継機能

### 1．特定遺贈におけるクッションモデル™

Ｘ不動産を所有しているＡが死亡して、その法定相続人が$B_1$と$B_2$の２名であり、Ａが遺言により、Ｘ不動産を$B_1$に遺贈し（特定遺贈）、$B_1$がＣにＸ不動産を売却するというスキームである。これもＡＢ間は売買ではないが不動産の承継原因が連続するという意味でクッションモデル™の一種である。この場合も“新・中間省略登記”の手法を用いて、ＡからＣに直接所有権移転をすることができるであろうか。

### 2．通常“新・中間省略登記”は否定

“新・中間省略登記”は通常は合意（契約）による特約に基づいて行われる（☞Q79）。そして、特定遺贈とは遺言により特定の財産を無償で譲渡することであるところ、遺言は単独行為であり、遺言者の一方的意思表示によりその効果が生ずる。そうであれば、意思表示の合致＝合意による特約は観念できず、この方法の利用は想定外である。

### 3．“新・中間省略登記”を利用できる可能性

#### ⑴ 受贈者の「承認」を観念できる可能性

もっとも、民法上、受遺者$B_1$の「遺贈の承認」を観念し得る場合がある。

**① 利害関係人の催告に対する返答の場合**

$B_2$等の利害関係人が受遺者$B_1$に対して遺贈の承認又は放棄をすべき旨を催告した場合（民法987条）、受遺者$B_1$が「遺贈を承認」できる。

**② 受遺者の黙示の承認と解釈できる場合**

特定遺贈の受遺者は、遺言者の死亡後に遺贈を放棄できる（同法986条１項）が、積極的に遺贈を承認する旨の明示の意思表示を認める規定がないため、受遺者が遺贈を放棄しないことで遺贈の効果が確定する。そのため、受遺者が遺贈を放棄しないことをもって「遺贈の承認の黙示の意思表示」と認めることができよう。

①②の場合、受遺者$B_1$の「Ａからの遺贈を承認する旨の意思表示」が認められ、それと遺贈者Ａの「$B_1$に遺贈する旨の意思表示」との合致があり、遺贈者Ａと受遺者$B_1$との合意があると解釈することが許されるのではない

だろうか。ここに“新・中間省略登記”の方法を利用しうる余地がある。

**⑵ “新・中間省略登記”の利用の方法**

この場合、遺贈者Ａが遺言の中に、「受遺者$B_1$が指定した者に直接所有権が移転する」旨を記載しておき、$B_1$がＸ不動産をＣに売却して、その所有権の移転先としてＣを指定すれば、Ａの死亡時に、Ｘ不動産の所有権はＡからＣに直接移転する。よって、“新・中間省略登記”を利用して、ＡからＣに直接所有権移転登記をすることができる。

もっとも、遺言者Ａの死亡後に$B_1$がＣを指定した場合、Ａの死亡時に遺贈の効力が発生する（同法985条１項）にも関わらず、その時点で$B_1$は所有権の移転先を指定していないため、Ｘ不動産の所有権の帰属が不明になってしまう。

そこで、Ａの遺言の中に、$B_1$の指定を遺言の停止条件とする旨を記載する必要がある（同条２項）。これにより、遺言者Ａの死亡後に$B_1$がＣを指定した場合でも、その指定時に遺贈の効力を発生させて、ＡからＣに直接所有権を移転させることができ、所有権の帰属が不明な事態を回避できる。

## 特定遺贈後売却スキーム

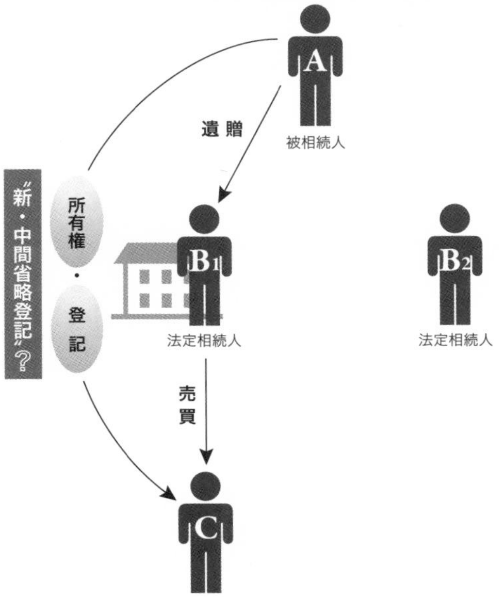

# Q28 相続後売却スキーム（換価遺言――換価分割、清算型遺贈）

◆連続承継機能

## 1．換価遺言（換価分割、清算型遺贈）におけるクッションモデル™

### ⑴ 換価分割

甲不動産を所有しているＡが死亡して、その法定相続人が$B_1$及び$B_2$であり、Ａが遺言により「甲不動産を売却してその代金を$B_1$及び$B_2$に相続させる」としていた場合。

### ⑵ 清算型遺贈

甲不動産を所有しているＡが死亡して、その法定相続人が$B_1$及び$B_2$であり、Ａが遺言により「甲不動産を売却しその代金で遺言者の債務等を弁済した後、残額を受遺者Ｘに遺贈する」としていた場合。

いずれも不動産の承継原因が連続するという意味でクッションモデル™の一種である。

これらの場合も“新・中間省略登記”の手法を用いて、Ａから買主（Ｃ）に直接所有権移転をすることができるであろうか。

## 2．移転先（買主）が不特定の第三者である場合

“新・中間省略登記”を用いる（あるいはそれと同等の効果を上げる）方法としては、Ａが遺言に次のような修正を加えることが考えられる（これは合意によるものではないため純粋な意味での“新・中間省略登記”とは異なる）。

⑴ 「甲不動産をＢに相続させる（遺贈する）。ただし所有権はＢの指定する者に直接移転させる」

⑵ 「相続財産中甲不動産の所有権は（法定相続人）Ｂの指定する者に直接移転させる」

⑶ 「甲不動産を売却して代金を遺贈する。ただし所有権は買主に直接移転させる」

これらの修正は果たして有効だろうか。

問題は所有権の移転先が不存在ないし不特定である点にある。

所有権の移転先が特定していない以上、遺言中の所有権の移転先に関する部分は効力を生じ得ず、被相続人の死亡と同時に所有権は相続人に承継されざるを得ない（民法882条）。すなわち“新・中間省略登記”（と同等の効果を上げ

ること）は不可能である。

### ３．移転先（買主）が特定の第三者である場合

では、上記２.⑴～⑶の遺言修正で所有権移転先を特定の第三者「Ｃ」とした場合はどうか。

これは甲不動産の所有権以外の部分をＢに相続させ（遺贈し）、所有権はＣに相続させる（遺贈する）とするのと同義であり、遺言としての問題はないと解される。しかし、これはもちろん“新・中間省略登記”とは異なるし、ＢがＣに売却する対象は甲不動産の所有権以外の部分だということになる。

### ４．まとめ

通常の換価分割または清算型遺贈ではいったん相続人に所有権が移転する。登記実務も同様の取扱いである（昭45.10.5民事甲4160号参照）。

もし所有権を直接移転させようとすると極めて変則的な売買契約及び遺言によることになるが、このような契約や遺言をしてまで所有権を直接移転させることの実益が実務上あるのかどうか、今後の研究を待ちたい。

なお、通常の遺贈の場合所有権は被相続人から直接受遺者に移転する。

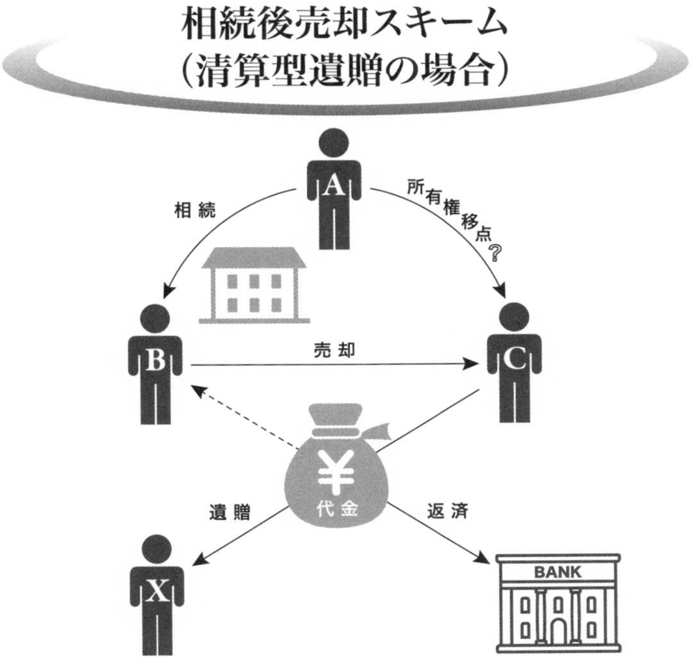

# Q29 死因贈与後売却スキーム
## ◆連続承継機能

### 1．死因贈与におけるクッションモデル™

Aは、その子Bとの間で、自己所有のX不動産をBに死因贈与する旨の契約（Aの死亡によって効力を生ずる贈与契約）を締結した。その際、Bが死因贈与を受けたX不動産を第三者に売却することを承諾した。その後、Aが死亡し死因贈与を受けたBがX不動産を第三者Cに売却したというスキームである。この場合に“新・中間省略登記”の手法を利用して、Aから第三者に直接所有権移転登記をすることができるのか。

### 2．“新・中間省略登記”の利用の可否

前述のように、“新・中間省略登記”は「合意」により権利移転の効力が生じる場合に限り利用できる。そして、「死因贈与」とは、贈与者と受贈者の間で、「贈与者が死亡した時点で、特定の財産を受贈者に贈与する」という贈与契約を結ぶことをいい（民法554条）、贈与者と受贈者との間の意思表示の合致＝「合意」の存在を前提としている。

したがって、贈与者Aと受贈者Bとの間で、「X不動産の所有権は、Bの指定する者に直接移転する」旨の意思表示の合致=「合意」が可能であるから、“新・中間省略登記”を利用して、Aから、Bが指定するCに直接所有権移転登記をすることができる。

### 3．“新・中間省略登記”を利用する際の注意点

この場合、①Aが生前に、Bとの間で、「X不動産は、自己が死亡した時点で、Bに贈与する。ただし、その所有権は、Bの指定した者に直接移転する」旨を合意しておくことが必要である。そして、②BがX不動産をCに売却して、その所有権の移転先としてCを指定すれば、Aの死亡時に、X不動産の所有権はAからCに直接移転する。よって、“新・中間省略登記”を利用して、AからCに直接所有権移転登記をすることができる。

もっとも、受贈者BがCを指定する前に贈与者Aが死亡した場合、Aの死亡時に贈与の効力が生ずる（民法554条・985条1項）にも関わらず、この時点でBは所有権の移転先を指定していないため、X不動産の所有権の帰属が不明となる。

そこで、この場合に備えて、受贈者Bの指定を死因贈与の効力発生の停止条件としておくことが必要と考えられる（民法554条が同法985条を準用する）。これにより、Aの死亡後にBがCを指定した場合でも、その指定時に、死因贈与の効力を発生させ、AからBが指定したCに直接所有権を移転させることができ、Aが死亡後、BがCを指定するまでの間のX不動産の所有権の帰属が不明になる事態を回避できる。

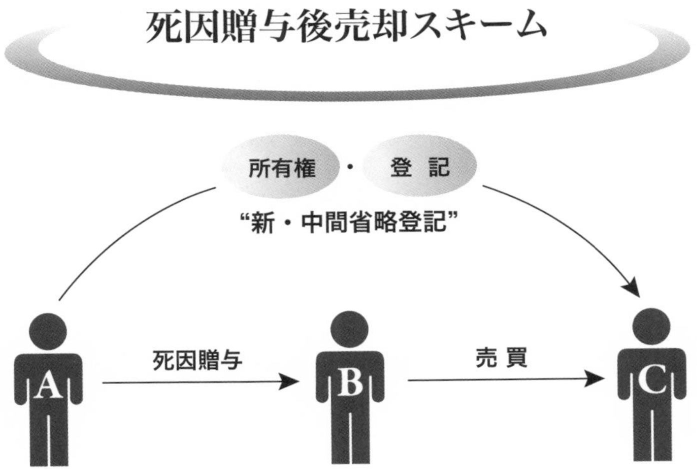

# D　その他

## Q30 売上増大スキーム（粉飾とされる恐れあり）
### ◆利害調整機能？

外形的な売上を増やす目的でクッションモデル™を利用しようとするケースである。

次のような事例がある。

**【事例】**

Aが自己所有の不動産をCに売却することを決定していた場合に、法人Bが決算対策上、売上を増やす目的でAとCの間に割り込み、Aから不動産を100円で買い、さらにCに100円で転売したものとする。

ここでBはCから受け取る売買代金全額を売上として計上する。しかし、同時に、その金額の大半（または同額）は、Aに対する支払いに充てられることになる。

通常、BはA及びCに対して手数料を支払って報いることになろう。同様に、Aが子会社B´に売上を立てさせたいという場面も考えられる。

この場合の問題点は、単に決算対策として見かけ上の売上を増大させるという目的だけで不動産の売買を行った場合、会計上受取った売買代金額を売上に計上できるかということである。

### ⑴ 会計処理方法

この場合の会計処理方法として、次の2つが考えられる。

① 売上：100円　　売上原価：100円　　最終利益：0円
② 売上：0円　　売上原価：0円　　最終利益：0円

### ⑵ 会計面における正しい処理方法

企業会計は、企業の実態を最も適切に示すように会計処理を行わなければならないという前提がある。これは、会計の基本原則である「企業会計原則」に規定されている。

それによれば、単に決算対策として見かけ上の売上を増大させる目的の場合、実態は売上0であるから、②が正しい処理方法ということになる。①は粉飾決算といえよう。

近時の会計士業界では、見せかけの売上計上には厳格に対応している傾向にあるため、監査法人が監査を行っている会社（上場会社、一部の非上場会社）

では、粉飾決算と指摘される可能性がある。これに対し、監査法人が関与していない会社では、事実上問題とされる可能性は低いが、会社法431条（会計の原則）違反である。

### ⑶ 税務面に対する影響

法人税は最終利益に対して課税するだけなので、⑴①、②のいずれの方法でも結果（利益）は同じであり、特に問題とはならない。

ただし、子会社B´の売上に占める土地の売上（消費税が非課税）の割合が大きい場合には、見せかけの売上金額を増やした影響で、本来払う必要のない消費税を払うことになり、消費税の負担が大きくなると考えられる。

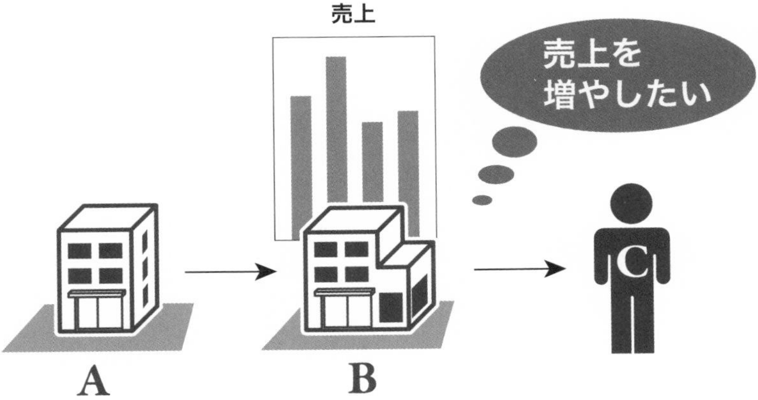

## Q31 利益抑制スキーム（増税となる恐れあり）
### ◆利害調整機能？

当期の利益を過度に増加させたくない会社が、赤字のグループ会社を用いたクッションモデル™を利用して利益を抑制しようとするスキームである。

**【事例】**

不動産の所有者A社が取得価額（20円）に比べて高く売却できる不動産を有しているが、当期はそれ以上多額の売上・利益（売却代金・売却益）を立てたくない場合に、グループ会社で赤字の子会社B社に対して低額（10円）で売却し、B社からCに対して高額（100円）で売却させる。A社としてはグループ全体で売上・収益を確保でき、しかも、A社が自ら売却する場合に比べて法人税の金額は低額で済ませるという狙いがある。

### ⑴ 会計面における正しい処理方法

この事例における会計上の正しい処理方法は、次のとおりである。

**＜親会社（A社）＞**

売上：100円　売上原価：20円　子会社に対する支援損：90円
最終利益：10円

**＜子会社（B社）＞**

売上：0円　　売上原価：0円　　親会社からの支援利益：90円
最終利益：90円

連結財務諸表においては、親子会社が一つの法人とみなされるので、次のようになる。

売上：100円　　売上原価：20円　　最終利益：80円

以上から、子会社を経由してもしなくても、全く同じ連結損益計算書になるので、何らメリットはないといえる。

### ⑵ 税務面に対する影響

この事例では、法人税が増税になる可能性がある。

すなわち、親会社Aの子会社Bに対する支援損（90円）は、税務上損金にならない（税務上は「寄付金」となり損金不算入項目にあたる）ため、親会社A

の利益は80円、子会社Bの利益は90円となり、グループ全体では税務上の利益が増額（80円⇒170円）となってしまうのである。

ただし、AとBが100％親子会社の場合には、いわゆる「グループ法人税制」（注）により、子会社Bの利益は90円ではなく0円とされるので（益金不算入）、増税にはならない。

（注）「グループ法人税制」は、平成22年税制改正により導入されたもので、100％支配関係にある法人グループ内の取引について、含み損益への課税を繰り延べるなど円滑に資産移転ができるようにするための、様々な課税上の特例措置が設けられた。

※本項と前項は初版に引き続き町田修一公認会計士兼税理士にご指導いただいた。

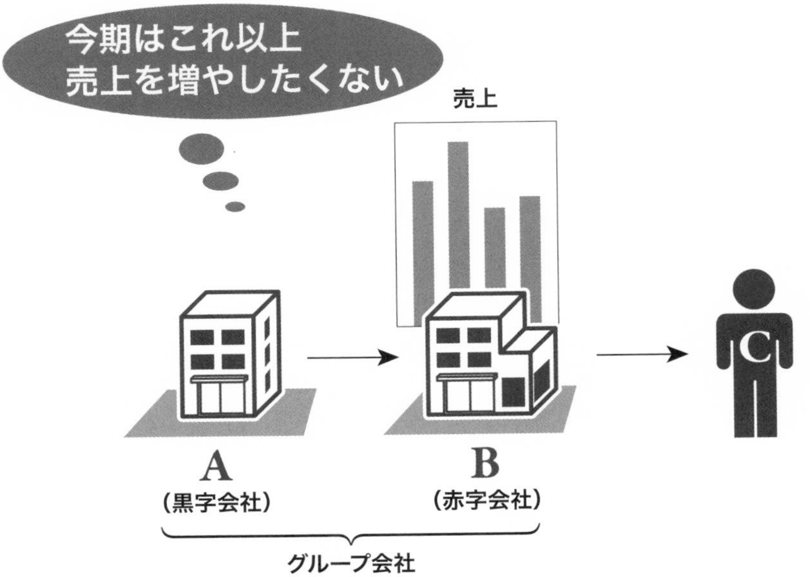

# 第2部

# “新・中間省略登記”に対する疑問を解消する

# 第1章

# コンプライアンスについての
# 疑問を解消する

# I　総論的な疑問の解消

# Q32 コンプライアンス違背主張の論拠とされるもの

## 1．「コンプライアンス」の意味

「コンプライアンス」とは、直訳すれば「法令遵守」ということであり、ある経済活動が「適法性」を有しているかどうかの問題であるが、さらに企業や職業人に対して求められる社会的存在としての高い倫理観をも包含する。

本書では、「コンプライアンス」という用語を、「適法性」と（適法性を前提とした上での）「企業倫理・職業倫理適合性」、という二つの意味で用いる。

## 2．“新・中間省略登記”がコンプライアンスに違背するとする論拠とされるもの

### ⑴ 旧・中間省略登記が違法である

“新・中間省略登記”は（現在のところ登記申請が認められていない）旧・中間省略登記と実質的に同一の目的を達するための手法である。すなわち、かつては普通に行われていた旧・中間省略登記であるが、これは実は違法であり、“新・中間省略登記”はその違法な行為を実現するための脱法行為である。

### ⑵ 改正法の趣旨に反する

“新・中間省略登記”は、平成16年の改正不動産登記法（61条）により、それまで任意であった登記原因証明情報の提出が必須となった趣旨に反する。

### ⑶ 脱税である

中間者が流通税を免れる目的で“新・中間省略登記”を行う行為は、脱税である。

### ⑷ 特異な手法である

① これまで不動産売買の局面で（特に不動産所有権の移転に関しては）あまり使われてこなかった手法である「第三者のためにする契約」を、流通税削減という目的のために使っているのは、技巧的にすぎ、不自然である。

② 取引態様としても、売買代金を支払ったのに所有権を取得しない（したがって登記もしない）というのは、二重譲渡等のリスクを伴うため、

一般的とはいえない。

**⑸ 暴利行為を助長する**

"新・中間省略登記"は暴利行為や不当な価格での取引を助長する。

**⑹ 公益に反する**

"新・中間省略登記"は不動産登記制度の理念に反するものであり、また、私益のみを図るものであり、公益に反するといえる。

**⑺ 法的根拠を欠く**

"新・中間省略登記"を明文で容認する法規は存在しない。

## ３．反証

以下（☞Q33～Q39）において上記論拠らしきものに根拠がないことを論証する。

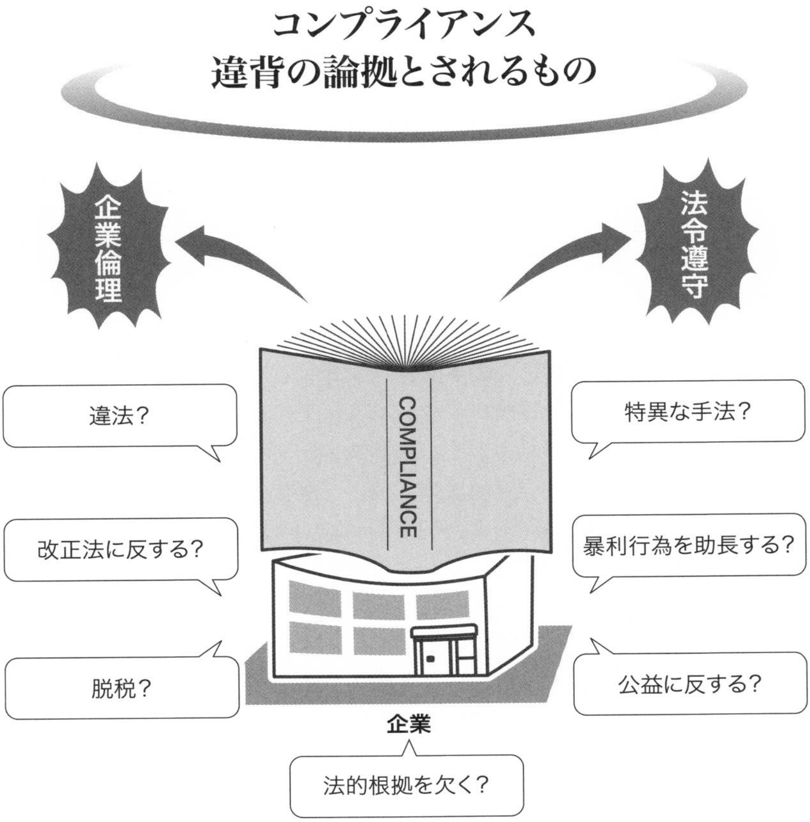

# Q33 違法か？

## 1．問題の所在

「“新・中間省略登記”は違法行為（脱法行為（注1））である」との主張の根拠は、「旧・中間省略登記は違法である。したがってその代替手段である（同一の目的を有する）“新・中間省略登記”も違法である」というところにある。つまり、旧・中間省略登記が違法でなければ“新・中間省略登記”も違法ではないということになる。

旧・中間省略登記が違法であるとする根拠は二つある。一つは不動産登記法が物権変動過程の忠実な登記簿への反映を求めていること、もう一つは旧・中間省略登記の申請が法務局から受け付けられない（却下される）ことである。

確かに、不動産登記法が物権変動過程の忠実な登記簿への反映を原則としていることは判例も認めるところであるし（最高裁判所平成22年12月16日判決）、旧・中間省略登記の申請は原則として却下された（旧不動産登記法49条7号（注2））。

しかし原則はあくまでも原則であり、例外を全く認めないものではない。もちろん原則に反した行為が違法・無効ともされていない。これは以下の権威（及び拘束力の）ある公的判断・規範に明らかである。

## 2．最高裁判所（大審院）の判例

(ア) 中間省略登記は、一度受け付けられて、それが現在の実体関係を正しく反映している限り、有効である（大審院大正5年9月12日判決）。

(イ) すでになされた中間省略登記の抹消登記請求は、中間者に正当な利益がない限り認められない（最高裁判所昭和35年4月21日判決 等）。

(ウ) 登記名義人及び中間者の同意があれば、最終取得者の現所有権登記名義人に対する中間省略登記を請求する権利が認められる（同昭和40年9月21日判決）。

(エ) なお、所有権が転々と移転した後に、元の所有者から現在の所有者への真正な登記名義の回復を原因として所有権移転登記を請求することを否定した最近の判例（前出最高裁平成22年12月16日判決）についても、中間省略登記を禁ずる趣旨ではないと解される（注3）。

## 3. 法務省の先例

旧・中間省略登記を命ずる確定判決がある場合はそれに基づいて旧・中間省略登記を実行するとするのが、法務局・法務省の取扱いである。例えば以下の先例がある。

(ア) 甲、乙、丙、丁と順次所有権が移転したにもかかわらず登記名義が甲である場合において、甲は丁に対し登記手続をすべき旨の確定判決を得て、丁から甲を登記義務者とする所有権移転登記の申請があったときは、これを受理すべきである（昭和35年7月12日民甲1581局長回答）

(イ) 判決主文に登記原因の明示がなく、その理由において（1）所有権が甲から乙、乙から丙へといずれも売買により移転したものであること、(2) 中間登記の省略について乙の合意が成立していること、(3) 登記原因の日付は乙から丙に移転した日であることが認められる場合で、中間及び最終の登記原因に相続又は遺贈若しくは死因贈与が含まれない場合には、当該判決正本を添付し、最終の登記原因およびその日付をもって、甲から直接丙へ所有権移転の登記を申請することができる（昭和39年8月27日民甲2885局長通達)。

(ウ) 売買登記未了のまま買主が死亡し、その相続人から売主に対し登記手続の履行を請求した場合において、これを認容した判決主文中、売主（被告）から直接買主の相続人（原告）名義に登記すべき旨が明らかにされているときには、その判決正本により、相続人名義に登記をすることができる（昭和35年2月3日民甲292局長回答)。

(エ) 主文において甲から乙への所有権移転の登記手続を命ずる判決の理由中に、中間取得者Aが存することが明らかであっても、当該判決において登記原因が明示されている限り、Aのための登記を省略して、主文どおりの登記をすることができる（昭和35年7月12日民甲1580局長回答)。

## 4. 司法書士会の規範

東京司法書士会は中間省略登記を一定の要件の下で承認していた（注4)。

(ア) 要件

① A→B、B→Cの売買契約がそれぞれ存在していること

② 中間省略登記についての当事者全員の同意があること

③ 当事者全員に中間省略登記を拒否する正当な理由がないこと

(イ) 承認の根拠

① 登記を申請するかどうかは当事者の任意である。

② 中間省略登記は結果的に有効であり違法でもない。

③ 中間者を登記することに実益は乏しい。

④ 古くから司法書士が受託してきた。

## 5．結論

以上から、旧・中間省略登記は現在の手続上は受け付けられないものの違法とはいえない。違法行為でない以上、それに対する脱法行為というものもあり得ない。つまり、“新・中間省略登記”が脱法行為かという議論はそもそもの前提を欠くということである。

（注1）強行規定に形式的には違反しないが別の手段をもって実質的にこれに違反する行為

（注2）現行不動産登記法では25条８号に同様の規定がある。

（注3）評価は分かれる。旧・中間省略登記を否定的にとらえていた評者は否定的な評価を下す傾向があるように思われる。金子直史（肯定）最高裁判所判例解説民事篇平成22年度（下）773頁、七戸克彦（否定）判例セレクト2009-2013Ⅰ97頁、石田剛（肯定）平成23年度重要判例解説68頁他

（注4）東京司法書士会会報「司法の窓」第73号（1990年）。東京司法書士会作成のマニュアル「立会ノート」には「中間省略登記承諾書」（ＡＢＣ三者が署名捺印）のひな型も登載されていた。

中間省略登記
"新・中間省略登記"
違法？　脱法？
適法？

# Q34 法改正の趣旨に反しないか？

## 1．問題の所在

“新・中間省略登記”は、平成16年改正不動産登記法（61条）により、登記原因証明情報の提供が要求された趣旨に反するという主張がある。

## 2．法改正の趣旨

改正不動産登記法（61条）が登記原因証明情報の提供を要求した趣旨は、物権変動を公示する制度である登記について、登記申請者に、物権変動の原因行為とこれに基づく物権変動を証明する登記原因証明情報を登記所に提供させ、これが申請情報と異なる場合には申請を却下する（不動産登記法25条8号）ことによって、登記が公示する物権変動の内容の正確性を確保しようとするものである（注1）。

## 3．“新・中間省略登記”の場合

“新・中間省略登記”は、売買契約（第三者のためにする特約付）という物権変動の原因行為に基づき、売主から当該第三者への直接の所有権移転という物権変動をもたらすものであり、登記（申請情報）も当然この物権変動に従ったものとなる。

登記所に提出される登記原因証明情報は上記物権変動を証明するものであり、この内容が申請情報と合致するのも当然である。

すなわち、“新・中間省略登記”によってなされる登記は物権変動の内容を正確に公示するものであり、何ら新法の趣旨に反するものではない。

## 4．違法性を帯びる場合

ただし、現在の登記手続上の規制（運用上の規制）をかいくぐるために、例えば申請情報及び添付情報（登記原因証明情報等）に虚偽（実体と異なる内容）の記載をするような行為（実際にはＡからＢ、ＢからＣへと所有権が移転したのに、当事者が口裏を合わせて第三者のためにする契約によってＡからＣに直接所有権が移転したという虚偽の登記原因情報を作成した場合等）となると話は別である。このような行為は現行不動産登記法の下では違法と評価される。ただし仮にこれが行われた場合、登記は受け付けられてしまう（注2）。

（注1）東京地方裁判所平成19年６月15日判決　ウエストロー・ジャパン
（注2）権利の登記について登記官には形式的審査権しかないため。しかし、登記でき、中間者が登録免許税を課税されないとしても、不動産取得税の課税を免れることはできない。

# Q35 脱税か？

“新・中間省略登記”に対する批判として、中間者が流通税を免れる目的で“新・中間省略登記”を行う行為は、①脱税であり違法である、あるいは②租税回避であり、課税当局は中間者に課税すべきではないかというものがある。そこで、この点について説明する。

## 1．「脱税」「租税回避」「節税」の定義

金子宏東大名誉教授による以下の定義が代表的なものである（注）。

⑴ 脱税：課税要件の充足の事実を全部または一部秘匿する行為。

⑵ 租税回避行為：「私法上の形成可能性を異常または変則的な（中略）態様で利用すること（濫用）によって税負担の軽減または排除を図る行為のこと」であり、その1つの類型が「合理的または正当な理由がないのに、通常用いられない法形式を選択することによって通常用いられる法形式に対応する税負担の軽減または排除を図る行為」。

⑶ 節税：租税法規が予定しているところにしたがって、税負担の減少を図る行為。

## 2．“新・中間省略登記”へのあてはめ

### ⑴ 脱税か

“新・中間省略登記”は、課税要件である不動産の取得の事実（不動産取得税）及び登記申請の事実（登録免許税）がいずれも存在しない。すると、それらの事実の秘匿もあり得ない。したがって、“新・中間省略登記”は「脱税」にはあたらない。

### ⑵ 租税回避か？

ア．節税との相違

金子名誉教授によると「節税」と「租税回避行為」との相違点は、租税負担の減少を図る手段として、租税法規が予定していない異常ないし変則的な法形式を用いるか否かの点にあるが、両者の境界は必ずしも明確ではなく、社会通念によって決定すべきである（注）。

イ．判断の要素

“新・中間省略登記”が租税回避にあたるか、即ち租税法規が予定し

ていない異状ないし変則的な法形式か否かを判断するにあたっては、以下の事項を検討すべきである。

i　権利に関する登記の場合、登記する義務はないから、中間者Bは不動産を買っても自己に所有権移転登記をする義務はない以上、中間者Bが買った不動産の所有権を取得する意思がない場合に、自己への所有権移転登記をせずに、AからCに直接所有権を移転させてその旨の登記をすることは、何ら不合理とはいえない。

ii　中間者Bは“新・中間省略登記”を選択することにより、書面上形式的に所有権の取得を放棄するにとどまらず、実質的にも所有権を取得しないことによる危険を冒すことになる。したがって、“新・中間省略登記”を選択するかどうかは常にこの危険との比較衡量によって決せられるものであり、この選択基準は経済的にも極めて合理的である（所有権の留保等、☞Q46、Q47）。

iii　少なくとも政府は“新・中間省略登記”を租税回避として否認すべきとは考えていない（☞Q39）。

（注）金子宏「租税法（第23版）」134頁、135頁。

# Q36 特異な手法か？

## 1．「特異な」手法とは

⑴ “新・中間省略登記”は「第三者のためにする契約」という手法を用いるが、これは“新・中間省略登記”の登場まで不動産売買の局面であまり使われてこなかった（特に不動産所有権の移転に関しては）手法であり、それを流通税削減という目的のために使っているのは、技巧的にすぎ不自然である。

⑵ “新・中間省略登記”では、買主が売買代金を支払っても所有権を取得しない（したがって登記もしない）ことになるが、これは二重譲渡等のリスクを伴うため、取引態様として一般的ではない。

“新・中間省略登記”に否定的な論者の主張はこういった「不自然」かつ「技巧的」で「一般的ではない」、すなわち特異な手法を用いることは、悪いことなのではないか、許されないのではないかというものである。

## 2．“新・中間省略登記”が適法であることの根拠～契約の自由

こういう印象を与えるのは、これまで行われてこなかった方法なのだから当然であろうが、すべて契約の自由（民法521条）という原則の下に沈黙を余儀なくされざるをえない。

「契約自由の原則」とは、「私人間の権利義務の関係は、私人同士の契約によって自由に決定することができる」という、自由主義下の民法の重要原則である。

すなわち、「契約によれば自由に権利関係を決定することができる」ということである。

「“新・中間省略登記”はどのようにして行うか」の箇所（☞Q79）で説明するが、「契約」によってすべてを定めるという点が、ここで意味を持つ。

契約によって、すなわち関係当事者全員の合意によって行われる「新・中間省略登記」は、不自然だろうが技巧的であろうが一般的でなく前例がなかろうが、自由に行えるものであり、誰に文句を言われる筋合いのものでもないのである。

もちろん「私的自治」「契約自由」にも限界がある。公序良俗に反したり、強行法規に反する内容の契約は無効である。民法521条も法令という限界があ

ることを規定している。しかしこの点も、Q33で検討したとおり、全く問題にならない。"新・中間省略登記"は、契約自由の範囲内の法律行為である。

もう少し分かりやすく説明しよう。例えば、買主が売買代金を支払っても所有権を取得しないということが一般的でなく不自然だったとしても、それは買主自身の自由な意思決定に基づくもの、すなわち買主自身が「それでよい」と言っているのだから、他人はそれに対して口を挟む余地はないのである。



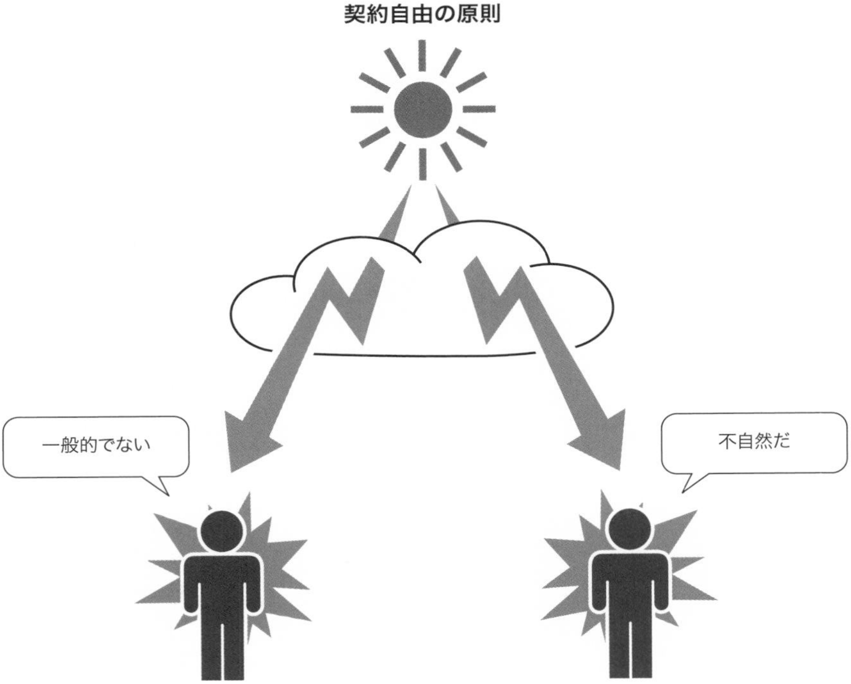

# Q37 暴利行為またはそれを助長するものか？

"新・中間省略登記"及びその土台であるクッションモデル™が暴利行為または暴利行為的である、あるいはそれらを助長するものだという主張がある。以下検討する。

## 1．暴利行為とは

暴利行為とは、他人の窮迫、軽率もしくは無経験を利用し、著しく過当な利益を獲得することを目的とする行為であり、公序良俗違反（民法90条）として無効とされる（大審院昭和9年5月1日判決、最高裁判所昭和38年1月18日判決等）。すなわち本来、契約自由の原則（民法521条）から、取引の当事者が自由な判断によって行動する限り、法は当事者の自治に干渉すべきではないが、契約当事者の一方が相手方の窮迫や無思慮に乗じたという事情がある場合には、自由な判断の要素が欠けるため、暴利行為として無効とされるのである。

例えば、貸主が借主の無知・窮迫に乗じて、金銭の貸付にあたり法外な金利を取ったり、貸金の2倍以上の担保を実行したりする行為などである（最高裁判所昭和27年1月20日判決等参照、現在はこれらの行為が特別法［利息制限法、出資法］で規制されていることは周知のとおりである）。

## 2．暴利行為「的」な取引

暴利行為には該当しなくとも、買った価格と売る価格の差額が著しく大きい場合や、短期間の間に複数の不動産事業者間で土地の転売を繰り返して価格をつり上げる、かつての「土地ころがし」等、倫理的に非難される要素を含む取引を指す。この種の取引に関与することを禁じている企業も少なくない（不動産会社が社内規定で関与を禁止、金融機関がそのような取引に対する融資を禁止する等）。

## 3．クッションモデル™における暴利行為

クッションモデル™では中間者ＢがＡから購入する金額とＣに売却する金額に差があり、それがＢの利益となることも多いが、この利益の性質はクッションモデル™の諸機能（☛Q2）に対する対価である。

したがって、この対価自体が提供する機能に見合った適正なものであれば、法的にも倫理的にも何ら問題とはならない。もちろん、その差額の大きさ及び

その差額獲得の方法いかんによっては、暴利行為ないし反倫理的な行為であるとの非難の対象となることもあり得るが、クッションモデル™や“新・中間省略登記”全般を非難の対象とするのはいささか乱暴すぎよう。非難の対象はこれらの手法そのものではなく使い方である。どんな手法であっても使い方次第で薬にもなれば毒にもなるのである。



## 4．助長するか

“新・中間省略登記”が暴利行為ないし反倫理的行為を助長するという主張も一部にはある。しかしクッションモデル™で市場競争に打ち勝つためには、過当な利益を上げるどころか少しでも利益を得るためのコスト削減が必須であり、“新・中間省略登記”もそのために採用されているのである。暴利を助長するなどという要素をビジネスシーンで見出すことは困難である。

# 38 公益に反するか？

## 1．問題の所在

「“新・中間省略登記”は公益に反する」という主張がある。

ここでいう「公益」とは不動産登記制度の理念ないし原則とされる「物権変動過程を忠実に登記簿上に反映すること」を指すと思われる。

そしてその背景には「私益を図ることによって公益がないがしろにされている」という漠然とした印象論（あるいは感情論）があるように感じられる。

それぞれ検証してみよう。

## 2．不動産登記制度の理念・原則に反するか？

### (1) 形式的にも実質的にも理念・原則即ち公益に反しない

#### (ア) 主張の内容

“新・中間省略登記”は旧・中間省略登記と異なり物権変動過程を忠実に登記に反映させるものであって、不動産登記制度の理念に反するものでは全くない。

しかし、この主張の論者（公益侵害論者）はそれを肯定した上でさらに次のように述べる。「そもそも物権変動の過程を忠実に登記に反映させるという不動産登記法の原則の趣旨は権原調査、すなわち登記を裏付ける実体関係の正当性の調査を可能にするためである。しかるに“新・中間省略登記”は（たとえ形式的には物権変動過程を反映しているとしても）実体を形成する当事者の一部（売買であれば売主、中間者）が登記簿上に登場しないことによって実質的には実体形成（売買）の正当性の調査を不可能ないし困難ならしめるものである。この点で旧・中間省略登記と何ら選ぶところはなく、“新・中間省略登記”も公益を侵害するものである」

#### (イ) 主張への反論

確かに旧・中間省略登記は権原連鎖（売買契約をたどる等実体的な権限のつながり）を断ち切ってしまう（売主＝中間者が登記上現れてこない）ためこのような不都合が生じることが（抽象的な可能性としてではあるが（注1））考えられる。それによって公益を侵害すると評価することを必ずしも否定するものではない。

しかし“新・中間省略登記”の場合、売主は登記上には表れないが添付書類（登記原因証明情報）上には必ず記載され、権原連鎖は維持される（注2）。権原調査は可能なのである（注3）。

**⑵ 司法書士の存在意義を軽視した議論である**

権原調査が必要となるのは我が国の不動産登記に公信力（無権利の登記でもそれを信じたものが保護される制度）がなく、登記が無効である可能性が完全には排除できないからである（例えば認知症による意思無能力者から取得した不動産の登記は無効であり、その登記を信じて取引に入ったものは原則として権利を取得しえない）。

しかし、公信力がないとはいえ日本の不動産登記制度は信頼度が高く、権原調査が行われるのはごく一部の場合に限られ（注4）、事実上大半の不動産取引は登記簿上の権利の正当性を信頼して行われている。これは、大半の登記手続に我々司法書士が関与し、無効な登記の出現を防いでいることが大きく寄与している。

確かに権原調査の必要性は否定できない（我々ももちろん行うことがある）が、一方では過度に権原調査の面を強調して“新・中間省略登記”を批判するのは、司法書士の果たしている職責をあまりにも軽く見すぎた議論でもあることを強調しておきたい。

**⑶「調査」の便宜のための方策**

とはいえ、中間者が登記簿上現われることで権原調査が容易になるということも完全に否定し去ることはできない。そこで後述する非課税化の提案（☞Q90）の中で中間者を登記簿に記載する形での旧・中間省略登記の容認を提案している。ただしこれは登録免許税のみの削減であるため不動産取得税の非課税化も併せて提案している。

（注1）具体的（実務的）には売主が登記上現れないことにより権原調査が困難になることは考えにくい。1990年の東京司法書士会会報「司法の窓」第73号が旧・中間省略登記を承認する根拠の一つとして「中間者を登記する事に実益は乏しい」ことを上げていたのもその表れである。

（注2）登記原因証明情報には中間者はもちろん売買契約の特約内容も詳細に記載される。

（注3）添付書類は30年間法務局に保存される（不動産登記規則第28条第10号）

（注4）特段疑いを持たせるような事情（個人による短期間での転売等）がない限り、実体関係の遡及的調査は行われない

## ３．私益をはかり公益をないがしろにしているか？

もちろん、私益をはかることに汲々として公益をないがしろにすることが許されるわけではない。

しかし、これは私益と公益との比較衡量の問題であって、どちらかだけが一方的に重視されるということではない。ここで公益侵害論者が言う私益とは、例えばクッションモデル™における中間者Ｂの獲得する利益等のことであろうが、Ｂの得る利益はクッションモデル™の果たす機能に対する対価である。この論者はこのクッションモデル™の果たす機能の点を全く捨象（しゃしょう）して論じているに過ぎない。言ってみれば「不動産事業者は全て悪徳で自分の懐を肥やすことばかりを考えている」という短絡的な発想に過ぎず、不動産事業を市場競争にさらされるビジネスとしてとらえるという観点を持ち合わせていないに過ぎない。

もちろんごくごく一部に悪徳な事業者が存在し、それが不動産業界の印象に悪影響を与えていることは否定できないが、それはあくまでも例外的な存在であり、そういった例外的な存在を必要以上に強調しヒステリックに糾弾しようとする議論は遠慮して頂きたいものである。

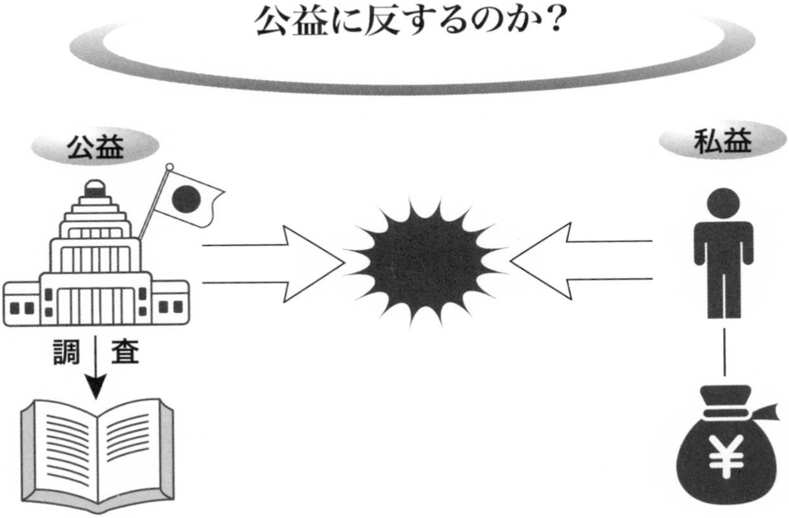
公益に反するのか？
公益
私益
調
査

# Q39 法的根拠を欠くのか？

“新・中間省略登記”を明文で容認している法規は存在しないという主張がある。

しかし、“新・中間省略登記”は不動産登記法の容認する範囲内での運用方法として、政府・行政当局・司法書士会の各々から以下のとおり明文によって承認されている。

## 1．規制改革・民間開放推進会議（内閣総理大臣の諮問機関、現規制改革推進会議）及び内閣の承認

⑴ 法務省民事局民事第二課長に対し、第三者のためにする売買契約の売主から当該第三者への直接の所有権の移転の登記の申請の可否に関して、平成18年12月21日付けで照会を行い、「可能である」旨の回答を受け取っている。

⑵ それを受けて、同年12月25日、内閣総理大臣の諮問機関である規制改革・民間開放推進会議によって、「中間省略登記は有益であるから認めるべきである」という内容の第三次答申答がなされた。その結果、内閣総理大臣が、閣議決定によって当該答申を承認した。これに基づき、各公的機関が順次承認した。

## 2．法務省による承認

⑴ 規制改革・民間開放推進会議からの前記1.⑴の照会に対し、平成18年12月22日、「第三者のためにする売買契約の売主から当該第三者への直接の所有権の移転登記」という形での、第一売主から第二買主への直接の移転登記申請が可能である旨の回答を発した。

⑵ また、規制改革・民間開放推進会議の答申及び閣議決定を受けて、平成19年1月10日法務省民二第52号民事第二課長通知をもって、関連諸団体に上記回答を周知させるための通知を行っている。

## 3．日本司法書士会連合会による承認

平成19年5月30日、日本司法書士会連合会は会長名による通知（追補）によってこの手法を承認した。

また同年12月12日には、いわば「新・中間省略登記」の「マニュアル」である「直接移転取引に関する実務上の留意点について」を全司法書士会に配布した。各司法書士会はそれを会員である（司法書士は全て司法書士会会員）各司法書士に配布した。これは30頁を超える本格的なものである。

## 4．国土交通省による承認（宅建業法施行規則の改正）

“新・中間省略登記”が必ず他人物売買を伴うため、これが宅建業法33条の2の規定（宅建業者は「自己の所有に属しない宅地または建物について、自ら売主となる売買契約を締結してはならない」）に反するのではないかという疑問を解消するために、国土交通省は宅建業法施行規則を改正した。

すなわち、当該宅建業法の規定の適用が除外される場合として、「当該宅地又は建物について、当該宅地建物取引業者が買主となる売買契約その他の契約であつて当該宅地又は建物の所有権を当該宅地建物取引業者が指定する者（当該宅地建物取引業者を含む場合に限る。）に移転することを約するものを締結しているとき」（同法施行規則15条の6第4号）を追加することで、“新・中間省略登記”が宅建業法上も適法であることを明示したのである。

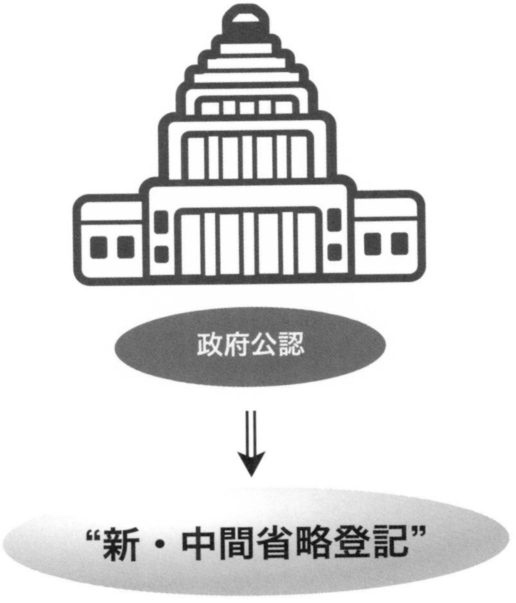

# Q40 “新・中間省略登記”の積極的意義とは？
## ～法的根拠を支える価値判断～

### 1．“新・中間省略登記”のコンプライアンス適合性＝消極的意義

ここまで“新・中間省略登記”のコンプライアンスに関して次の七つの角度から検証してきた。

⑴ 違法ではない（Q33）。
⑵ 法改正の趣旨に反しない（Q34）。
⑶ 脱税ではない（Q35）。
⑷ 手法は特異だが何の問題もない（Q36）。
⑸ 暴利行為ないしそれを助長するものではない（Q37）。
⑹ 公益に反しない（Q38）。
⑺ 法的根拠は存在する（Q39）。

しかし、これらは“新・中間省略登記”が法的に何ら問題ないということの保証にすぎず、いわば消極的ないし中立的に適法であることを裏づけ、これらの行為が法的に「許容される」という意味合いにすぎない。

したがって、この手法の採用を依頼者が求めてきた場合に、司法書士がこれを安心して受託できる根拠となるものではあるが、積極的にこの手法を推進していこうとする私たちの立場は、これだけでは説明できない。

### 2．“新・中間省略登記”の積極的意義

私たちが積極的にこの手法を提唱し、普及・推進していくべきであると考えているのは、次のような理由からである。

#### ⑴ 司法書士の使命

この手法によって不動産流通コストの削減が実現されることにより、不動産取引が活発化し、ひいては経済全体の活性化に寄与する。

私たち司法書士は、登記手続の安全･迅速を図ることによって不動産取引･経済活動の活性化に寄与することを重要な使命の一つとしている。

司法書士法の言葉でいえば、不動産取引に関わる全ての当事者という「国民」の権利を擁護するとともに、経済活動、経済的利益という国民の「権利」を擁護するということである。

したがって、司法書士はこの手法の採用を積極的に推進し、指導していく

ことが使命なのである。そして、この考え方の根底には、次のような政府の価値判断がある。

**⑵ 政府の価値判断**

規制改革・民間開放推進会議の平成18年12月の第三次答申、及び規制改革会議の平成19年5月の第一次答申において表明された「中間省略登記（または代替手段）による不動産流通課税の軽減は、土地・住宅政策の観点から必要かつ有益なものである」すなわち「成長戦略の一環である」という価値判断である。

ただし、筆者はこの手法について、「あくまでも流通課税軽減が実現されるまでの過渡期における代替的な手法である」と考えていることを改めて強調しておきたい。

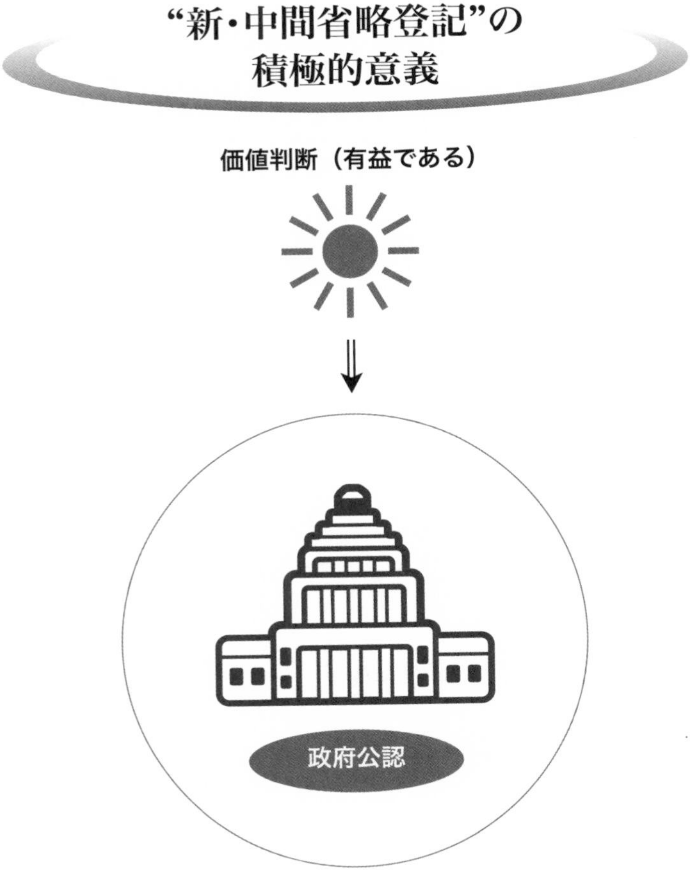

# Ⅱ　各論的な疑問の解消

## Q41 A→B→Cと順次売買されている以上不動産登記法違反ではないのか？（注）

A→B→Cと順次売買されている場合に使えなければ、本手法の有する意義は大幅に後退する。“新・中間省略登記”は、順次売買される場合の流通税削減のために考案された手法であるといってもよいから、使えるのは当然である。

では、なぜこのような質問が出たのであろうか。

### ⑴ 順次売買されている場合に“新・中間省略登記”の使用を否定する見解の出現

それは、この点を否定する見解が、一時的とはいえ、一定の影響力のある下記二つの機関から相次いで表明されたからである。

① 一つが法務省である。登記実務家向けの雑誌「登記研究」（テイハン）第708号（2007年2月号）に法務省民事局担当者が執筆した「平成19年1月12日法務省民2第52号民事2課長通知・解説」の中で、「乙丙間において、甲所有の不動産につき乙を売主、丙を買主とする（中略）売買契約が締結された場合には、所有権は、甲から乙、乙から丙と順次移転することとなり、“新・中間省略登記”が使えない」とされた。

② もう一つが日本司法書士会連合会である。会長から民事二課長通知に関する「お知らせ」（2007年1月16日付）の中で、「AB間及びBC間双方に不動産売買契約が二つ存在する場合には、“新・中間省略登記”は使えない」という意見が、各司法書士会に対して通知されたのである。

### ⑵ 否定的見解の改定・修正

これらの見解を読んで筆者も驚いたが、一番驚いたのは規制改革会議（福井秀夫委員）であろう。そこで、内閣府はこれらの見解を撤回するように、法務省及び日本司法書士会連合会に要請した。

その結果、両者とも見解を改め、あるいは意見に修正を加え、AB、BCそれぞれが売買契約を締結していた場合でも、この方式は使えるとした。

2007年5月30日付日本司法書士会連合会会長通知（追補）及び登記研究710号（2007年4月号）における「修正」である。

### ⑶ 否定的見解の趣旨

すなわち、これらの見解の趣旨は、あくまでも2回の売買により2回所有権が移転している場合（A→BとB→C）には、“新・中間省略登記” は使えないという当然のことを言ったものであり、第三者のためにする契約により所有権が直接AからCに移転する場合は、AからCへと所有権移転登記をすることができるという、自明のことを述べているに過ぎないとのことだ。

なお、この経緯は、筆者も共著者として参加している「中間省略登記の代替手段と不動産取引」（住宅新報社）の住宅新報記者遠藤信明氏の論稿（117頁以下、150頁以下）に詳しい。

（注）これは今では一般的に否定されており耳にすることもなくなった見解であるが、“新・中間省略登記”を世に問うた当初の頃は、この手法に対する無理解からこのような見解が述べられたことも確かである。

　そこで、この見解が述べられた経緯を記述しておくことは、現在依然として“新・中間省略登記”に否定的な考え方をお持ちのごく一部の方にご覧いただく資料として意味のあることだと考え、改訂版においても掲載することとした。



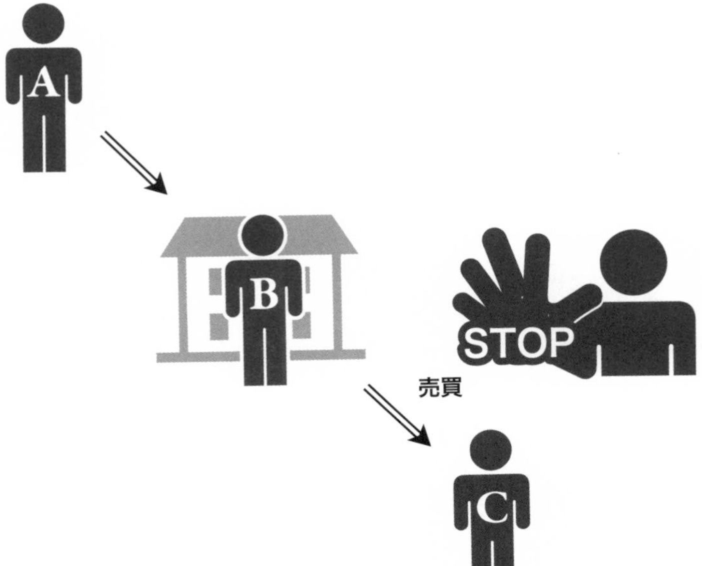

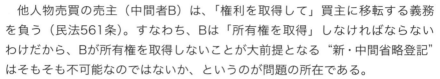

# Q42 他人物売買を含むため、民法上不可能ではないのか？

他人物売買の売主（中間者B）は、「権利を取得して」買主に移転する義務を負う（民法561条）。すなわち、Bは「所有権を取得」しなければならないわけだから、Bが所有権を取得しないことが大前提となる“新・中間省略登記”はそもそも不可能なのではないか、というのが問題の所在である。

※他人物売買の意義及び第二の売買が常に他人物売買になることに関しては後述する（☞Q87）。

前記（☞Q41）「登記研究」708号の法務省担当者の解説も同様の見解を取っているように見える。この点に関しては、次のように、主に三つの考え方がある。

**⑴ 他人物売主は権利を取得しなくともよいとする見解**

この見解は、必ずしも売主がいったん他人から権利を取得した後、これを買主に移転する必要はないとする。すなわち、売主が、①権利者から処分権能を取得して、その処分権能に基づき買主に権利を譲渡し、あるいは、②権利者と契約して権利者から直接に買主に権利を移転させることも可能であるとする（『注釈民法』旧版⑭132頁）。

**⑵ 当事者の特約により他人物売主の権利取得を排除できるとする見解**

この見解は、民法561条の権利取得義務に関する規定は任意規定（当事者の意思で排除できる規定）であり、当事者の合意によって権利取得義務を負わないとすれば何の問題もないとするものである。これも十分成り立ちうる議論である。この考え方に立つ場合は、売主Bと買主Cの間の売買契約中で、「売主Bは権利を取得する義務を負わない」という特約を結ぶことになる。

**⑶ 権利を取得して移転する義務の履行は第三者がなし得るとする見解**

この見解は、筆者が現在採用している考え方である。

すなわち、確かに他人物売買の売主は、権利を取得して移転する義務を負うが、その義務の履行は必ずしも売主自身で行う必要はなく、第三者に行わしめても何ら問題がないという見解である。民法は、「債務の弁済は、第三者もすることができる」と定める（民法474条、☞Q86）。他人物売買における売主の義務も、第三者の弁済を禁ずるものではない。したがって、売主Bの義務の履行を、所有者Aが第三者として行うことができるのである。

なお、前記登記研究の解説者も、後にこの点を「修正」している（710号）。

また、後述するように（☞Q43）、国土交通省は第二の売買を他人物売買と認めた上で、これが宅建業法に反することがないように同法施行規則の改正を行った。

# Q43 他人物売買を含むため、宅建業法違反ではないのか？

宅建業法は、宅建業者が自己の所有に属しない宅地建物について自ら売主となる売買契約（他人物売買）を締結することを禁じている（33条の2柱書本文）が"新・中間省略登記"は必ず他人物売買を伴う（☞Q87）。そこで、宅建業者が"新・中間省略登記"を行うことは同法違反になるのではないか、というのがこの疑問の趣旨である。

## ⑴ 宅建業者の他人物売買の禁止の趣旨

民法上は他人物売買が認められているが（民法561条）、不動産の場合は、「宅建業者が自己所有でない不動産をあたかも自己所有のように偽って売買契約を締結して、手付金を受領しながら、目的不動産の所有権を取得することができないため、買主に所有権を移転することも当然できなくなり、手付金も返還できない」というような詐欺的な事件による被害が相次いだため、購入者保護の観点からこの規定が設けられた。

しかし、この規定の趣旨が購入者保護にあるのなら、購入者保護に欠ける心配がない場合にまで他人物売買を禁止する必要はないということになる。

つまり、宅建業者である売主Bが「他人物の所有権の移転を実質的に支配していることが客観的に明らかである場合」（規制改革会議平成19年第1回答申）には、売主Bが買主Cに所有権を移転できることが確実であるから、他人物売買を許容しても購入者保護に欠ける心配はなく、何ら問題はないわけである。

## ⑵ 宅建業者が他人物売買できる場合

そこで、宅建業法も例外規定を設け、宅建業者が当該宅地建物を「取得する契約」を締結しているとき、その他宅建業者が当該宅地建物を取得できることが明らかな場合（詳細は宅建業法施行規則で規定）を除外している（同法33条の2柱書ただし書、1号）。

我々も当初、"新・中間省略登記"では、BC間の売買契約はAB間の売買契約の締結を前提としていることから、"新・中間省略登記"の場合もこの例外規定に該当し、何ら問題がないと理解していた。国土交通省も、特にこれに関しては否定的な見解を表明していたというわけではなかった。

## ⑶ 宅建業法（施行規則）の改正

しかし、その後、業界の一部から、"新・中間省略登記"におけるAB間の契約（第三者のためにする契約）は、この例外規定にあたるかどうか疑わしいのではないかという疑問が呈された。そこで国土交通省は、この点の解釈を明確にするため、宅建業法施行規則を改正し（平成19年7月10日公布・施行）、"新・中間省略登記"の特約を置いている場合（ただし所有権の移転先として買主自身を含む場合に限る）を例外規定に加えることにより、AB間の「第三者のためにする契約」が例外規定にあたることを明定した。

その内容は次のとおりである。

（宅建業法33条の2第1号における国土交通省令で定めるとき）
「当該宅地又は建物について、当該宅地建物取引業者が買主となる売買契約その他の契約であつて当該宅地又は建物の所有権を当該宅地建物取引業者が指定する者（当該宅地建物取引業者を含む場合に限る。）に移転することを約するものを締結しているとき（同法施行規則15条の6第4号）」

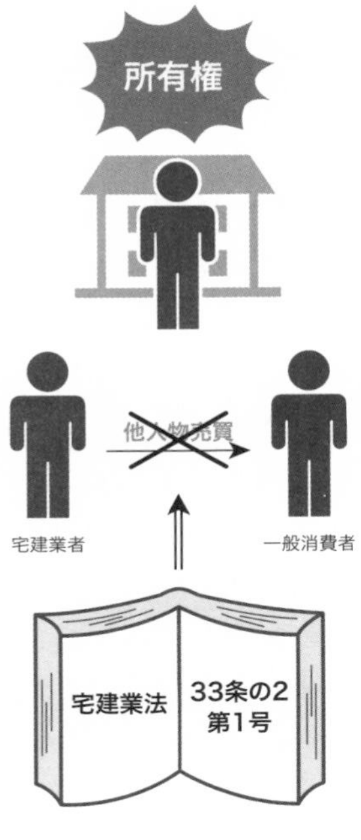

# Q44 不動産の引渡しを受ければ、不動産取得税が課税されるのではないか？

## 1．問題の所在

「不動産の引渡しを受けて使用・収益を開始すれば、たとえ所有権が移転していなくても不動産取得税が課税されてしまうのではないか」という質問をされたことがある。司法書士等の専門家から、「課税されるだろう」とか、「グレーゾーンだ」等と言われたとも聞いた。

## 2．結論

しかし、不動産の引渡しを受けて使用収益をしているだけで、不動産取得税が課税されるということはあり得ない。

## 3．理由

⑴ そもそも不動産取得税は「流通税」の一つに分類され（他には登録免許税など）、不動産の「取得」という経過的事実に対して課税されるものであり、「不動産を取得したことによって得られる利益に対して課税する」という趣旨の税金ではない。

⑵ そして、地方税法73条の2第1項の「不動産の取得」とは、「不動産の所有権の取得」を意味するということは、最高裁判所の判例で明確に宣言されている（地方税法では定義されていない）。以下に引用しよう。

「不動産取得税は、いわゆる流通税に属し、不動産の移転の事実自体に着目して課せられるものであつて、不動産の取得者がその不動産を使用・収益・処分することにより得られるであろう利益に着目して課せられるものではないことに照らすと、地方税法73条の2第1項にいう「不動産の取得」とは、不動産の取得者が実質的に完全な内容の所有権を取得するか否かには関係なく、所有権移転の形式による不動産の取得のすべての場合を含むものと解するのが相当」である（昭和48年11月16日第二小法定判決。昭和53年4月11日判決にも踏襲）。

このくだりは、「所有権を取得している以上、たとえ譲渡担保の場合も不動産取得税はかかる」という結論を導き出すための前提なのであるが、これによって逆に、「所有権を取得していない以上、不動産取得税は課税されない」という結論が導き出されるわけである。

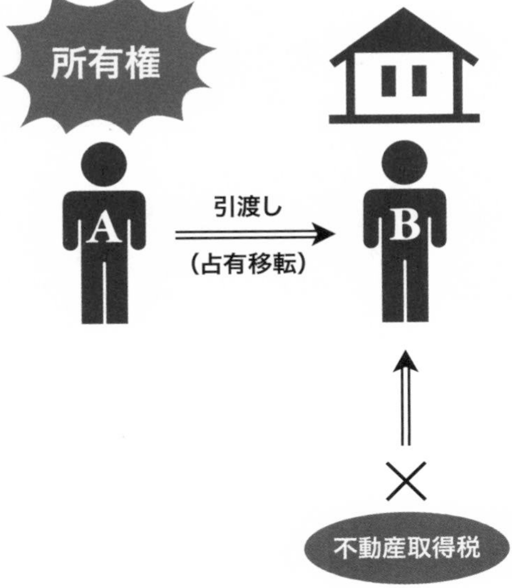
所有権
A
引渡し
（占有移転）
B
C
不動産取得税

# 45 不動産の引渡しを受ければ、所有権が移転したことになるのではないか？

## 1．問題の所在

以前、あるところのセミナーで「不動産の引渡しを受けたら所有権を取得したとみなされてしまうのではないですか？」という質問を受けたことがある。その時は思わず「誰が“みなす”のですか？」と聞いてしまった。

これは「所有権」と「物」そのものあるいは占有（権）とを混同している、もしくは物を使用収益しうる権原への誤った認識から出てくる誤解である。

## 2．物の「使用収益主体」と「所有権の帰属主体（所有者）」の不一致の具体例

「物」を使用収益する者（使用収益主体）は、必ずしもその「物」の「所有者」（所有権の帰属主体）ではなく、両者は一致しない場合がある。

両者が一致しない場合の一例として賃貸借関係や使用貸借関係を挙げることができる。つまり、「使用収益主体」が賃借人・使用借人であり、賃貸人・使用貸人が通常は「所有者」である。

また、“新・中間省略登記”と同様、所有権留保が行われる例の一つ、自動車の割賦販売の場合を考えてみてもよい。自動車の割賦販売では、自動車は買主に引き渡され買主は自由に車を乗り回せる（使用収益できる）が、買主が売買代金全額を支払うまでは、所有権は売主に留保されるという特約が付される。これは、売主が売買代金全額を受領した時に所有権を買主に移転するという形で、売主の代金債権を確実に実現するための債権担保の一手法である。この場合、「使用収益主体」が買主であり、「所有者」が売主である。

## 3．契約自由の原則～売買に基づく所有権移転時期に関する特約の適法性

本書では何度も「契約自由」の原則（民法521条）について言及しているが、「買主が売買代金全額を支払うまでは、売主から買主に所有権を移転させない」という契約もまさしく「契約自由」の範囲内である。

契約自由の原則は、「私的意思自治」の原則の一内容である。これは、人は自分の意思にのみ拘束されるということである。

一方で、物権変動の「意思主義」という原則がある。民法は176条で「物権

の設定及び移転は、当事者の意思表示のみによって、その効力を生ずる」と定めている。すなわち、AとBの売買契約が成立（意思表示の合致）すれば、それだけで「AからBへの所有権移転の効力が発生し、その他のどんな形式（登記や引渡し）も必要としない」というのが意思主義の帰結である。

もっとも、通常の不動産取引では、所有権の移転時期に関して特約（代金支払時に所有権が移転する）が設けられている。むしろ実務上はこちらが原則である。なぜなら、「売買契約の成立時（売主が売買代金も受け取らない間に）に、不動産の所有権が買主に移転する」ならば、すでに所有権を取得した買主が売買代金を支払わない可能性があり、売主は売買代金を確実に取得できないというリスクを負うため、売主がそれを容認することは通常考えられないからである。

最高裁判所も、不動産等の特定物の売買契約では、所有権の移転が将来なされるべき旨の特約がない限り、原則として契約成立時に買主に所有権が移転すると判示しており（最高裁判所昭和33年6月20日判決）、「私的意思自治（契約自由）」の原則に基づく上述の特約を認めている。すなわち、「意思主義」を定める民法176条は任意規定（当事者が取り決めておらずその意思が不明な場合の補充規定）であるため、「契約自由の原則」に基づき当事者が特約を定めてこれを排除できるのである（民法91条）。

逆に、売買契約を締結して買主が目的物の引渡しを受けても、所有権を売主に留保しておくという特約（所有権留保）を付すことも、「私的意思自治（契約自由）」の原則から当然に可能なことであり、何の問題もないのである。

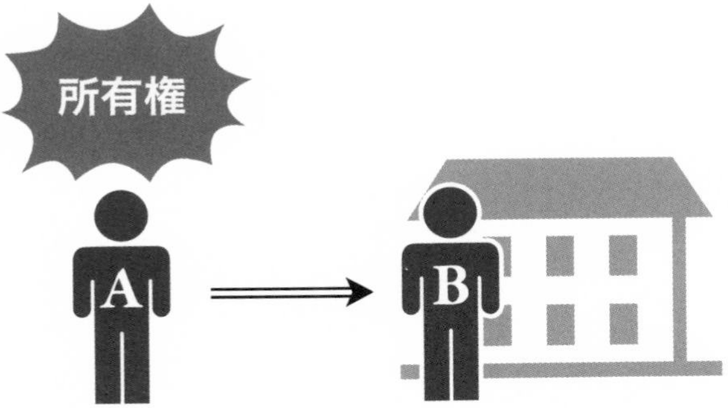

# 第2章

# 危険性についての疑問を解消する

# Q46 危険性はないのか？

## 1．典型的危険は抽象化

結論から言うと危険性はある。しかしそれは防げるものだ。初版では想定される典型的な危険を列挙し、それに対する対処方法（危険回避手段）を説明した。

そして、その危険回避手段をとる限りこれら典型的危険が現実化する可能性は極めて低いものとなる。抽象的危険であるといってもよい。

しかし、仮にこれらの危険回避手段をとらないと、最悪の場合、世間を騒がす不動産犯罪（地面師等）や不祥事（詐欺的投資勧誘等）などに巻き込まれることにもなりかねないのである。

## 2．新たな危険の発生

こうした典型的危険は危険回避手段によって抽象化できているが、“新・中間省略登記”の利用が広まるに従い、現在の実務では新たな危険が顕在化してきた。課税トラブル、代金不払いトラブル、転売不調トラブル、当事者間トラブル等々である。詳細については「トラブルに関する疑問」として後述する（Q53～Q58）。

## 3．危険と対処を学ぶ必要性

危険が抽象化したとはいえ、それは適切な危険回避手段を講じているからこそである。

したがって危険の内容と危険回避手段を学ぶことが、当然ながら重要であるため、まず典型的な危険の内容から見ていこう。

# 危険性はないのか？

# Q47 典型的危険（回避手段が確立）

## 1．“新・中間省略登記”における典型的な危険

それは、最終取得予定者のC（又はB）が所有権を取得できないという危険性である（Bが所有権移転先として自己を指名した場合には、B自身が所有権を取得できない危険性を負う）。

“新・中間省略登記”では、BがAに売買代金を支払った後でも、Bが所有権移転先をCと指名し、かつCから売買代金を受領するまではAに所有権を留保することになるため、この危険性が通常の売買よりも高いといえる。

この危険が現実のものになる原因は様々である。例えば、

(1) Aが不動産を別の第三者Dに二重に売却する（二重譲渡）。

(2) Aが不動産に債権者Xの担保権を設定する。

(3) Aの債権者Xが不動産を差し押さえる。

これらの場合に、DやXが先に登記を備えれば、原則として、DやXが保護され（対抗要件主義、民法177条）、BやCが（完全な）所有権を取得できる可能性はなくなる。訴訟をもってしても結果は同じである。

## 2．旧・中間省略登記でも同じ危険性

実は、旧・中間省略登記の場合も、これと同様のリスクを負っていた。旧・中間省略登記の場合もAに登記を留保している以上、上記「1.(1)～(3)」と同様のことが発生する危険性があり、DやXが先に登記を備えれば原則としてB、Cが勝てない（対抗要件主義、民法177条）のも、“新・中間省略登記”の場合と全く同じである。これはつまり、「旧・中間省略登記」に比べて、“新・中間省略登記”のほうが危険だというわけではないことを示している。

では、これらの危険をどうやって回避すべきか。以下、具体的に説明する（☞Q48～Q52）。

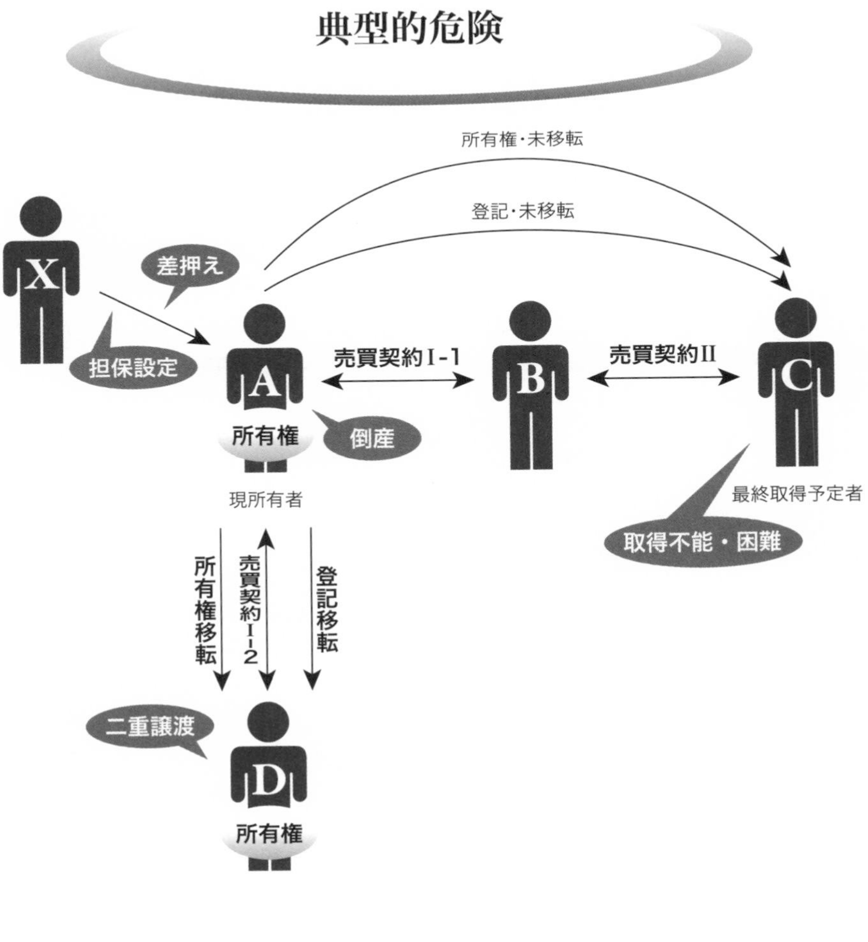
典型的危険
所有権・未移転
登記・未移転
X
差押え
担保設定
A
所有権
倒産
現所有者
売買契約Ⅰ-1
B
売買契約Ⅱ
C
最終取得予定者
取得不能・困難
所有権移転
売買契約Ⅰ-2
登記移転
二重譲渡
D
所有権

# Q48 危険回避手段の選択

## 1．前提―危険の存在の認識

危機管理に共通し、また危険回避の前提として必須であるのが危険の存在の認識である。

これは“新・中間省略登記”やクッションモデル™、さらには不動産取引に限ったことではなく、いかなる取引においても妥当な危険回避の基本である。

あらゆる取引に危険は内在する。例えば、売買契約であれば売主が代金を受取れない危険性、買主が目的物を入手できない危険性等々である。まず、そういう危険があらゆる取引に内在しているという認識を持つことが重要である。日常的な取引の中ではあえて意識に上らせなくても、それが当然の前提となり危険回避手段がとられている（知らない店には入らない､現実売買（注）で行う、等）。

## 2．危険度の判定

まず行うべきことは、危険が顕在化する可能性がどの程度あるかを事案ごとに見極めることである。以下の三要素を分析し、危険性の有無及びその度合いを判定する。

### ⑴ 売主Aの属性

買主Bとの関係性、個人か法人か、事業者か非事業者か、過去に問題行動はなかったか（特に事業者の場合）、事業者でなければ職業は何か、負債はあるか、等々。

### ⑵ 取引経緯

Aの当該不動産入手の目的・動機・手段及び売却の目的・動機、第三者の関与、取引に至るまでの期間、等々。

### ⑶ 対象物件

主に対象物件をめぐる権利関係。Aの信用性に関わる部分であり、登記簿その他の公開資料から明確に判断できるものだけでなく、目に見えない部分の情報が重要である。

## 3．危険度に応じた対処

上記「2.」の判定に基づき危険度に応じた次の対処方法を選択する。

⑴ いずれか（☞Q49～Q51、危険度に応じて選択）の回避手段を用いて（あるいは用いずに☞Q52）“新・中間省略登記”を行う。

⑵ “新・中間省略登記”の利用を回避する。

⑶ 取引そのものを中止する。

（注）コンビニ店頭での現金での商品購入や自動販売機での売買のような、売買契約の成立とほとんど同時に債務（売主から買主への財産権の移転と買主から売主への代金の支払い）が履行される売買。

## 危険回避手段の選択

# 49 危険回避手段１　契約

先に述べたように、"新・中間省略登記"に内在する典型的な危険性は、最終取得者C（またはB）が所有権を取得できなくなる可能性である。

この危険が現実化することを可及的に防止するのが、売買契約ないし売買契約に付する特約である。以下において、順に説明しよう。

## １．売買契約

売主Aは、買主Bとの売買契約により、対象不動産の所有権をBに移転する義務を負う。そのため、Aが対象不動産を第三者Dに二重に売却して先にDに所有権移転登記をすれば、Bに対して所有権移転義務の違反（債務不履行［履行不能］）となり、契約解除（民法543条）及び損害賠償（民法415条）の対象となる。

売主Aが自己の債権者Xに対して、当該不動産を担保として提供する行為も、二重売買と同様に、売買契約によって防止することができる。

このように売買契約の債務不履行による解除及び損害賠償請求が可能となることが、所有権を取得できなくなる危険発生の抑止手段となるのである。

なお、当然ながら売買契約は書面（売買契約書）を作成して行う必要がある。不動産の売買をはじめとして、重要な財産の取引は後日の紛争を予防するために契約書を作成して行われるのが通常である。特に宅建業者が介在する場合は、書面の作成・交付は法的義務でもある（宅建業法34条の2第1項、37条1項）。

## ２．売買契約の特約（条件付所有権移転特約）

売主Aの信用状況悪化により、対象不動産が差し押さえられたり、法人である売主Aが倒産し、または個人である売主Aが死亡することにより、買主C（またはB）が所有権を取得できなくなるという事態に陥ることも考えられる。

これらの危険の発生を売買契約によって防止することはできないが、例えば、「これらの危険が現実化した場合には、所有権は当然中間者Bに移転する」という特約（条件付所有権移転特約）を付すことは可能である。ただし、倒産手続においてこの所有権移転の効力が否定される可能性はあるし、死亡の場合、所有権移転登記には売主Aの相続人全員の協力が必要（協力義務はある）となるので、その実効性には限界がある。

契 約
危険
危険
危険
契約書
契約当事者

## Q50 危険回避手段２　同時実行

典型的な危険（C（またはB）が所有権を取得できなくなる危険）を、限りなくゼロに近づける方法として最も確実なのは、「同時実行」、すなわちAB間とBC間の決済との間に時間的間隙を置かないというものである（☞Q96、Q100）。

この方法を用いれば、通常のAB間の売買と同レベルにまで危険は軽減される。その理由は、次のとおりである。

### １．最大の危険

先に、“新・中間省略登記”を用いた場合の典型的かつ最大の危険は、「C（またはB）が所有権を取得できない危険である」と書いた。この危険は、中間者Bが先に（最終取得者Cを指名する以前、一般的にはCが特定できる以前に）、売主Aに対して売買代金全額を支払ってしまう場合に最大になる。Aに対して売買代金を支払っていなければ、所有権が取得できなくてもその損失は最小限に止められる。

### ２．危険の防止法

したがって、通常の売買（売主Aと買主Bだけが登場する売買）では、Bが所有権を取得できない危険を防止するために、目的物の引渡し・所有権移転と代金支払いは同時に行われるのが通常である。

これと同じことを“新・中間省略登記”の場合にも行うのが「同時実行」である。すなわち、①AからCへの所有権移転、②AからB及びBからCへの引渡し、③BからA及びCからBへの代金支払いを、ほぼ同時に行うのである。

### ３．効果

「同時実行」をすることにより、第一売主Aも、Bから売買代金全額の支払いを受けない限り、引渡しも所有権移転も行わないのであるから、代金の支払いを受けられない危険も最小限にすることができるのである。

第二売主Bも同様で、Cから売買代金全額の支払いを受けない限り、引渡しも所有権移転先の指定（Cを指定）も行わないのであるから、代金支払いを受けられない危険も最小限にすることができる。

なお、具体的な契約・決済の流れと、決済当日の段取りに関しては、第4部第1章で詳しく説明する（☞Q96～Q100）。

## 同時実行

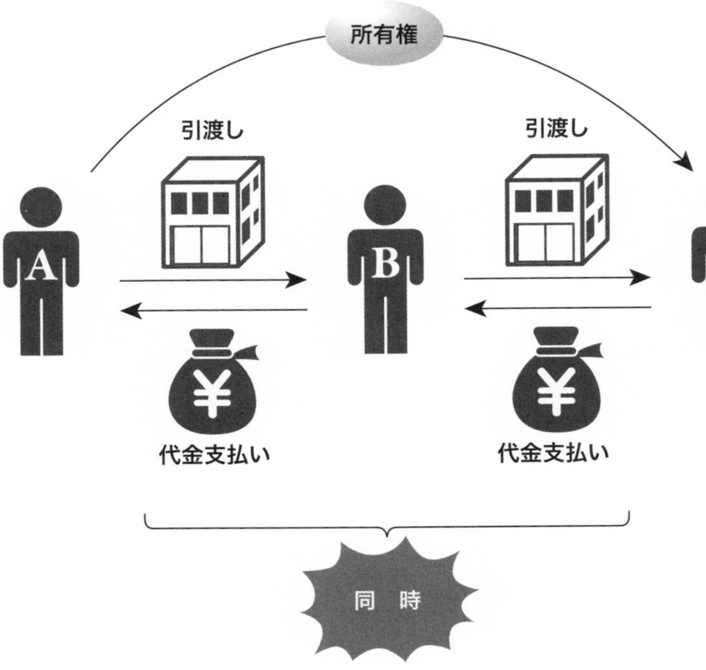

# Q51 危険回避手段３　保全登記

もし、Q50のような同時実行の手段によってリスクを軽減できない場合は、「保全登記」を利用することが考えられる。

## １．中間者の危険性（支払済みの代金返還や所有権移転ができない）

Q47で述べた典型的危険は、AB間決済先行型（☞Q96、Q97、Q98）の場合、BはAに対して代金を支払ったにもかかわらず、所有権はAに留保されたままであり、最も危険が現実化する可能性の高い状態になる。

この場合Q47⑴～⑶で述べたものの他、Aの失踪や死亡といった危険要因が考えられる。

## ２．根抵当権設定又は所有権移転の仮登記による危険回避

そこで、Bは、売買代金返還請求権あるいは所有権移転請求権を保全するために、担保権設定の仮登記や所有権移転仮登記をすることが考えられる。

### ⑴ 所有権移転仮登記による方法

所有権移転請求権を保全するために所有権移転仮登記をする場合は、登録免許税が1％かかってしまうことに注意を要する。土地の売買の本登記の登録免許税は、本来2％であるが、現在、軽減措置により、1.5％であるから（☞Q76）、仮登記であっても本登記に近い税率がかかってしまうことになる。

もちろん登録免許税だけでなく不動産取得税の削減効果はあるから、所有権移転の仮登記も意味がないわけではないが、登録免許税の分は削減効果が下がるという点は認識しておく必要がある。

### ⑵ 担保権設定の仮登記による方法

筆者の場合、実際は支払済の売買代金の返還請求権を保全するために、「根抵当権設定の仮登記」を推奨することが多い。もちろん根抵当権も本登記でなければ対抗力はなく（順位保全効のみ）、実行する（競売を申し立て差押える）ためには本登記にしなければならないが、本登記では登録免許税が極度額の0.4％かかってしまうため、それを節約するために、設定予約にとどめて仮登記（不動産1個につき1,000円）で行うのである。

担保実行に備え、信用悪化の時点で本登記にする必要があるが、債権保全の効力（心理的圧力）は仮登記だけでも十分にある。また、実質的には所有

権移転請求権を保全する効果もある。なぜなら、仮登記には順位保全効があるため、仮登記のなされている不動産を、そのままの状態で（二重に）買い受けるということは通常は考えられないからである。

したがって、コストを考えると、根抵当権設定の仮登記で十分ではないかと考えている。それ以上コストをかけて保全しなければならないような相手方であれば、そもそも“新・中間省略登記”を用いるべきかどうかを再検討する必要があろう。

なお、売買代金の返還請求権の保全は、根抵当権でなく、普通抵当権設定の仮登記でも可能であるが、今のところ（手付金でなく）、支払済の売買代金全額の返還請求権を被担保債権として抵当権設定登記ができるとした先例がないため（理論的には全く問題なく認められると解されるが）、これを可能とするためには法務局との事前調整が必要である。

この点、根抵当権であれば、「売買取引」という被担保債権の範囲内の債権を担保する根抵当権の設定が認められるという先例（昭和46年10月4日民甲3230号通達第2-1⑵）があるため、あえて普通抵当権による必要はないと考えている。



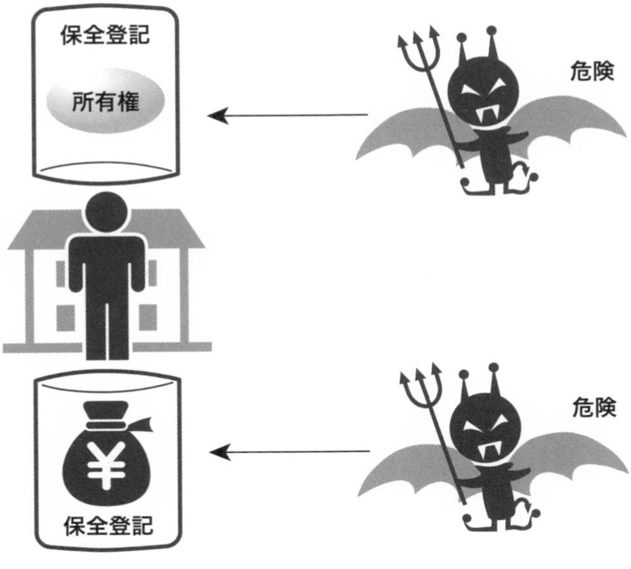

# 52　危険回避手段４　不要な場合

以上、“新・中間省略登記”における危険回避の手段を述べてきたが、実は、中間者が危険回避の手段をとる必要がない場合もある。それは以下のような場合である。

## １．信頼関係

“新・中間省略登記”における典型的な危険である「所有権を取得できない危険」の度合いは、売主（現所有者）と買主（中間者）との信頼関係に大きく左右される。

ここでいう「信頼関係」とは、「信用」すなわち財務状況の良好さという意味と、道義的な「信頼感」の両者を併せた、売主に対する「評価」であり、相対的なものを含む概念である。

すなわち、買主（中間者）が売主の信用状況を十分把握でき、さらに道義的な信頼関係が強固であれば、あえて費用をかけて危険回避（防止）措置をとる必要がない場合もあり得るのである。

例えば、法人なら親子会社間、グループ会社間の取引や、個人であれば親族同士や友人同士の取引の場合等である。

## ２．経済合理性

上記のような信頼関係がない場合でも、買主（中間者）は、危険の具体化による損害予測額、売買取引により得られる利益と危険回避コストを比較衡量し(秤にかけて)、危険回避措置をとらないということも十分考えられる。

また、対象物件の価額が低額である場合など、そもそも予見される損害額が小さい場合にも、同様な判断がされることが考えられる。

# 危険回避が不要な場合

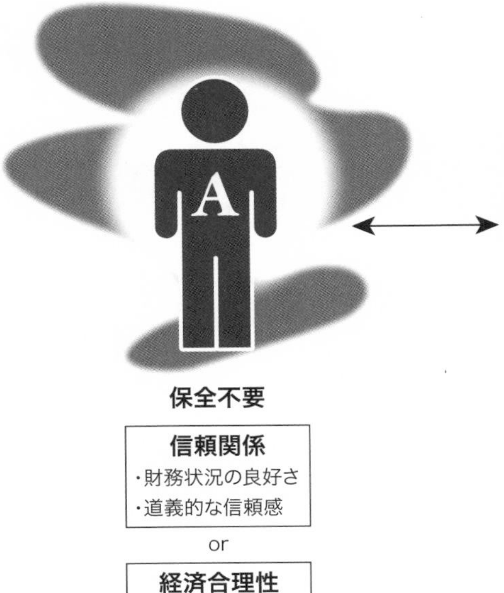


**保全不要**

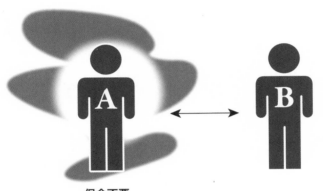

**信頼関係**
・財務状況の良好さ
・道義的な信頼感

or

**経済合理性**
・比較衡量
・絶対価値

# 第3章

# トラブルに関する疑問を解消する

# Q53 課税トラブル

売買契約を“新・中間省略登記”で行っても、課税当局（都道府県）から不動産取得税の納付を求められるのは、あり得ることであり、慌てる必要はない。その際には、売買契約中にきちんとした特約が入っていることを示せれば、それ以上納付を求められることはない。

## 1．なぜ不動産取得税の納付を求められるのか

登記が行われると、法務局から課税当局（市町村、都道府県、税務署）にその旨が通知され、それに基づいて課税当局が不動産の所有者に「お尋ね」を送付する。

「お尋ね」では「誰から購入したか」も問われるため、その回答に基づいて登記されていない中間者が判明し課税当局に捕捉される。

課税当局は、中間者が不動産を買った以上所有権を取得したであろうと推測して、中間者に対して、不動産取得税の納付を求めることになる。

## 2．課税当局の対応

もっとも、不動産取得税の課税を担う都道府県税事務所は、“新・中間省略登記”について完全に理解している。

そもそも規制改革・民間開放推進会議（当時）の答申前に、内閣府は中間者Bに不動産取得税が課税されないことを、所管の総務省自治税務局に確認している。

それが現在は、都道府県税事務所レベルで徹底されているのである。

したがって、課税当局が、売買契約書に有効な“新・中間省略登記”の特約が記載されていることを確認すれば、中間者に不動産取得税は課税されない。

逆に、特約が不備である場合は課税されている。

## 3．課税トラブル（不動産取得税の課税）を回避する方法

問題は、売買契約書に“新・中間省略登記”の特約がなかったり、要件を満たした特約でなかったりした場合である。これらの場合は課税されても致し方ない。

したがって、AB間及びBC間の売買契約において、適正な特約条項を規定しておくことが重要である。

また、「慣れ過ぎ」も、このトラブルの一因ではないかと思われる。つまり、"新・中間省略登記"での節税が当たり前になっていて、なぜ課税されないのかという理屈を真に理解していないまま、実行するようになってしまっているのではなかろうか。

ここは、原点に戻り、"新・中間省略登記"と旧・中間省略登記との相違点とその違いが何を意味するかを理解しておくことが重要である（☞Q88）。



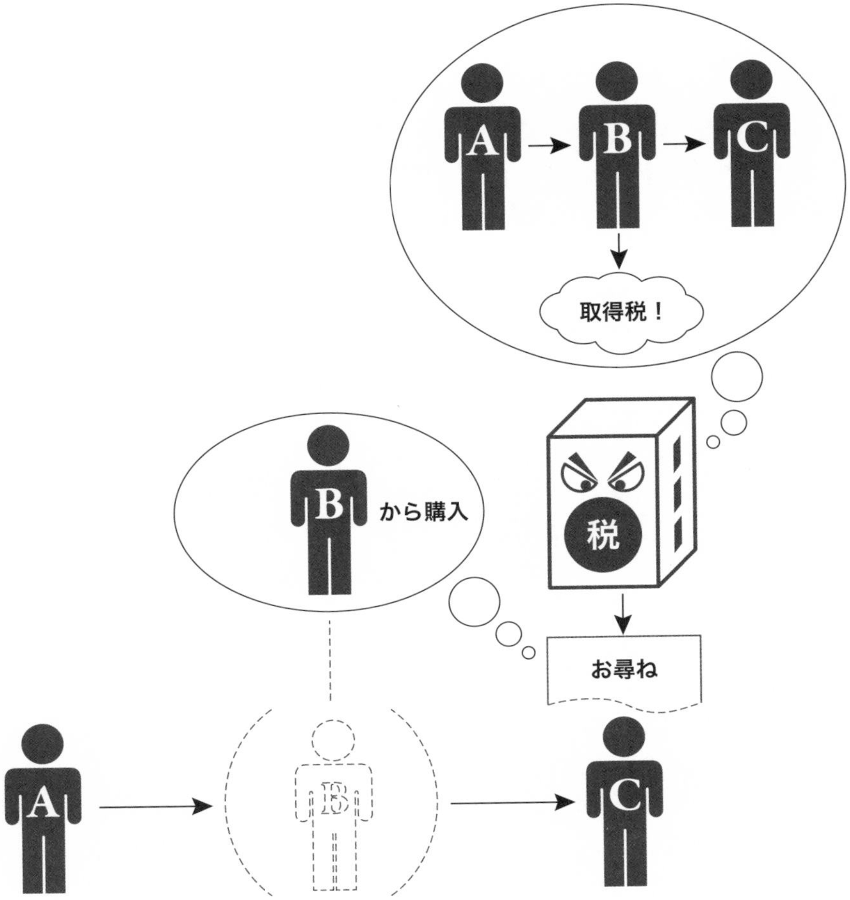

# Q54 代金不払いトラブル

## 1．代金支払いの重要性

売買代金の支払いは買主の契約上の義務であり、代金が支払われないということは、売主にとって重要な問題である。したがって、代金支払いと不動産の引渡し・所有権移転は同時に行われるのが大原則である。

クッションモデル™の場合でもこれは全く異なるところはない。

もっとも“新・中間省略登記”の場合は、ＢからＡへの売買代金支払いと同時に行われる所有権の移転先が、ＢではなくＢの指定した第三者Ｃであるため、ＢがＡに代金を支払わないと、Ｃは所有権を取得し得ない。したがって、Ｂによる代金支払の有無はＣにとっても極めて重要な問題である。

## 2．代金を支払わずに移転してしまうケース

しかし、ごく稀にではあるがＡが代金を受領していないにもかかわらず、所有権がＣに移転したものとして登記名義をＣに移転してしまうということが起こる。例えば、Ａがそれを許容した場合（銀行への着金を確認していないが領収書を発行し、所有権移転を承認した場合等）である。

この場合、Ａは、Ｂの債務不履行（所有権の移転と引換えに代金を支払う債務の不履行）を理由として、Ｂとの売買契約を解除して損害賠償をＢに請求することはできる（民法541条、415条前段）。しかし、Ｂが無資力であったり、逃げてしまったりする危険性もある。

その場合、ＡはＣに所有権の返還を求めることも考えられる。

もちろん訴訟をすれば、ＡはＢには勝てるし、ＣもＡに勝てる（所有権移転登記を具備したＣは保護される。民法545条1項ただし書、最高裁判所昭和33年6月14日判決）が、訴訟に巻き込まれること自体が損失といえるし、ＡはＢから損害賠償を受けられなければ、事実上大きな損失を被る。

## 3．トラブル回避の方法

### ⑴ A側のトラブル回避方法

Ａがトラブル（所有権を奪われ代金も受取れない）に巻き込まれないためには、Ｂから支払われた代金の受領（着金＝口座への入金）が確認できるまでは所有権移転及び登記の申請を許容しないことが必要である。往々にして

買主側の送金受付の確認をもって代金支払いと認め、領収書を発行するということが行われるが、あくまでも「着金」までの確認をすることが重要である。送金伝票は受け付けられた（銀行の受付印が押された）あるいは送金が発信されたが、何らかの手違いにより着金しなかったというトラブルは決して珍しいことではない。

**⑵ C側のトラブル回避方法**

Ｃがトラブル（売買代金を支払ったのに受け取っていないと主張される）に巻き込まれないためには、Ａが間違いなく売買代金全額を受け取ったことを確認することが必要である。

ところがクッションモデル™では、ＣとＡとは直接の契約関係にないことも多いため、Ａが売買代金全額を受領したか否かをＣが直接確認することができない。そこで、司法書士にその点（Ａの銀行口座への着金等の事実及び金額）を確認させることを徹底しなければならない。

なお、ＡＢ間の売買代金額を知り得ないＣが安心できる方法として、Ａから「売買代金を全額受領し、残金がない」旨の書面を交付させる、あるいはＡがＢに交付した領収書（売買代金は隠してよい）のコピーをＣに提出するという方法が考えられる。

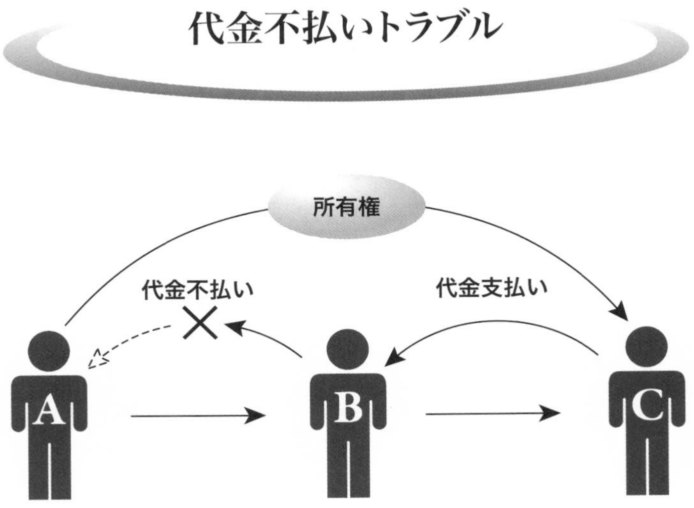

# Q55 非転売トラブル

## 1．トラブルの原因

クッションモデル™の典型的なトラブルには、非転売トラブルがある。これは取引がクッションモデル™であること（買主Ｂが転売目的で購入すること）を売主Ａが知らされていなかった場合にしばしば発生するトラブルである。

### ⑴ トラブルの内容

“新・中間省略登記”の場合は、売買契約書及び登記原因証明情報に「所有権が直接第三者に移転される（可能性がある）ことが記載されるため、少なくとも司法書士はその内容を売主Ａに説明する必要がある。したがって仮に買主Ｂ（または仲介事業者）が転売する旨を敢えて売主に告げていなくても、司法書士が説明した時点で転売目的が売主Ａに伝わる可能性が高い。

それが決済時である場合、売主Ａはそれまでに知らされていなかった転売目的を、最後の最後で初めて知らされることになるため場合によっては憤慨して売買契約を解除するという騒ぎにまで発展することもある（注）。

通常の売買であれば転売目的を告げなくても売買契約の効力に影響はないが、“新・中間省略登記”を利用する場合は売買契約の効力の問題になる可能性がある。

### ⑵ トラブルの防止方法

このトラブルを防止する唯一の方法は、売買契約の時点で買主（または仲介事業者）が売主Ａに対して転売目的であること（及び転売先）を明確に説明しておくことである。

## 2．転売目的を明示しなくてよいのか

### ⑴ “新・中間省略登記”を行う場合

“新・中間省略登記”を行う場合は、前記のとおり売買契約書及び登記原因証明情報には「所有権が直接第三者に移転される（可能性がある）こと（特約）が記載され、その点は重要事項でもあり適切な説明が必要であるが、その説明の過程で転売の可能性に触れないことは難しいと解される。

転売目的はともかく、上記の特約内容を売主Ａが認識していなかった場合は、ＡＢ間の売買契約が無効となる可能性がある。

### ⑵ "新・中間省略登記"を行わない場合

"新・中間省略登記"を使わないとBには不動産取得税及び登録免許税が課税されてしまうが、（転売目的であることが売買契約の内容とされていない限り）転売目的を全く売主に伝えなくても法的には問題がない。もちろん、後に売主に転売の事実を知られた場合、トラブルになる可能性は否定できない。

なお、この場合所有権移転登記はいわゆる「連件」で（AからBへの所有権移転登記及びBからCへの所有権移転登記を同時に連続して）行われる。

（注）なぜ当惑・憤慨するのか、その原因は様々だろうが、大きいのは「信頼を裏切られた」という感情だろう。もちろん転売目的は売買契約の要素ではないから説明は不要だとしても、少なくとも"新・中間省略登記"の特約の存在は重要事項でもあり、宅建業者が関わる場合は適切な説明が必要である。
例えば筆者が経験したケースでは、売買対象物件はある都心の商業地で代々商売を行ってきた店舗だった。近隣との関係性からも売却先は誰でもよいというわけにはいかず、買主がたまたま信頼のおける企業であったため、売却を決めたという経緯があった。それがいざ決済当日になってはじめて、当該買主がその不動産（跡地）を活用するのではなく、売主の全く関知しない先に転売すると聞かされ、トラブルに発展したことがあった。売主が信頼を裏切られたと感じ憤慨するのは当然である。
恐らく買主（または仲介会社）は、転売すること及びその転売先を明かすと売主が売却に同意しないと考えたため、転売目的を告げなかったのだろう。

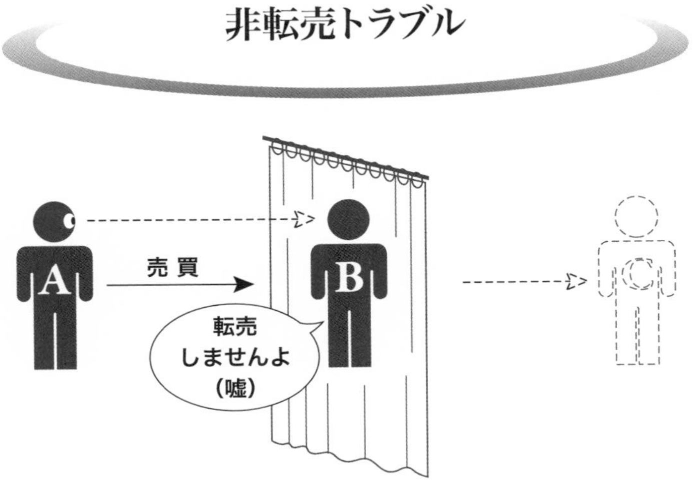

# Q56 転売不調トラブル

## 1．トラブルの原因

不動産事業者（個人・法人）Bが転売目的で所有者Aとの間で売買契約を締結したが、転売が不調に終わり、しかも自己で買い取る資金調達もできないということで、Aに対して売買代金を支払うことができず「債務不履行」になってしまうケースである。

最近、不動産事業者が資金調達力がないにもかかわらず、転売先からの売買代金を当てにして、安易に売買契約を締結してトラブルになるケースが増加しており、こういった事業者が「さんため業者」などと呼ばれている。転売が不調に終わる原因はそもそも転売先が見つからない、あるいは転売先との間で条件が折り合わない等様々である。

売買代金が期日に支払われなければそれは売買契約違反であり（債務不履行）、早急に契約を解除して次の買い手を探したいところだが法律上はそう簡単にはいかない。すなわち、以下の例外に該当しない限り、契約解除のためには相当の期間を定めて代金支払いを催告し、その期間内に支払いがないことが必要なのである（民法541条）。つまり、即時解除はできずAは損失を被る恐れがある。

【例外1】代金全額の支払いを拒絶する意思を明確に表示したとき（同法542条1項2号）

【例外2】催告をしても代金の支払いがされる見込みがないことが明らかであるとき（同法542条1項5号）

## 2．トラブルの回避方法

このトラブルを回避するためには、何よりまず、売主Aは売買契約を締結する前に、買主Bの支払能力、転売先の獲得の確実性等を十分に確認し、買主Bが債務不履行にならないようにできる限りの手を打っておくことが必要である。

## 3．損害を最小限に抑える工夫

上記の対策にもかかわらず代金不払いが発生してしまった場合、それによる損害を最小限に抑えるためには、売買契約を即時（無催告で）解除できるようにしておくことが考えられる。

すなわち、買主Bが一定期限までに転売ができず、売買代金が支払えなかった場合は、売主Aが、催告（代金の支払請求）をすることなく、即時に解除できる旨を特約（注）として定めておくのである。

（注）判例（大審院大正10年12月6日）は、「無催告特約は、債務者の帰責事由による不履行であることを要する旨の合意を含むと解釈できる限り、有効である」とする。すると、買主Bが資金力がないのに売買契約を締結し、期限までに転売できず売買代金を支払えなかったことは、債務者Bの帰責事由による不履行であると認められるので、特約は有効となろう。



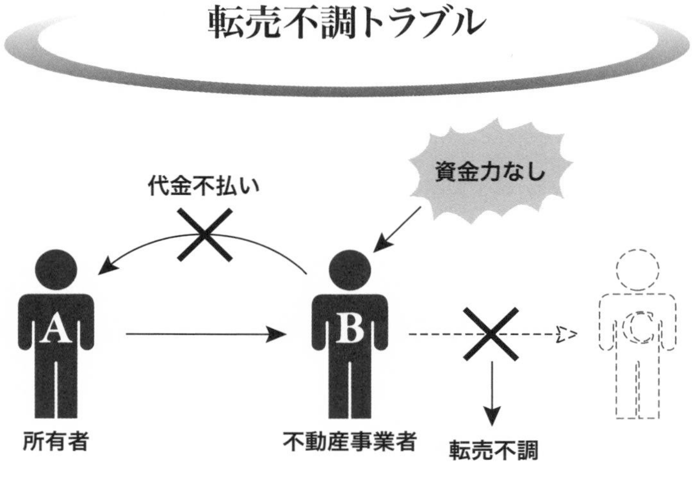

# Q57 事後の解除

取引が完了（所有権及び登記がＡからＣに移転）した後に、ＢＣ間の売買契約が合意解除された場合、所有権はどうなるか？

## １．所有権は誰に帰属するか

“新・中間省略登記”ではＣの所有権はＢからでなくＡから直接移転しているため、ＢＣ間の売買契約が合意解除されると、その契約の効果が契約締結時に遡って消滅し、所有権はＡに復帰するように思われる。

しかし、“新・中間省略登記”でＡからＣに直接所有権が移転するのは、ＡＢ間の売買契約の効果である（法務省の見解）。したがってＢＣ間の売買契約の合意解除はＡからＣへの所有権移転には影響を及ぼさず、ＡからＣへの所有権移転は遡って消滅せず、Ａに所有権が復帰することはない。

## ２．事後の法律関係

### ⑴ Ｂの所有権の回復＝不当利得返還請求

すると、Ｃは合意解除によりＢに支払った売買代金の返還を受けるのに、所有権も保有することになり（二重の利得）ＢＣ間に不公平が生ずる。

そこで、ＢはＣに対して不当利得返還請求権（民法703条）を行使して自己に所有権を取り戻すことができると解される。

ただしＢが自己に所有権を取り戻すと流通税（不動産取得税及び登録免許税）を負担することになり、“新・中間省略登記”を利用したことが無意味になる。

そこで、次の方法が考えらえる。

### ⑵ 流通税負担の回避＝再売買

ＢＣ間の契約を解除し所有権の返還を受けるよりも前（Ｃに依然所有権が帰属）に、当該不動産について新たな買主Ｄとの間で売買契約（他人物売買）を締結し、“新・中間省略登記”により所有権をＣからＤに直接移転させることでBへの課税は回避される。

具体的にはＢＣ間の売買契約の合意解除に「（Ｃのもとに留まった）所有権は、後にＢが指定する者（Ｄ）に移転する」旨の特約を付すというもの。続いてＢは①Ｃ所有の不動産をＤに売却してＤから売買代金を受け取り、②

Ｃに対してＤを指定すれば、所有権がＣからＤに移転する。

### ⑶ 再売買不調の場合

Ｂが新たな買主（Ｄ）を見つけられず、再売買できなかった場合、Ｂは自ら所有権を取得することになり､流通税の課税にも甘んじなければならない。

特約に従い所有権の移転先として自己を指定することになる。

**事後の合意解除**

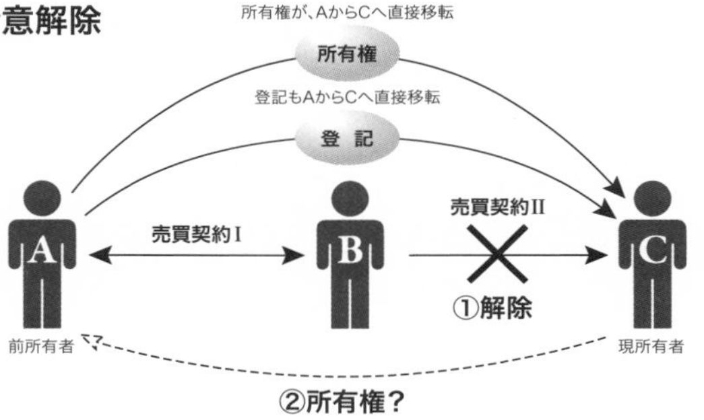


**再売買による対処**

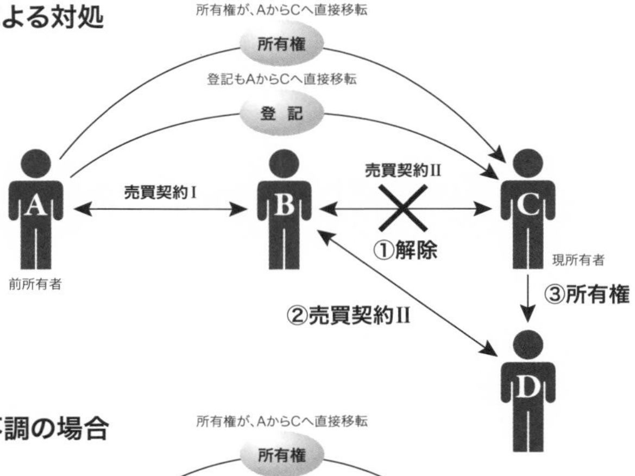


**再売買不調の場合**

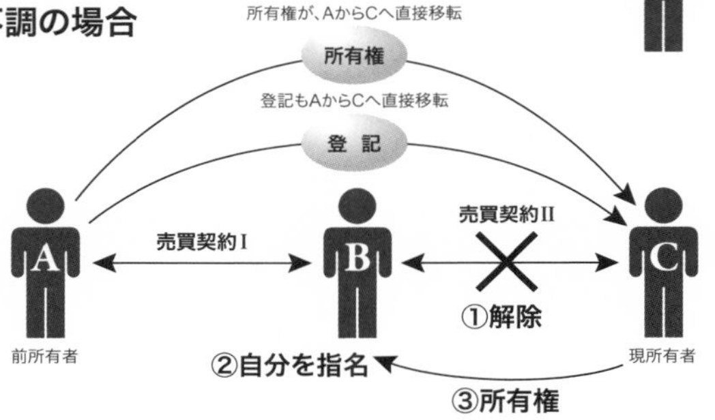

# Q58 地上げの失敗

多数の地権者から一定規模の土地をまとめて買い上げ、一団の土地として事業主体に提供する、いわゆる「地上げ」は時間と手間と根気のいる仕事であるが、地権者との売買契約後のスピード感（迅速化）も非常に重要である。

特に、地権者の高齢化が進んでいる現在、この要請は高まっている。

すなわち、地権者全員の同意を得て売買契約を締結した後、決済までの間に高齢の地権者が死亡し相続が発生してしまうという危険が存在しているため、契約から決済までの期間をできるだけ短くすることが重要なのである（☞Q11）。

実際に、筆者が所属する司法書士法人が関わった地上げ案件でも、地権者全員の同意を得られて売買契約を取り交わしたが、決済までに時間がかかったため、キーパーソンの一人である地権者が死亡し、地上げのプロジェクト自体が中止に追い込まれたという例がある。

# 地上げの失敗

# 第4章

# 現場での対応をめぐる疑問を解消する

# Q59 司法書士に依頼するにあたっての留意点

初版刊行当時（2010年）は司法書士の中にも（特に地方を中心に）“新・中間省略登記”に対して批判的な立場の方や知識のない方が少なくなかったため「司法書士への依頼の仕方」について詳細な解説を必要とした。

しかしそれから10年が経過して司法書士の考え方、取り組み方も大きく様変わりした。

筆者は改訂版執筆にあたり、北海道から九州まで全国の司法書士数名にこの点について聞き取りをしたが、いずれの答えも「かつてとは異なり、どの司法書士も当り前に行っている」とのことであった。

要するに現在は、司法書士に“新・中間省略登記”を「どのように依頼すれば引き受けてもらえるのか」を気にする必要はなくなっているということである。

ただ、依然として司法書士に依頼する際に留意を要する点はあるので、その点について述べておく。

## 1．呼称

### ⑴ “新・中間省略登記”

筆者の命名した“新・中間省略登記”という呼称は（特に司法書士の間には）かなり浸透しているので、この呼称を用いて依頼することで通常問題はないであろう。

### ⑵ 中間省略登記

実務的にはより直接的に「中間省略で」と言っても“新・中間省略登記”の意味として受取ってもらえるであろう。

### ⑶ さんため

言うまでもなく「第三者のためにする契約」の省略形である。不動産業界を中心に、頻繁に“新・中間省略登記”を活用している方たちが使われている俗称である。

→現在は「中間省略で」あるいは「さんためで」と言っていただくのが一番手っ取り早いかもしれない。

なお、この他の用語としては「直接移転」「直接移転売買」「直接移転取引」という言い方もあるが現在は一般的ではない（注）。

## 2. 司法書士の練度

これは先の司法書士への聞き取りの中でも話題に上ったことであるが、"新・中間省略登記"の経験値は二極化している。つまり不動産売買の頻度や対象不動産の規模・価格によってこの手法の利用の程度に差があり、司法書士の経験値・練度にも大きな開きが出ているということである。したがって経験値の低い司法書士に依頼する際には注意を要することが考えられる。ただ、次に述べるように依頼する側の理解が十分であれば特に心配することはない。

## 3. 依頼者側の理解度

依頼者自身がこの手法を正確に理解していないと、コンプライアンス上の問題が生じたり後述するようなトラブルの原因になったりする危険性がある。詳細は次項（☞Q60）。

（注）筆者は"新・中間省略登記"を用いる前は「直接移転売買」という呼称を用いていた。日本司法書士会連合会はそれに倣って司法書士向けのマニュアルに「直接移転取引に関する実務上の留意点について」という表題を付した。



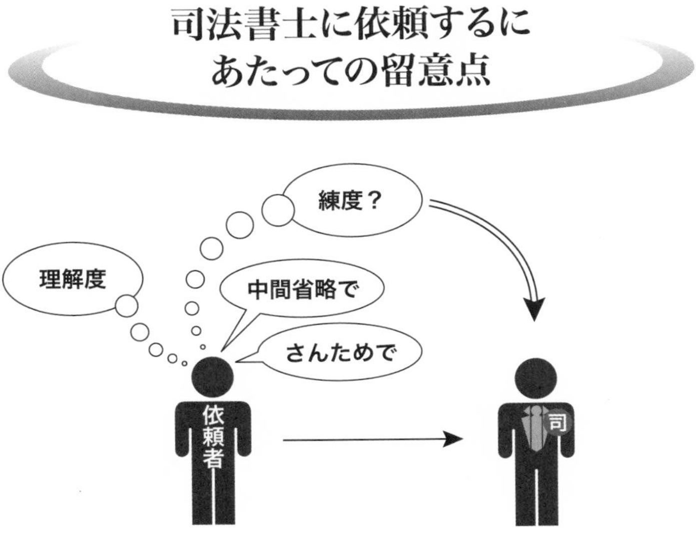

# Q60 依頼者自身が理解すること

司法書士に“新・中間省略登記”を依頼するにあたっては、依頼者自身がこの手法の仕組みの基本的な部分を理解しておくことが重要である。依頼者側にこの点の理解が乏しいまま司法書士に対してこの手法による登記の依頼をすることは、前述した（☞Q59）司法書士の練度の差とあいまってコンプライアンス上の問題を惹起（じゃっき）したり、トラブル（☞Q53）の原因となることがある。

## 1. 新旧の違いの理解

依頼者が最も理解すべきこの手法の仕組みの基本的な部分は、“新・中間省略登記”と旧・中間省略登記の相違点である。

“新・中間省略登記”と旧・中間省略登記との最大の相違点は、旧・中間省略登記の場合は中間者Ｂに所有権が移転するが、“新・中間省略登記”の場合は中間者Ｂに所有権が移転しないという点である。

そして、これはとりもなおさずＡＢ、ＢＣそれぞれの間で、その旨の合意ができていること（売買契約への特約の付加）を意味する。

## 2. 意思確認の必要性の理解

したがって、当然、司法書士はそれぞれの売買契約書の内容を確認し（あるいは作成に関与し）、当事者の意思確認（通常の売買による所有権移転の意思確認に加えて、“新・中間省略登記”であることを承認していることの確認）をする必要がある（注）。

司法書士は意識して契約内容及び当事者の認識内容を確認するように努めなければならず、依頼者側も、司法書士が当事者の意思の確認を求めることを了解し、その確認手続に協力することが必要である。

## 3. 特約の必要性の理解

そして、何より売買契約書の内容も通常のものに加えて、“新・中間省略登記”の手法を用いる旨の合意を盛り込んだものであることが必要であるということを理解していなければならない。

（注）筆者が所属する司法書士法人が“新・中間省略登記”を受託する場合は、すべての案件について契約書の作成ないし内容の確認を行っているので、この点について当事者の意思の確認がとれないということはあり得ない。

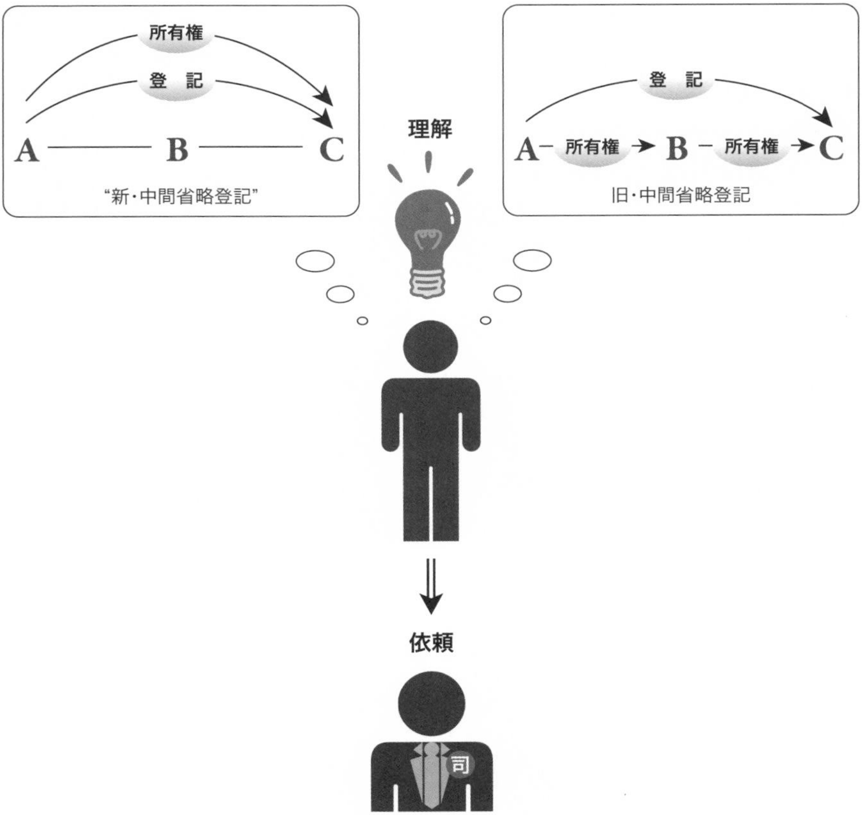
所有権
登　記
A
B
C
"新・中間省略登記"
理解
登　記
A
所有権
B
所有権
C
旧・中間省略登記
依頼
司

# Q61 依頼を拒絶できる場合（司法書士法21条の正当事由）

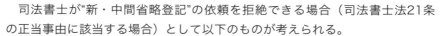

司法書士が“新・中間省略登記”の依頼を拒絶できる場合（司法書士法21条の正当事由に該当する場合）として以下のものが考えられる。

## 1．承諾が得られない

当事者から“新・中間省略登記”を行うことの承諾が得られない場合。ただしこの場合は、その理由を明確に告げる必要がある。

なお、“新・中間省略登記”としての契約書の記載に不備があった場合は、その点を指摘して修正を促す（または代わって修正する）べきであり、そのことが依頼を拒絶する「正当事由」にあたるかどうかは疑問である。

## 2．違法な方法による依頼

違法な方法とは、実体は通常の売買契約であるにもかかわらず、“新・中間省略登記”の登記原因証明情報を作成する等の方法である。

## 3．実体上所有権が中間者に移転している

“新・中間省略登記”の外形を有していてもきちんとした法的要件を満たしていないために、所有権が中間者に移転してしまっている場合。

最も典型的なのは、Ａ→Ｂ→Ｃと順次通常の売買契約がなされ、決済（引渡し・所有権移転と代金支払い）も終了しているものについて、「中間省略登記でやって欲しい」という依頼である。

この場合には、所有権が中間者に移転しているから、“新・中間省略登記”の依頼を断るべきなのはむしろ当然である。

## 4．中間省略登記の依頼

単純に中間省略登記（旧・中間省略登記）をやれと言われて、「中間省略登記はできない」という理由で断わったとしても、「正当事由」がないとはいえない。この場合は受託を拒んでも「不当だ」とまではいえないであろう。これは、依頼する側に“新・中間省略登記”に関する理解が不足しているため生じる問題でもある。

ただし、この場合でも司法書士の職責上、依頼者の真意を確認して、適切なアドバイスをすべきだと考える。

## 5．本人確認・意思確認ができない

「ＡＢ間先行型」でBC間決済との間に時間的間隙がある場合（☞Q96）に、①すでにＡＢ間の売買の決済が済み②ＢがＡに代金全額を支払い③AもＢに引渡しを終えている（したがってＡは登記に必要な書類も全てＢに渡している）場合、ＢＣ間の決済に立会い、ＡからＣへの所有権移転登記手続を代理する司法書士が（司法書士会の会則及び犯罪収益移転防止法上の義務である）Aの本人確認及び意思確認ができない場合。

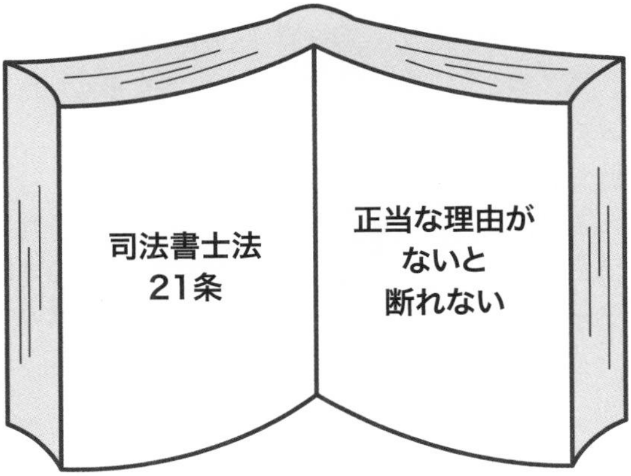
司法書士法
21条
正当な理由が
ないと
断れない

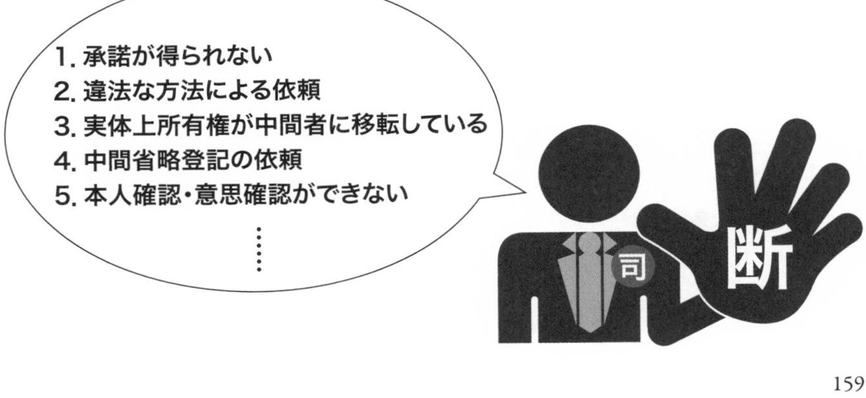
1. 承諾が得られない
2. 違法な方法による依頼
3. 実体上所有権が中間者に移転している
4. 中間省略登記の依頼
5. 本人確認・意思確認ができない
司
断

# Q62 司法書士の仕事を奪うのか？

結論からいうと、“新・中間省略登記”によって司法書士の仕事が減ることはなく、むしろ増えると考えられる。

## １．登記の件数は減らない

「不動産登記法の改正によって事実上中間省略登記ができなくなりそれまで省略してきた中間者Ｂへの所有権移転登記をしなければならなくなったことで登記件数が増えた。しかし“新・中間省略登記”を行うことによりせっかく増えた登記件数が再び減った」という主張がある。

しかしながら、“新・中間省略登記”は不動産取引の活性化を目的とするものであり、取引が活性化すれば、不動産登記の「件数も増える」のが当然である。したがって、司法書士の「登記の件数が減少する」というのは単なる誤解ないし杞憂にすぎない。

## ２．司法書士業務の中核

また、司法書士の仕事は登記の申請をすることだけではない。不動産の売買において司法書士が行うのは、確かに最終的には登記の申請手続を当事者（売主・買主・金融機関等）に代わって行うことである。しかしそれは単に、すでに発生している物権変動を形式的に登記簿に反映させる手続だけを行うということではない。

### ⑴ 司法書士の業務の中核

① 不動産の売買の前提として登記簿その他の調査・確認による現在の登記名義人の権利の有効性確認、当事者の本人性確認、本人の債務履行意思及び能力等の確認

② 当事者全員について物権変動原因である売買契約上又は融資契約（金銭消費貸借契約）上の債務の履行（売買代金支払い、引渡し、融資の実行等）の準備がすべてできていることを確認し、その全員に対して、それらの債務の履行を許容。

③ 登記すべき実体上の物権変動の効力が有効に発生しているかどうかを確認

これらＡＢ間及びＢＣ間の売買契約・決済について法的安全性を確認する

業務が、実は不動産売買における司法書士の最も重要な仕事なのである（注）。

**⑵ 中核業務は"新・中間省略登記"でも同じ**

たとえ旧・中間省略登記あるいは"新・中間省略登記"を用いることにより買主が登記名義あるいは所有権を取得しないとしても、当事者が売買契約・融資契約上の債務を履行する以上、この中核業務の必要性・重要性はいささかも異なるところはない。

## 3．結論

以上から、"新・中間省略登記"によって司法書士の業務が減るということはあり得ない。

むしろ、"新・中間省略登記"によって不動産取引が活性化することが期待され、司法書士の業務機会は増えるといってよいのである。

（注）登記が形式的に完了したとしても、それが実体上の物権変動と一致しない場合、特に当事者が権利を取得できていなかった場合、司法書士は責任を問われる。

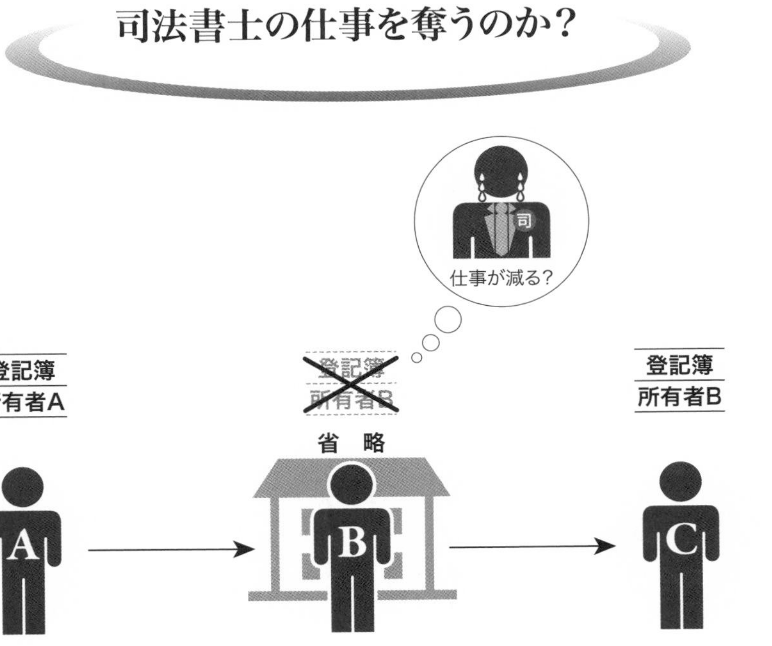

# Q63 融資金融機関の対応

融資金融機関の対応（融資を承認するか否か）が問題になるのは、主に最終取得者Cに対する融資の場面である。

## 1．“新・中間省略登記”を理由に融資拒否する金融機関は少ない

最終取得者Cへの融資に関して、筆者の所属する司法書士法人が把握している限りでは、“新・中間省略登記”であることのみを理由に融資を拒否している（融資審査の方針ないし基準として“新・中間省略登記”によって取得された不動産であることを理由に融資を否決するという審査方針を明確に打ち出している）金融機関は極めて少ない。

同法人ではこれまで、“新・中間省略登記”による不動産の取得のためにメガバンクをはじめとする都市銀行、信託銀行、地方銀行、ノンバンク、信用金庫・信用組合、日本政策金融公庫・商工組合中央金庫等の政府系金融機関、住宅金融支援機構（提携金融機関）等々広範にわたる金融機関が融資を実行してきたケースを取り扱ってきた。

もちろん「○○銀行は認めていない」という情報がないわけではない。しかし、これらはあくまでもごく一部の金融機関に関するものであり、筆者自身は金融機関が“新・中間省略登記”であることを理由に融資を否定した場面に遭遇した経験はない。

また、それらの情報の大半は金融機関の営業（渉外）担当者（場合によっては支店長）等の個人レベルのものであることも多く、審査部門が融資審査の方針として“新・中間省略登記”であることを融資の否定的な材料として扱っている例は極めて稀である。

なお、昨年（2020年）末には、大手では数少ない否定派であった某信託銀行が、“新・中間省略登記”容認に180度方向転換するとのことでご相談を受けたため、多少のお手伝いをさせていただいた。

## 2．本社と現場とのギャップ

もっとも、本社（本部）が承認しているにもかかわらず、現場（営業店等）が“新・中間省略登記”に否定的な場合がある（これは不動産会社でも同じである）。これはなぜだろうか。

その理由として、次のようなことが考えられる。

⑴ 純粋な無理解、誤解（かつて多かった（本書初版に記載した）消極的スタンスの司法書士の影響があったことは考えられる）

⑵ 大手であるが故に、現場が契約書に手を加えることはハードルが高い（某大手財閥系仲介会社の方から「本部には法務機能があるが、営業店にはないため対応できない」と聞いたことがある）。

⑶ 顧客である買主への説明が面倒である

このように、現場が否定的な理由に合理性はないのであるから、理路整然と説明（説得）すれば、"新・中間省略登記"への肯定的な対応を期待することは難しくないはずである。

## 3．融資拒否は他の理由が考えられる

そこで、融資を拒否された場合は、"新・中間省略登記"であることそのもの以外の理由によるものではないかと考えてみるべきではないだろうか。例えば、①融資実行直前にこの手法の採用を知らされた場合、②提携ローン付き売買で所有権取得が条件となっている場合（所有権留保の禁止）、③登記とは全く無関係な理由などが考えられる。

## 4．条件付き承認

A、B、C三者とも自行と取引があること、すなわち自行の預金口座を有していること（なければ作ること）を、"新・中間省略登記"採用の条件としている金融機関が複数ある。

これは自社が出捐した融資金が、売主（第一、第二とも）に支払われることを確実なものにするためである。売主が売買代金を受領しなければ反対給付である所有権も移転し得ないからである。

# Q64 融資金融機関の基本的姿勢

## 1　金融機関が重視すること

銀行、ノンバンクを問わず、不動産購入資金を当該不動産を担保として融資する場合、金融機関（審査部門）が示す実務上の基本的な姿勢は、大半の金融機関で共通している。

最も重視するのは、融資対象者（債務者、不動産購入者）が確実に完全な（負担や制限のない）所有権を取得し、当該不動産に対して金融機関が担保権を確実に取得できることである。不動産購入者が所有権を取得するまでの過程に関しては、原則として（特に疑わしい事情がない限り）直接的な関与（調査・審査等）はしない（できない）。例えば不動産の売主の信用度を調査するということは通常行わない（注1）。

買主が所有権を取得するまでの過程について原則として金融機関が直接関与しないというのは、単にAB間二者の売買の場合に限らない。ほかに関与している者がいても同じである。クッションモデル™の場合もそれは同様であって、最終取得者（融資先）の前に複数の関与者がいて、二者間の場合と異なる経路をたどったとしても、間違いなく融資先が所有権を取得できて、担保権が有効に設定でき、対抗要件（登記）を具備できれば問題はない（当然の話だが）。

## 2　司法書士によるリスク回避措置

そして、融資先の確実な所有権取得及び金融機関の有効な担保設定のために、リスク回避措置をとるのは司法書士の仕事である。

言い換えれば、金融機関は売買による所有権移転及び担保取得の確実性を、ある程度司法書士にゆだねている（ゆだねざるを得ない）ということであり、これは単純な二者間の売買でも、三者以上が関与する場合でも変わるところはない。（注2）

（注1）ただし、当事者のコンプライアンスチェック、例えば取引当事者・関係者の中に反社会的勢力またはそれらと関わりのある者はいないか、さらに取引目的がいわゆる「転がし」（短期間に複数の不動産業者間で転売を繰り返す取引形態）ではないか、等々についての審査は行われる。

（注2）三者以上が関与する場合、最終取得者Cに融資する銀行が、担保設定だけでなく所有権移転まで自社の指定する司法書士で行うことを求める場合があるのだろうか。
これは、金融機関と債務者（担保設定者）との関係、債務者の属性（与信の程度）や、金融機関の方針（過去の事故やトラブル実績を踏まえた）によって様々であろうと思われる。



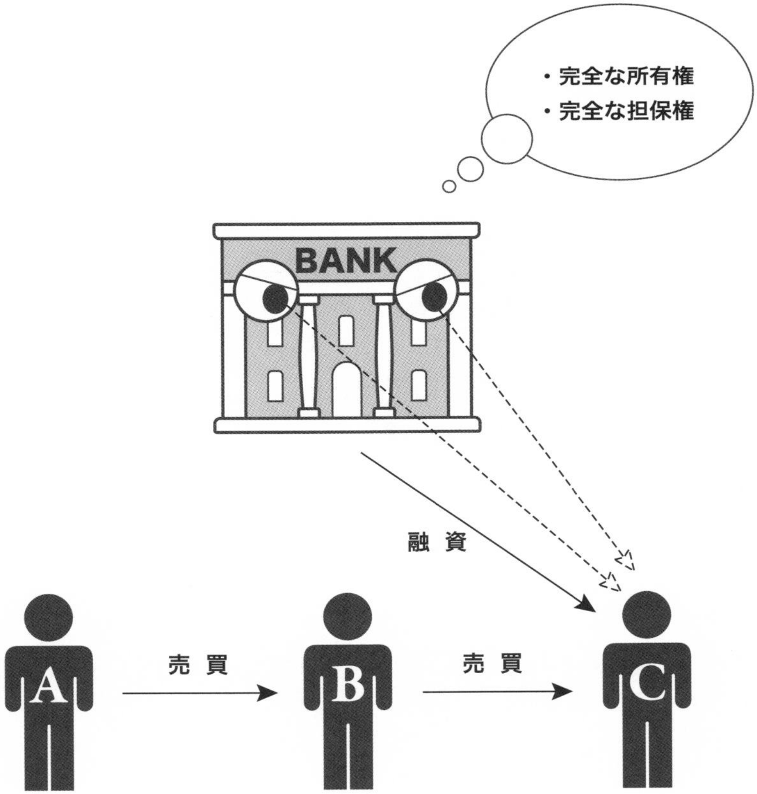

# Q65 不動産会社の対応

## 1. 不動産会社の消極的対応

かつて存在した（初版に記載）"新・中間省略登記"に消極的な司法書士の対応の影響は、金融機関に関するものに限ったことではなく、大手・中堅の不動産会社や仲介会社でも同様の影響が見られる。

すなわち、これら大手・中堅不動産会社の場合、適法性審査やコンプライアンス審査は法務部門や総務部の法務担当者等が対応するのが一般的であろうが、こと「登記の問題」となると、彼ら（顧問弁護士も含め）のあまり得意とするところではなく、例えば提携している、あるいは顧問的な（いわゆる「お抱え」の）司法書士の意見を聞くことになる場合が多いと推測される。

その際に、その司法書士が消極的な発言をしたために、それがそのまま採用され、現在に至っているのではないだろうかと推察している。

## 2. "新・中間省略登記"容認の一般化

しかし、当初は消極的な対応が多かった企業でも、現在では理解が進み、というより現場の要求に応える形できちんとした法的検討がされるようになり、正式に会社の方針として"新・中間省略登記"を容認する企業が大勢を占めている。むしろコンプライアンス上の自主規制（買取り転売は免許業者の場合のみ仲介する等）を設けて問題なく行おうとしている。これに関しては公表されている実例がある。

以下は、財閥系不動産会社系のREITの構成主体である投資法人が不動産を売却する際に、当該財閥系不動産会社の子会社である大手仲介会社が仲介して"新・中間省略登記"を使っている場面についての公式発表（「資産の譲渡に関するお知らせ」）の抜粋である（2014年6月）。

「4. 譲渡先の概要　本物件の譲渡については、その売買代金を売買契約上の買主が本投資法人に支払うこととされていますが、本物件の所有権は、本投資法人から買主の指定する移転先に直接移転させ、本投資法人から当該移転先に対して直接に所有権移転登記を行う予定です。」（注）

（注）このプレスリリースのURLは次のとおり。
http://www.nre-mf.co.jp/file/nrf/tmp-vXvgT.pdf

# 不動産会社の対応

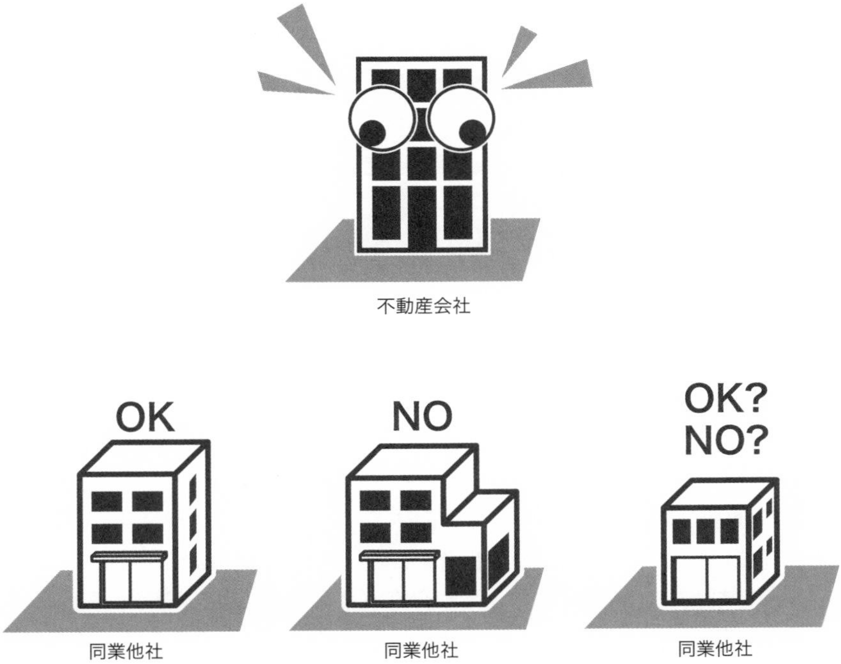

# Q66 不動産会社の基本的姿勢

“新・中間省略登記”に対する不動産会社の基本姿勢は、①自らが売買の当事者（買主、売主）となる場合と、②仲介を行う場合とでは、多少異なる。

## 1．不動産会社が売買当事者となる場合

不動産会社自らが当事者となる場合は、自社が被る可能性がある損害についてだけ考慮していればよいため、“新・中間省略登記”も採用しやすいと考えられる。

もっとも、一部マンションデベロッパー、ハウスメーカー、パワービルダー等、いわゆる「事業主」となる立場の会社が用地を購入する場合等に“新・中間省略登記”を認めていないところも未だに存在する（自社が売主となる場合は問題なく“新・中間省略登記”を認めているのが通常である）。

### ⑴“新・中間省略登記”に否定的な理由

このように“新・中間省略登記”に否定的な理由は、次のようなことではないかと推察される。

① 売主に所有権を取得させないと、買主である自分の所有権取得が不安定になる。

② 売主に登記をさせておかないと、売主に対する責任追及が十分に行えない。

### ⑵ 否定的理由に対する反論

こういった「事業主」の否定的理由に対しては、次のような反論が可能である。

**①の理由に対する反論**

売主からでなく、現在の所有者から直接所有権の移転を受けたほうが確実であり、むしろ余計な第三者を介在させないほうが安全である。また、通常は代金の支払いは所有権移転と引換えに行われるのであり、それは売主が所有権を取得したか否かには直接関係ない。

**②の理由に対する反論**

売主の責任（引渡し、権利移転、境界確定、越境物の除去、契約不適合責任等の売買契約に基づくあらゆる責任）を追及する条件として、売主の

登記は全く無意味である。なぜなら登記とは基本的に「第三者対抗要件」（又は「権利保護要件」）つまり権利を（第三者に）主張する側に求められる要件であり、権利を主張される側（売主）に求められる要件ではないからである。

## 2．不動産会社が売買の仲介を行う場合

不動産会社が仲介（媒介）を行う場合は、当事者に対する媒介事業者としての責任が生じてくるため、考え方が保守的に傾きがちになる。“新・中間省略登記”に関する取組み方も、特に大手ほど対応が遅れた（某財閥系仲介会社の方は「ウチの場合、他社がやるようになるまで待つと思いますよ」と言っていた）。

もちろん、大手不動産会社（仲介会社）の中には、早い段階から“新・中間省略登記”についての研究を進め（筆者も招かれて社内研修での講義を行わせていただいた）、積極的に取り組んできたところもある。現在では理解が進み、大手不動産会社に限れば否定的なところはないと解される。

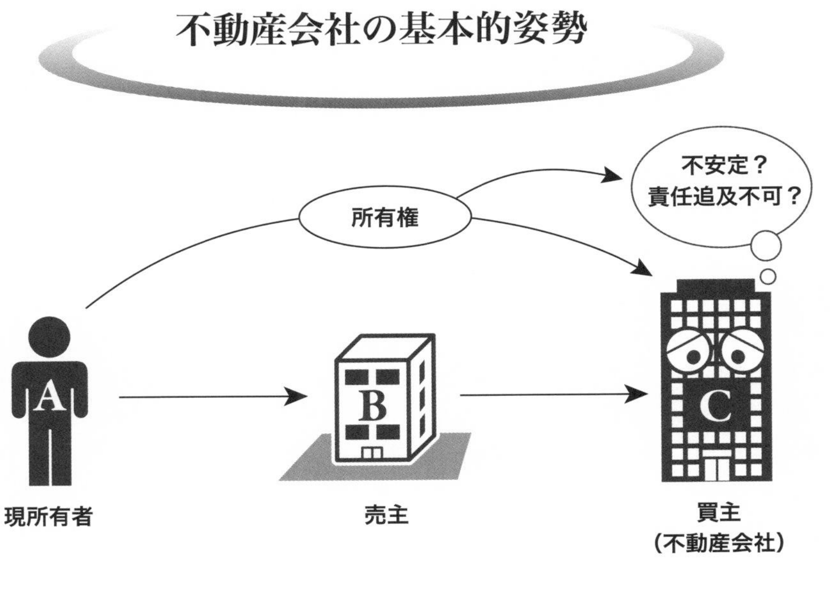

# Q67 法務局の対応

東京で“新・中間省略登記”のセミナーを行うと、遠方から来られた不動産事業者の方から、「ウチの（近隣の管轄の）法務局では、“新・中間省略登記”を受け付けてくれないのだが、地方によって取扱いが違うのか？」という質問を受けることがあった。果たしてそのようなことがあったのだろうか。

## 1．地方によって取扱いが異なることはない

これまで述べたように、“新・中間省略登記”は閣議決定に基づくもの、すなわち国家的承認を受けているものである。これを国の機関である法務局が否定するということはあり得ない。また、国の事務である登記の取扱いが、地方によって異なるということも考えられない。

もちろん、登記官の処分にも他の行政行為と同様に、行政裁量が認められてはいる。しかし、閣議決定に基づき登記原因証明情報の実例まで示して行われた法務省民事第二課長通知に基づく登記に関して、法務局や登記官によって180度違う取扱いができるまでの裁量権はあり得ない。

## 2．“新・中間省略登記”を受け付けない法務局があるという「うわさ」の理由

では、どうしてこのような誤った情報がまことしやかに語られ、「うわさ」となって広まっていたのだろうか。その理由としては、次のようなことが考えられる。

### ⑴「旧・中間省略登記」はできないとの法務局の回答

一般の方（不動産事業者）が直接法務局に相談に行き、「中間省略登記（旧・中間省略登記）ができるようになったそうだが？」という質問をした場合、法務局側の回答として、「中間省略登記はできない」と答えることは十分考えられる。そのような回答をされれば「やっぱりできないんだ！ 住宅新報や福田が言っていることは嘘じゃないのか、それとも地方によって違うのか」と思われても致し方ないことである。

### ⑵「旧・中間省略登記」はできないとの司法書士の対応

もう一つ考えられるのは、司法書士が同様な対応をした場合である。「中間省略がまたできるようになったんだ！」と喜んで司法書士事務所に行って質問

したら、司法書士から「中間省略はできるようになんか、なっていませんよ！」と一刀両断に切り捨てられたとしたら（この場合少なくとも嘘は言っていない）、やはり法務局の場合と同じことが考えられるであろう。

“新・中間省略登記”が普及した現在は、法務局も司法書士もサービス提供者（国民の権利の擁護者）である以上、「中間省略登記はできません」という紋切り型の対応をすることはないであろう（少なくともそう期待したい）。



## 法務局の対応

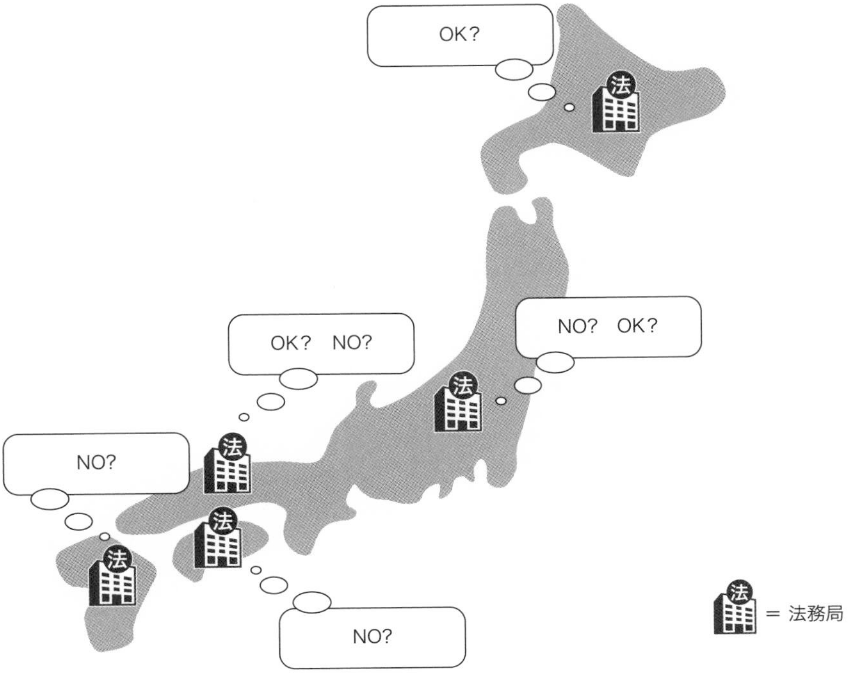

# 第3部

# “新・中間省略登記”の基礎（理論編）

# 第1章

# 基礎知識

# Q 68 “新・中間省略登記”とはいったい何か？

“新・中間省略登記”のポイントを端的にまとめると、次のようになる。

## 1．流通税削減の手段である

“新・中間省略登記”は、「クッションモデル™」（☞Q1～Q4）において、不動産を取得する必要のない者（中間者）が、本来課税されるべきではない流通税（登録免許税及び不動産取得税）の課税を強制されないための手法、である。具体的な効果は、中間者の登録免許税（本則2%）、不動産取得税（本則4%）がゼロとなることである。この点をめぐる議論について、詳しくは後述する（☞Q72）。

## 2．かつて行われていた「中間省略登記」と同一の目的を有する

「中間省略登記」（旧・中間省略登記）とはどんなものかについて、詳しくは☞Q69で説明するが、ここでは「不動産取引における流通コスト削減手法」であるとだけ説明しておこう。

旧・中間省略登記による流通コスト削減は、2005年施行の改正不動産登記法によって事実上封じられる形になったが、“新・中間省略登記”は旧・中間省略登記に代わってその目的を実現するために考案された手法である。

その手法自体は旧・中間省略登記とは全く異なるものである。

## 3．内閣総理大臣の諮問機関「規制改革会議」によって「公認」された

“新・中間省略登記”は、2006年12月、当時の「規制改革・民間解放推進会議」（内閣総理大臣の諮問機関）によって、公認すべきである旨の答申がなされ、内閣はそれを承認する閣議決定を行った（☞Q39）。

## 4．目的は“不動産の流動化と土地の有効利用の促進”

これは上記答申で述べられていた言葉である。要は、旧・中間省略登記及びそれに代わる“新・中間省略登記”が、“不動産流通コストの削減を通じて不動産取引を活性化し、さらに土地の有効利用の促進に貢献する”という、極めて社会経済的に意義の高いものであるということである。

### 5．クッションモデル™の様々な場面で活用可能

筆者は全国での講演や新聞をはじめとする各種メディアでの情報発信など、この手法の普及活動を通じ、新たな活用例の相談を受ける等、クッションモデル™（☞Q1）におけるこの手法の可能性がさらに広がってきていることを感じている。

### 6．契約で取り決めることによって行われる

この手法は、実に簡単なものである。“当事者が契約で取り決める”。ただそれだけのことである。

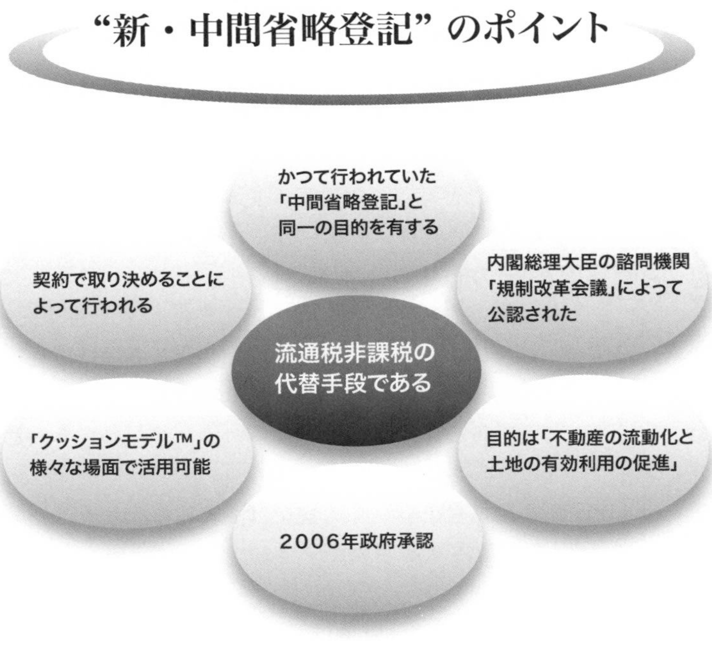
“新・中間省略登記”のポイント
かつて行われていた「中間省略登記」と同一の目的を有する
内閣総理大臣の諮問機関「規制改革会議」によって公認された
目的は「不動産の流動化と土地の有効利用の促進」
2006年政府承認
「クッションモデル™」の様々な場面で活用可能
契約で取り決めることによって行われる
流通税非課税の代替手段である

# 69 旧・中間省略登記とは？

旧・中間省略登記とは、例えば不動産がA→B→Cと順次売買された場合に、その登記をA→Cに直接移転し、Bが登記をすることによって負担する税金（登録免許税）を負担せずに済ませるという、不動産流通コスト削減手法である（注1）。

## 1．不動産登記制度の目的

不動産登記制度は、不動産をめぐる権利関係（所有権、担保権、用益権等）を公示することにより、不動産取引の安全と円滑を図ることを目的とする。

例えば、Aが自分の所有する不動産をBに売却した場合、所有権がAからBに移転されるとともに登記上の所有者もAからBに変更されるのが通常である。法が公示を実効化させるために、自分の所有権取得を第三者（例えばAから先に不動産の譲渡を受けたと主張する者や、担保に取ったと主張する者）に対して主張するためには、Bは所有権者としての登記名義を取得することが必要であるとしたからである（民法177条、対抗要件主義）。

ただし、Bへの所有権移転登記は、義務付けられてはいない（注2）。

## 2．旧・中間省略登記の必要性と許容性

しかし、Bがもともと最終的な所有者になることを欲しておらず、Cに転売することを予定していた場合（その動機は様々である）、Bは自己に登記名義を変更することをせずに、そのままAからCに直接登記名義を変更することができれば、B名義に登記することによって課税される税金（登録免許税）が課税されずに済む。

そこで、Bは自己に登記名義を変更する登記（所有権移転登記）を省略して直接AからCに登記名義を変更する手続ができないかと考える。これが旧・中間省略登記である。

しかし元来、旧・中間省略登記を申請しても法務局には受け付けられない。権利変動（所有権移転など）の過程（A→B→C）を忠実に登記に反映させるという「不動産登記制度の原則」に反するという理由からである。つまり、Bは法律上義務付けられていない登記をすることを強制されることになっていたはずであるが、少なくとも2005年の改正不動産登記法施行以前は、普通に旧・

中間省略登記を行うことができていたのである。それはなぜか（☞Q70）。

（注1）これまでは一般的に「中間省略登記」と言われることが多かった。
（注2）所有者不明土地問題の解決策として不動産登記法が改正され（令和3年法律第24号、未施行）相続登記は義務化された（改正法76条の2）が、売買の場合の登記が義務化されることはない。



## 旧・中間省略登記とは

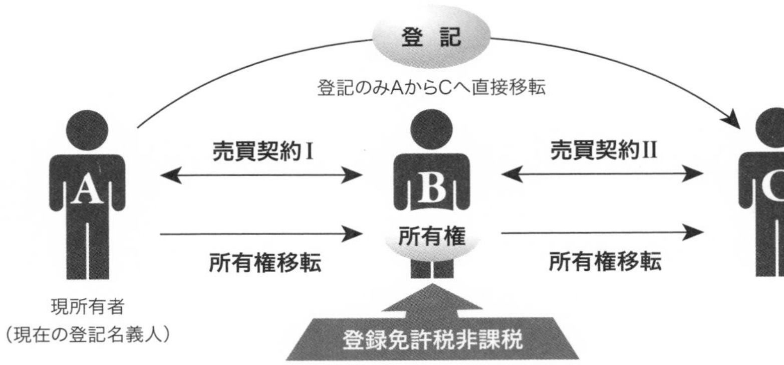


## 旧・中間省略登記をした場合の登記簿

旧・中間省略登記をした場合の登記簿（イメージ）

| | | | | |
|---|---|---|---|---|
| 1 | 所有権移転 | ○年○月○日売買 | 所有者 | A |
| 2 | 所有権移転 | ○年○月○日売買 | 所有者 | C |

旧・中間省略登記をしなかった場合の登記簿（イメージ）

| | | | | |
|---|---|---|---|---|
| 1 | 所有権移転 | ○年○月○日売買 | 所有者 | A |
| 2 | 所有権移転 | ○年○月○日売買 | 所有者 | B |
| 3 | 所有権移転 | ○年○月○日売買 | 所有者 | C |

# Q70 旧・中間省略登記が利用できた理由

元来受け付けられないはずの旧・中間省略登記が、2005年3月7日の改正不動産登記法（平成16年法律第123号）施行以前は普通に行われていた。

それは次のような理由からである。

## 1．所有権を取得した者に登記すべき義務はない

法律上、表示に関する登記（不動産の状況を明確にするための登記、例えば建物を新築したときにその所在や構造や面積を登記する→この場合は登記すべき義務あり：不動産登記法36条、47条1項、164条）とは異なり、（相続を原因とする場合以外（☞Q69（注2）））権利に関する登記（所有権や抵当権等の登記）には、登記すべき義務はない。したがって、BがAから不動産を買ったとしても、必ずしも登記名義を自己に変更する必要はないのである。

ただ、前述したように、一般的には登記名義を取得しておかないと、「完全な所有権取得」とはいえないため（民法177条）、登記するのが通常だというだけである（☞Q69 1.）。

## 2．いったんなされた中間省略登記は有効である（判例）

本来受付けられるはずのない中間省略登記であるが、「一度受け付けられ、Cの名義に登記された場合、実体上もCが真実の所有者であることに間違いがなければ、そのC名義の登記は有効である」とするのが、大正時代以来の裁判所（上級審）の立場である（大正5年9月12日大審院判決他）。そしてその後、「当事者、特に中間者の同意がなくても、登記が現実の実体的権利関係に合致するときは、中間省略登記は原則として有効である（例外は中間者Bが抹消登記を請求する正当な利益を有する場合のみ）」という考え方に立つに至っている（昭和44年5月2日最高裁判所第二小法廷判決他）。

また、前記大審院判決は、「登記名義人A及び中間者Bの同意があれば、CはAに対して直接自己に登記を移転するべく請求（中間省略登記を請求）することができる」ともしており、その考え方は現在まで踏襲されている（昭和40年9月21日　最高裁判所第三小法廷判決他）（注）。

## 3．登記のシステム上中間省略登記であることが登記申請時には判明しない仕組みになっていた

2005年3月の新不動産登記法以前の不動産登記法では、登記を申請するにあたって登記原因を証する書面の提出が必須ではなかった。そこで、同書面を提出しないことにより、中間省略登記であることが法務局に判明しないようにすることができたのである。

なお、司法書士会は過去の裁判例なども踏まえ問題や紛争が発生することがないように、中間省略登記を行う場合の遵守事項を定めていた。すなわち、①ABC三者とも中間省略登記を行うことを承認していること、②三者から「中間省略登記承諾書」を徴求すること、である（☞Q33 4.）。

（注）近時の中間省略登記に関する最高裁判所の判決（平成22年12月16日　最高裁判所第一小法廷判決）は、所有権が転々移転した後に「現在の所有者が元の所有者に対し、元の所有者から現在の所有者に対する真正な登記名義の回復を原因とする所有権移転登記手続を請求することは、物権変動の過程を忠実に登記記録に反映させようとする不動産登記法の原則に照らし、許されない。」と述べている（ウエストロ・ージャパン）。

この判例の解釈は分かれるが中間省略登記の効力を認めた最高裁判所の判例を変更するものではないと解される（☞Q33（注3））



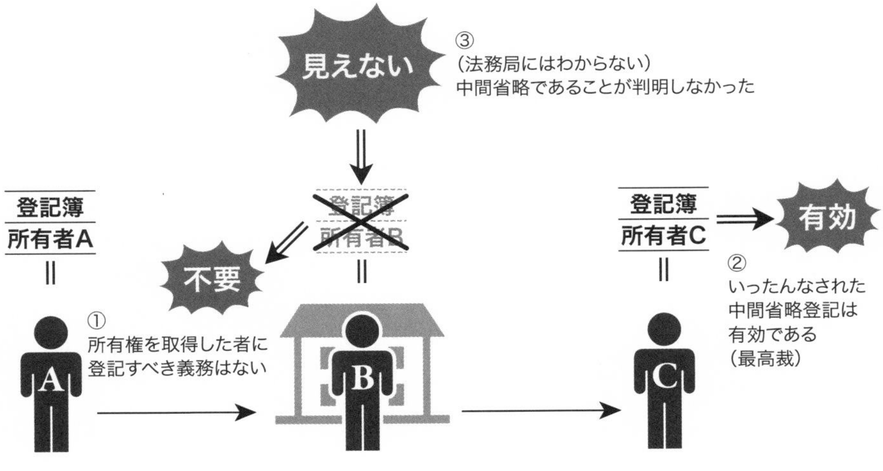

# Q71 旧・中間省略登記ができなくなった理由

前述したように、本来受付けられないはずの旧・中間省略登記が、2005年3月7日の改正不動産登記法（平成16年法律第123号）施行よりも前には普通に行われていた。それが「できなくなった」のは、「☞Q70」の「3.」の理由が成立しなくなったからである。

改正前の不動産登記法では、登記を申請するにあたって登記原因を証する書面の提出が必須ではなかったため、同書面を提出しなければ中間省略登記であることが法務局に判明しなかったのだが、改正によって登記原因を証する「情報」の添付が必須になったため、登記申請時に中間省略登記であることが判明せざるを得ないことになったからである。

## 1．登記原因を証する書面（情報）の添付を要求する趣旨

元来登記を申請する際には、「登記原因を証する書面（情報）」の提出が要求されている（旧不動産登記法35条1項2号、現行不動産登記法61条）。その趣旨は、申請される登記について登記原因が成立していることを形式的に明らかにし、それによって実体に合致しない登記がなされることを防止するためであるとされている。

例えば、実体上A→B→Cと所有権が移転した場合には、「A→B→C」と記載（記録）した登記原因を証する書面（情報）を提出（提供）することになる。

これを提出した上で、「A→C」という登記を申請すると、「登記申請書と登記原因を証する書面（情報）とが一致しない」（注1）という「却下事由」に該当する（旧法49条1項7号、現行法25条8号）。

## 2．旧法下では添付しないことも許容

旧法40条は「登記原因ヲ証スル書面カ初ヨリ存在セス又ハ之ヲ提出スルコト能ハサルトキハ申請書ノ副本ヲ提出スルコトヲ要ス」と規定されていた。そして、不動産の売買の場合、登記原因を証する書面（原因証書、売買契約の事実と、それに基づく履行＝所有権移転の事実を証する書面）を作成するということが必ずしも一般的でなかったため、あえて原因証書（売渡証書等）を作成しないことも少なくはなかった。

もちろんこのような運用（あえて原因証書を作成しない）は、決して法の趣

旨をないがしろにしようとするものではなく、むしろ司法書士として実体関係を確実に確認・把握しており、実体に反する登記を絶対にするようなことがないという自負の下、形式的な書面の添付を簡素化してきたものである。

さて、以上のような事情から、たとえA→B→Cと所有権が順次移転した場合でも、それを記載した「登記原因を証する書面」を提出せずに、登記申請することは可能であった。提出しなければそもそも「申請書と登記原因を証する書面とが符合（一致）しない」ということはありえないから、「A→C」という登記を申請しても却下事由には該当せず受理されたのである。前記☞Q70の「1.」「2.」の理由とも併せて、旧・中間省略登記は元来受付けられないはずのものでもあるにもかかわらず、事実上行われていたというのはこういうことである。

### 3．司法書士会も容認

司法書士会も、中間省略登記を一定の要件（注2）の下で承認していた。その理由として、①登記を申請するかどうかは当事者の任意であり、②中間省略登記は結果的に有効であり違法でもないし、③中間者を登記することに実益は乏しく、④古くから司法書士が受託してきたことを挙げていた（以上、東京司法書士会会報「司法の窓」第73号（1990年）より）。

（注1）A→B→Cという登記原因証明情報が、A→Cという登記申請と一致しないというのは、形式的に一致しないというだけでなく、背景には、前述したように「不動産登記制度の原則」は権利変動過程を忠実に登記に反映させるものであるという基本的な考え方がある。

（注2）「一定の要件」とは、ｉ）A→B、B→Cの売買契約がそれぞれ存在していること、ⅱ）中間省略登記についての当事者全員の同意があること、ⅲ）当事者全員に中間省略登記を拒否する正当な理由がないこと、である。

# 旧不動産登記法下（〜2005.3）の登記申請手続

登記原因を証する書面の添付が必須でない
→中間省略登記であることが登記申請時に判明しなかった

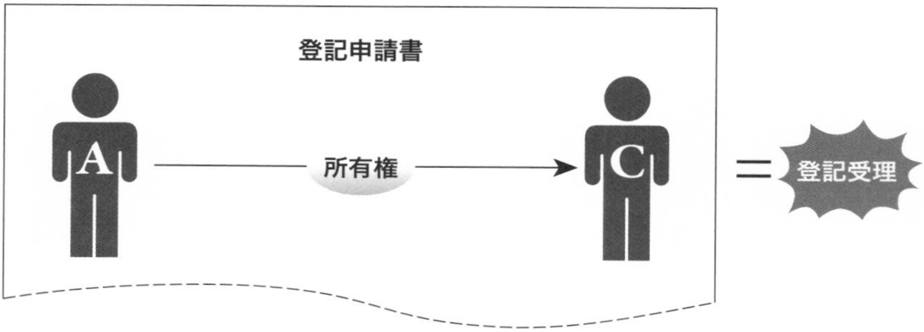


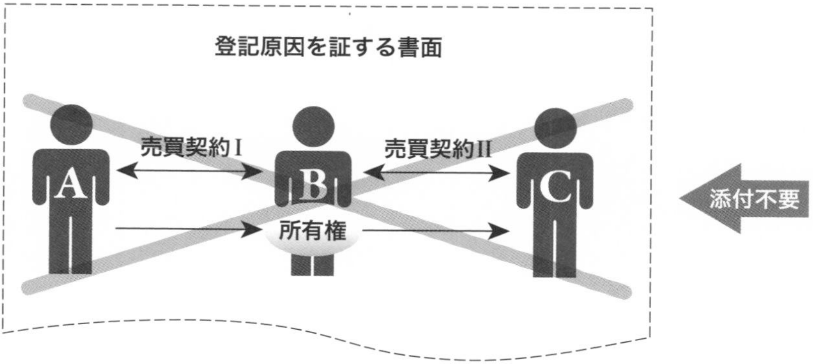

## 4．現行法下の登記申請手続

ところが、現行不動産登記法では、旧法の「初ヨリ存在セズ又ハ之ヲ提出スルコト能ハサルトキ」という除外規定がなくなり、「登記原因を証する情報」の提出が原則として義務とされた。

これによって、「A→B→C」という登記原因証明情報を提出して、「A→C」という登記を申請するという「中間省略登記」は事実上、できなくなったわけである。

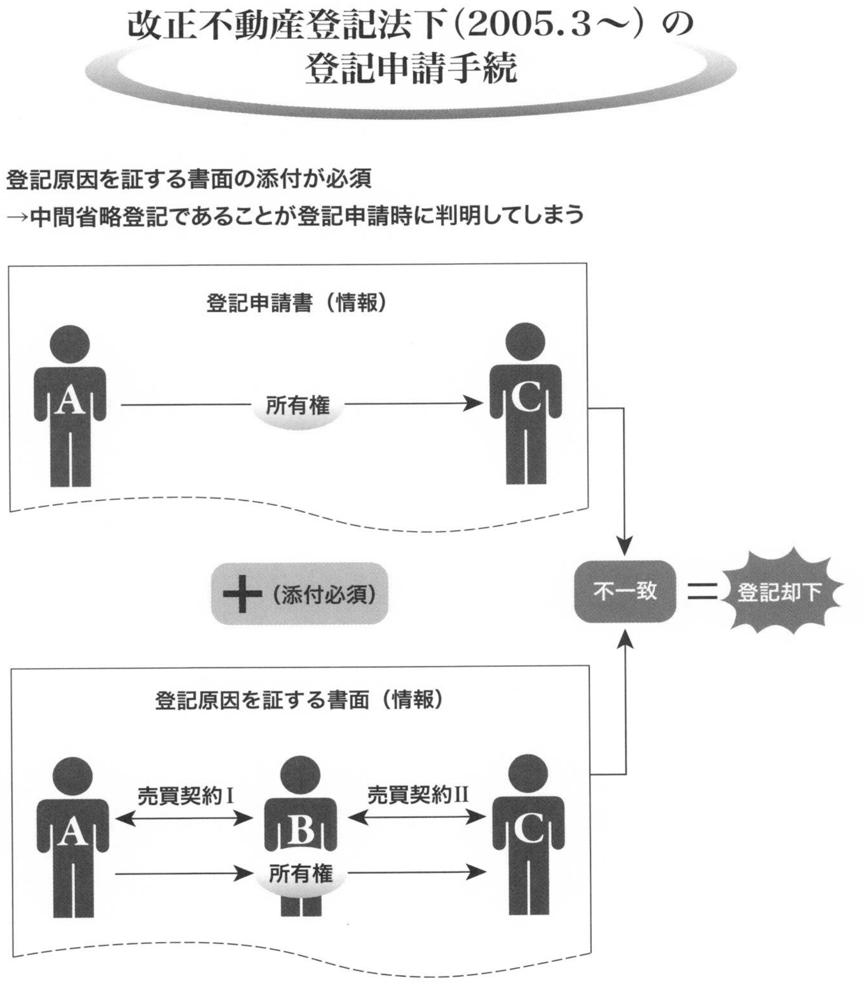

# Q72 流通税削減を可能とする道のり

それまで普通に使われていた流通税削減手法が使えなくなった以上、実務界からそれに代わる手法に対する期待が高まったのは当然である。

## 1．“新・中間省略登記”が認められなかった時期

そのような実務界からの強い要請に応えるため、筆者は『住宅新報』の遠藤信明記者（当時）の発案に基づき、「中間省略登記」に代わる不動産流通コスト削減手段の開発に取り掛かった。それが、「第三者のためにする契約」及び「他人物売買」を用いた手法、現在“新・中間省略登記”と呼んでいる手法である。

2005年当時、一度この手法を用いて登記申請を行ったことがある。しかしその段階では法務局から認められず、涙を呑んで取り下げたという経緯もあった。この点に関しては登記実務家向けの専門誌「登記研究」（テイハン）第691号（2005年9月号）にも法務局側の否定的な見解が紹介されている。

こういった筆者の動きに対しては、司法書士会から「不動産登記法の趣旨を潜脱（せんだつ）する方法を模索している会員が存在する」という、あらぬ疑いをかけられたこともある（2005年9月14日付日本司法書士会連合会会長通知）。今にして思えば隔世の感がある。

もっとも、こうやって法務局・法務省にこの手法を検討してもらっていたことが、この手法の承認を促進したという一面もあるのではないかと密かに自負している。

## 2．“新・中間省略登記”が認められるようになった端緒

さて、このように「不遇をかこっていた」“新・中間省略登記”が、やがて日の目を見る日が来る。規制改革・民間開放推進会議（住宅・土地ワーキンググループ、福井秀夫委員）が、「土地住宅政策の観点から中間省略登記を認めないことは問題である」として、中間省略登記の復活を課題として取り上げたのである。

筆者も同会議に呼ばれて、実態についての報告や意見を求められた。そして、最終的には、“新・中間省略登記”による登記申請を認めることが、同会議の答申として内閣総理大臣宛に提出され、それを内閣が閣議決定するに至ったのである。2006年12月のことである。

しかも、この手法には思わぬ副産物があった。旧・中間省略登記と同様の「登録免許税の削減」という効果のみならず、「不動産取得税の削減」も可能となるという点である（むしろこちらの方が経済的効果としては大きい）。

## 3．順次譲渡された場合に“新・中間省略登記”の使用を否定する見解の出現

ところが、A→B→Cと順次譲渡された場合に、“新・中間省略登記”の使用を否定する見解が、一時的とはいえ、一定の影響力のあるところから相次いで表明され、後に改定ないし修正されるという経緯があった。その詳細についてはQ41を参照されたい。

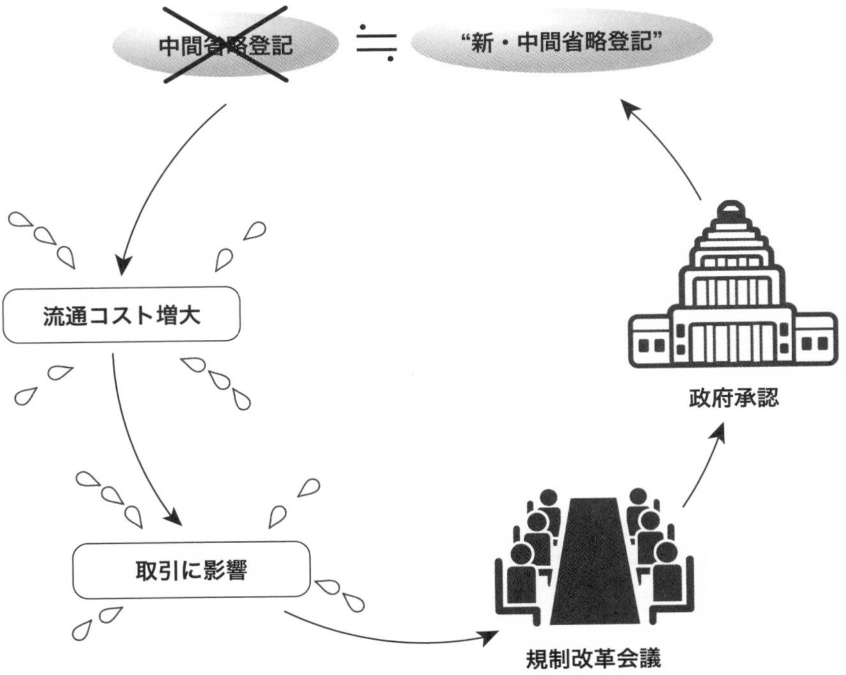

# Q73 旧・中間省略登記がまたできるようになったという誤解

“新・中間省略登記”が公認され、旧・中間省略登記と同様（実際はそれ以上）の流通税削減ができるようになると、今度は「また旧・中間省略登記ができるようになったのか」という誤解をする者が出てくる。

筆者は、この誤解が思った以上に“新・中間省略登記”の普及を遅らせる要因の一つになってきたと考えている（もっとも、主要な原因は他のところにあるが、それについては別途述べたいと思う）。

## 1．“新・中間省略登記”と旧・中間省略登記とは全く別のものである

まず、“新・中間省略登記”は（前述したような理由から「中間省略登記」という言葉を使ってはいるが）、旧・中間省略登記とは法的にも全く異なるものであるということを理解していただく必要がある。詳しくは後述するが、この相違点を理解していないがために、法務局や司法書士に対して「中間省略登記はできるはずだ……」「中間省略登記をやってほしい」という相談や問い合わせ、依頼をすることになってしまう。

このような問合せを受ければ、法務局・法務省（不動産登記法の改正前後を通じて中間省略登記を受け付けること自体には否定的である）や消極的な司法書士は「中間省略登記はできません」とだけ回答するであろう（☞Q67）。

そしてこういう答えを聞けば、中間省略登記そのものが復活したと思っていた人たちが、否定的にとらえるのは当然である。

そのため初期の頃は、筆者が講演を行うと遠方からの出席者から、「ウチの方の法務局では“新・中間省略登記”を受け付けててくれない」とか、「知っている司法書士に頼んだら断られた」といった苦状が、必ず寄せられた。

こういった誤解が“新・中間省略登記”の普及を阻む一つの要因となってきたわけである。

## 2．“新・中間省略登記”は旧・中間省略登記の代替手段である

繰り返しになるが、“新・中間省略登記”は、旧・中間省略登記と同等以上（登録免許税の削減に加え、不動産取得税の削減という効果もある）の流通税削減効果がある手法ではあるが、あくまでも旧・中間省略登記の「代替手段」であ

り、旧・中間省略登記そのものができるようになったということではない。全く新しい手法が開発・公認されたということである。この点を認識しておいてほしい。

具体的手法に関しては後述するが、要点は、中間者Bに所有権を取得させないというところにある。重要なのは、「Aから不動産を買い、さらにそれをCに売却している以上、Bは所有権を取得する」という固定観念を捨て去ることである。



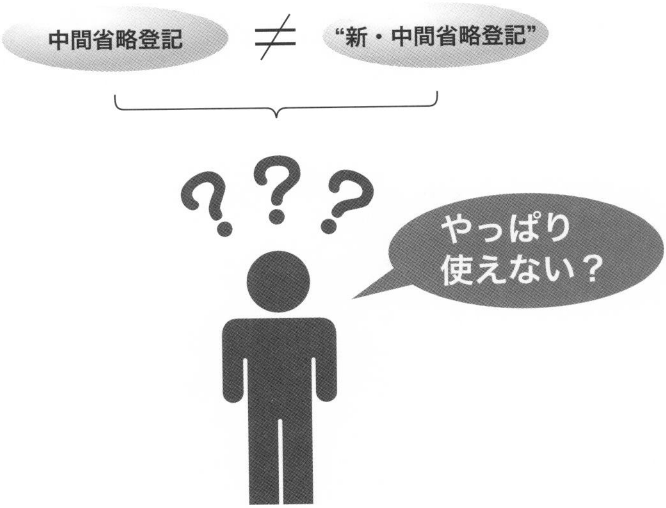

# 74 "新・中間省略登記"の活用主体、対象及び条件

## 1. 活用主体

活用できる主体は、クッションモデル™（☞Q1）の当事者になる、すべての個人及び法人である。

日常的に不動産の取引当事者になる「プロ」の方たち、すなわち宅建業者が最もこの手法を活用できる機会が多いのは当然であるが、この手法を用いることができるのは、プロだけであるということではない。

一般の方たちも、もちろんこの手法を活用できるのであるが、そのためにはプロの方たちの適切なアドバイスがなされることが期待される。また、関係当事者（銀行等）から、中間者が宅建業者であることを求められることはある。

なお、"新・中間省略登記"の活用が宅地建物取引業法上の「宅地建物取引業」（宅建業法2条2号）となるか否かの問題は別途あるが、その点に関しては前述した（☞Q18、Q19）。

活用主体の例は次のとおり。

① 不動産事業者
② 一般事業会社・法人のCRE（企業不動産）部門
③ 金融機関の不動産部門
④（不動産の所有者である／所有者となる）一般個人・法人
⑤ 投資ファンド

## 2. 対象となる権利

"新・中間省略登記"は、所有者AとBとの間で「Bの指定する者に対して、Aから直接所有権が移転する」旨を「合意」することが必要である。

したがって、対象となる権利は、中心は不動産の所有権であるが、所有権以外の権利（例えば借地権）についても、「合意」（契約）によって権利を移転させる場合であれば、すべてこの手法を活用することが可能である（実務上問題となるケースは若干様相が異なるが、その点に関しては第1部第2章を参照されたい）。

もっとも、移転に関して登録免許税及び不動産取得税の課税対象とならない（あるいは極めて低額である）権利は、そもそもこの手法を用いる必要がない。

例えば、信託受益権の譲渡（受益者変更）である。

## 3．“新・中間省略登記”の利用条件

この手法のしくみ上、中核的な条件がある。特約、すなわち権利の移転先に関する特別な取り決め（第三者のためにする契約）の存在である。したがって、特約を付けられること、つまり、合意に基づくものであることが条件となる。

例えば、相続の場合、すなわち、X不動産を所有しているAが死亡してAの子Bが単独で相続し、BがX不動産をCに売却した場合、X不動産は法律上当然にBに承継され（民法896条）、AとBとの「合意」に基づく権利変動ではないため、この手法を用いることはできない。

※遺産分割や遺贈に関しては別途検討した（☞Q26～）。



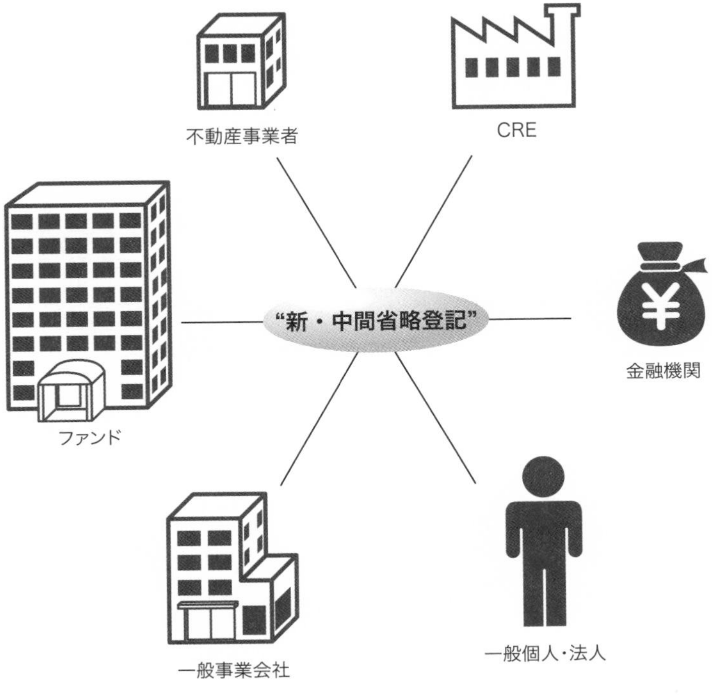

# Q75 提案・助言ツールとしての応用

クッションモデル™及び“新・中間省略登記”をどのように実務的な提案や助言に生かすことができるかの一端を紹介する。

（ア）事業ないし投資のポートフォリオとして不動産の所有を勧める際に取引の安全性を保証する。

（イ）不動産を買い取って転売することを検討されている人に対して、流通コストの節減を提案する。

（ウ）不動産の売却、購入を考えているが、買主・売主との直接取引を望まない人に対して、低コストのクッションモデル™を提案する。

（エ）不動産の売却を望んでいる人に、有利な価格での買取りを提案する。

（オ）このノウハウを持たない不動産事業者に対して、ノウハウを提供する（メリットは多様）。

（カ）個人投資家、一般事業法人（不動産部門）に対して、ファンド組成物件（受益権化物件）の現物での取引を提案する。

（キ）不動産の交換及び売却を用いた節税を検討されている人に対して、この手法の利用を提案する。

（ク）相続税・贈与税の削減提案をされる方にコスト削減を助言する。

……等々、要は第1部で紹介したクッションモデル™の機能について、それを提案したり、より低コストでの方法をレクチャーしたり、色々なノウハウを提供したりすることにより、様々なビジネスチャンスを創出することができるのである。

以上のような利用ができる人、いわば促進主体となれる人とは、例えば次のような業種の方々である。

① 不動産事業者
② 建設事業者
③ 金融機関
④ 税理士、会計士、FP
⑤ 弁護士、司法書士
⑥ コンサルタント

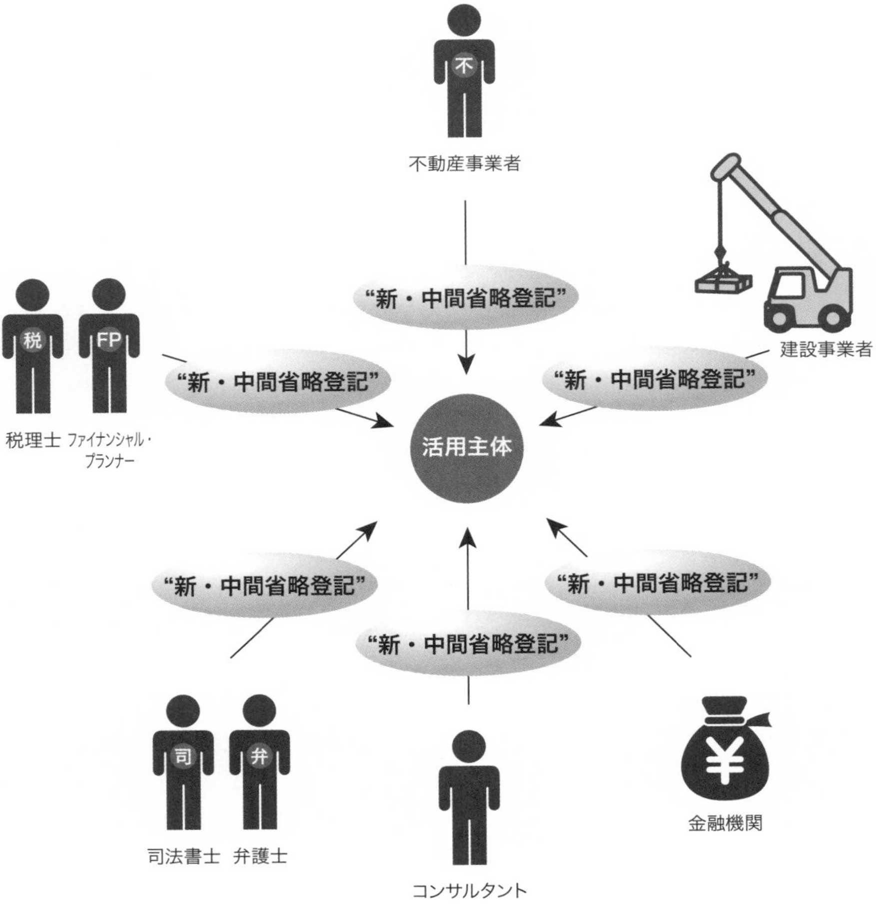
不
不動産事業者
“新・中間省略登記”
税
FP
税理士 ファイナンシャル・プランナー
“新・中間省略登記”
建設事業者
“新・中間省略登記”
活用主体
“新・中間省略登記”
“新・中間省略登記”
“新・中間省略登記”
司
弁
司法書士 弁護士
コンサルタント
金融機関

# Q76 “新中間省略登記”で削減できるコストとは？

では、“新・中間省略登記”で削減できるコストに関して、もう少し詳しく見ていこう。

“新・中間省略登記”で削減できるのは、登録免許税と不動産取得税である。

## 1．登録免許税

「登録免許税とは、不動産登記をはじめとする登記・登録・免許等を受けることを対象として課される租税(国税)である。例えば、BがAから不動産を買って所有権を取得し、自分が所有権を取得した旨の登記（所有権移転登記、所有権保存登記）をしようとした場合、Bには登録免許税の納税義務が生じる。

ただし、この場合、買主Bには自分への所有権移転登記をする義務はない。所有権の登記は、第三者対抗要件（当事者以外の者、例えば二重に不動産を譲り受けた者や、不動産を差押えた者等に対して自己の権利を主張し認めさせるための要件）にすぎないからである。

そして、当然だが、登記をしない限り登録免許税の納税義務は発生しない。

この点から、従前は「旧・中間省略登記」の手法が用いられていたことは、前述したとおりである（☞Q69～）。

さて、登録免許税の額は、登記の種類に応じ、法律（登録免許税法）で定める税率によって決定される。所有権移転登記の場合は、固定資産評価額の2%である（ただし、土地の売買のみ当面1.5%、租税特別措置法72条)。

## 2．不動産取得税

「不動産取得税」とは、不動産の所有権を取得した者に対して課税される税金（都道府県税）である。

都道府県が課税する税金であるが、「標準税率」（都道府県が課税する場合に通常よるべき税率）が地方税法によって定められており、原則として4%である（地方税法73条の15)。

ただし、不動産の種類によって軽減措置がとられている。

**不動産取得税（本則および軽減税率）**

| | |
|---|---|
| 土地（非宅地） | 固定資産税評価額　×　3%（注1） |
| 土地（宅地及び宅地比準土地）（注2） | 〃　×　$\frac{1}{2}$　×　3%（注1） |
| 建物（住宅）（注2） | 〃　×　3%（注1） |
| 建物（住宅以外）（注2） | 〃　×　4% |

なお、所得税、法人税、消費税に関しては原則どおり課税される。

（注1）平成20年4月1日～令和6年3月31の取得の場合（地方税法73条の15第1項、73条の21、同法附則11条の2第1項、11条の5第1項）

（注2）「宅地」とは、「建物」の敷地及びその維持若しくは効用を果たすために必要な土地をいう（不動産登記規則99条、不動産登記事務取扱手続準則68条3号）。ここにいう「建物」とは、屋根及び周壁又はこれらに類するものを有し、土地に定着した建造物であって、その目的とする用途に供し得る状態にあるものをいう（同規則111条）。「住宅」に限らない。

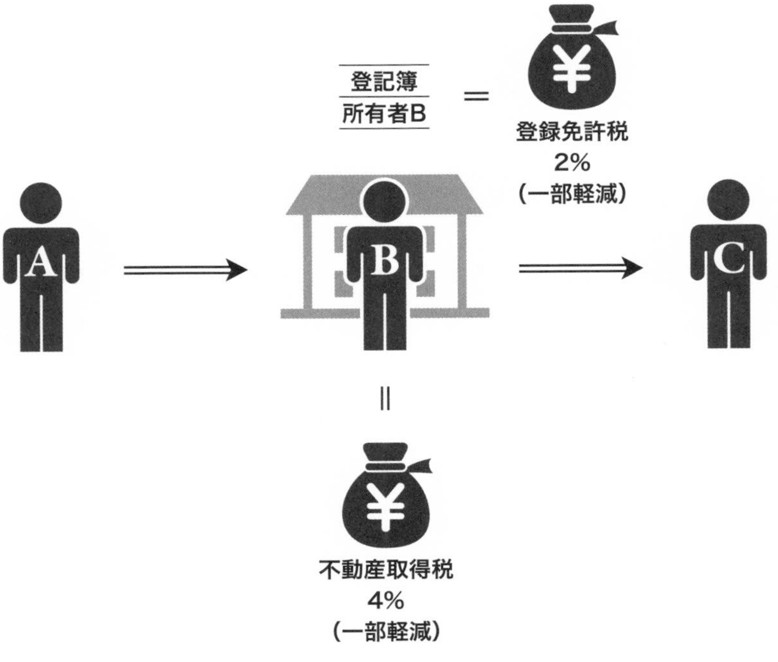

## Q77 コスト削減シミュレーション

# “新・中間省略登記”のコスト削減シミュレーション

**実例1**

**更地（非宅地評価）**

**固定資産評価額100億円の場合**

| | Bが負担する不動産取得税 | Bが負担する登録免許税 | 合計 |
|---|---|---|---|
| 通常の売買 | 3億円（3%）<br>↓ | 1.5億円（1.5%）<br>↓ | 4.5億円<br>↓ |
| “新・中間省略登記” | 0円 | 0円 | 0円<br>（節税効果4.5%） |

**実例2**

**中古ファミリーマンション**

**固定資産評価額2,500万円（土地1,250万円、建物1,250万円）の場合**

| | Bが負担する不動産取得税 | Bが負担する登録免許税 | 合計 |
|---|---|---|---|
| 通常の売買 | 56.25万円<br>（土地$\frac{1}{2}$×3%、建物3%）<br>↓ | 43.75万円<br>（土地1.5%、建物2%）<br>↓ | 100万円<br>↓ |
| “新・中間省略登記” | 0円 | 0円 | 0円<br>（節税効果4%） |

## 実例3

**土地所有権付一棟売りビルディング**（注）
**固定資産評価額5億円（土地3億円、建物2億円）の場合**

| | Bが負担する不動産取得税 | Bが負担する登録免許税 | 合計 |
|---|---|---|---|
| 通常の売買 | 1,250万円<br>（土地$\frac{1}{2}$×3%、建物4%） | 850万円<br>（土地1.5%、建物2%） | 2,100万円 |
| | ↓ | ↓ | ↓ |
| “新・中間省略登記” | 0円 | 0円 | 0円<br>（節税効果4.2%） |

（注）宅地及び宅地比準土地に住宅以外の建物を建てた場合

## 実例4

**新築ワンルームマンション（専有卸）**（注）
**固定資産評価額1,000万円（土地500万円、建物500万円）の場合**

| | Bが負担する不動産取得税 | Bが負担する登録免許税 | Cが負担する登録免許税 | 合計 |
|---|---|---|---|---|
| 通常の売買 | 22.5万円<br>（土地$\frac{1}{2}$×3%、建物3%） | 9.5万円<br>（土地1.5%、建物0.4%） | 17.5万円<br>（土地1.5%、建物2%） | 49.5万円 |
| | ↓ | ↓ | ↓ | ↓ |
| “新・中間省略登記” | 0円 | 0円 | 9.5万円<br>（土地1.5%、建物0.4%） | 9.5万円<br>（節税効果4%） |

（注）「専有卸」とは、マンション用地を取得し、その上に建設したマンションをディベロッパーに一棟で卸売りすることをいう。“新・中間省略登記”を用いない場合、Bは、建物（マンション）の所有権保存登記をするが、その登録免許税率は原則として0.4%である（登録免許税法9条別表第一の一（一））。

第3部 〝新・中間省略登記〟の基礎（理論編）

# 第2章

# 基本となる考え方

# Q78 どういう考え方に基づいて認められるのか

## 1．旧・中間省略登記が認められない実体的根拠

旧・中間省略登記が受け付けられない理由は、それが「不動産登記制度の原則」（権利変動の課程を忠実に登記に反映させる）に反するからということだった（☞Q69）。

この「不動産登記制度の原則」を分かりやすくいうと、「所有権がA→B→Cという経路をたどって移転した場合は、所有権移転登記もA→B→Cという経路をそのまま忠実に登記簿に反映する形で行われるべきである。登記制度は目に見えない権利関係を目に見えるようにするものだから、その権利移転の過程も見えるようにすべきである。」というものである。

したがって、「A→B→C」と所有権が移転している場合に、Bへの移転登記を省略して「A→C」という登記（中間省略登記）をすることは、この原則に反し認められないということになる。

## 2．“新・中間省略登記”が認められる実体的根拠

「不動産登記制度の原則」に反するから認められない、というのであれば、その「原則」に反しないようにすれば、登記の「中間省略」も可能なはずである。これが私たちの基本的な発想である。

すなわち、「不動産登記制度の原則」が「所有権移転の経路をそのまま登記に反映させよ」というのであれば、所有権移転の経路そのものを「中間省略」してしまえば、登記を「中間省略」しても、「不動産登記制度の原則」には反しないことになる。

具体的には、「A→B→C」と順次不動産の売買契約が行われた場合でも、Bへの所有権移転自体を「中間省略」して（Bが所有権を取得しないようにして）、「A→C」と直接所有権が移転するようにすれば、当然に登記も「A→C」となり、登記の「中間省略」が「不動産登記制度の原則」に反しないものになるのである。

これが“新・中間省略登記”である。

# どういう考え方か

**【Bへ所有権は移転しない】**

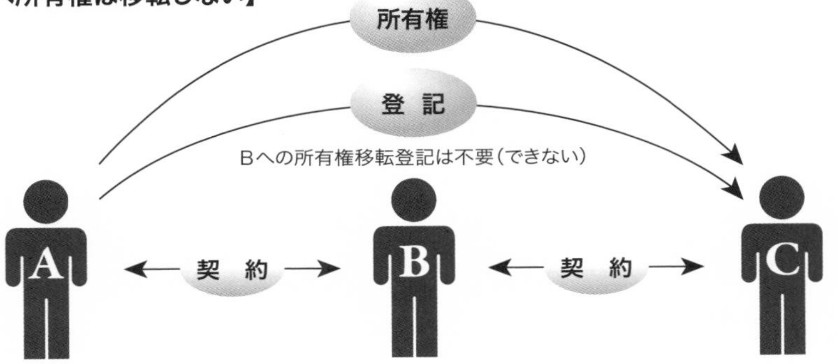


**【不動産登記制度の原則に反しない】**

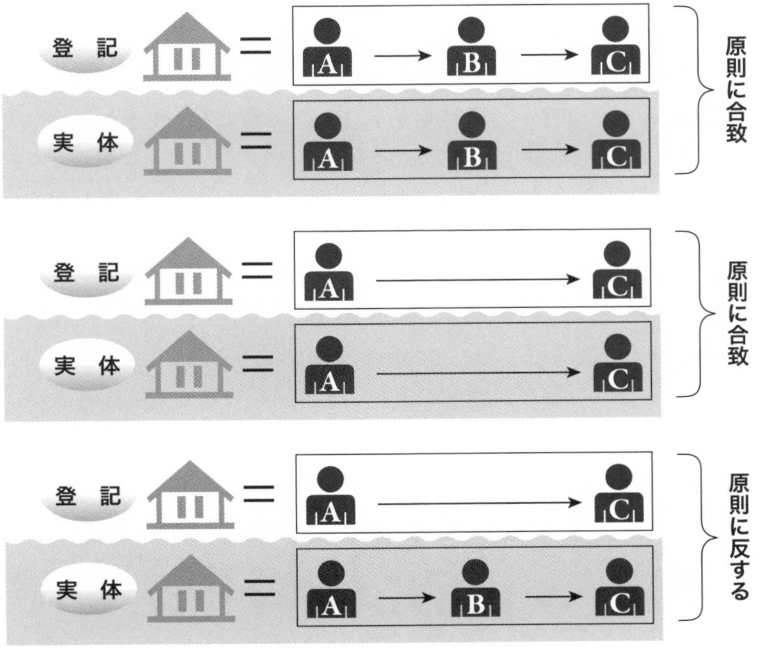

## Q79 どのようにして行うか

“新・中間省略登記” はどのようにして行うのだろうか。例えばA→B→Cと順次不動産を売買した場合（クッションモデル™）において、Bへの所有権移転を「中間省略」するためにはどうすればよいのか。

それは、簡単に言えば、「当事者（ABC）が、そのように取り決めればよい」ということである。実に単純なことである。

つまり、AとB、BとC、それぞれが売買契約を締結するにあたり、次のような約束をすればよいのである。

**1．AとBの約束**

B：「Aさん、私はあなたから不動産を買うが、所有権はいらない。所有権はあなたから私の指定する者に直接移転してほしい。私はそれに対して代金を支払う。」

A：「了解した。私はあなたに不動産を売るが、所有権はあなたの指定する者に直接移転する。」

**2．BとCの約束**

B：「Cさん、私はあなたに不動産を売るが、所有権はAさんからあなたに直接移転してもらう。」

C：「了解した。私はあなたから不動産を買うが、所有権はAさんから直接私に移転してもらう。私はそれに対して、Bさんに代金を支払う。」

これらは、通常の売買契約を少し修正したものといってよい。売買契約は、売主が権利の移転を、買主が代金の支払いを約束することによって成立する（民法555条）。“新・中間省略登記” を利用する場合も、それぞれの契約において、売主は権利の移転を、買主は代金の支払いを約束しているから、これらは売買契約に他ならない。

しかし、それらの契約において、それぞれ通常の売買契約と異なることを取り決めている。これを「特約」という。特約を付けて売買契約の内容を変更することは、原則として自由である（契約の自由、民法521条）。

# どのようにして行うか

**【そのように取り決める】　【クッションモデル™】**

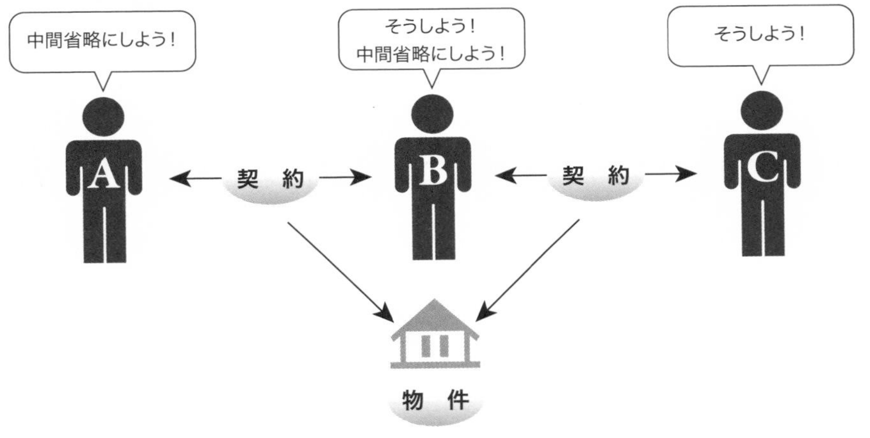


**【どうやって取り決めるか】**

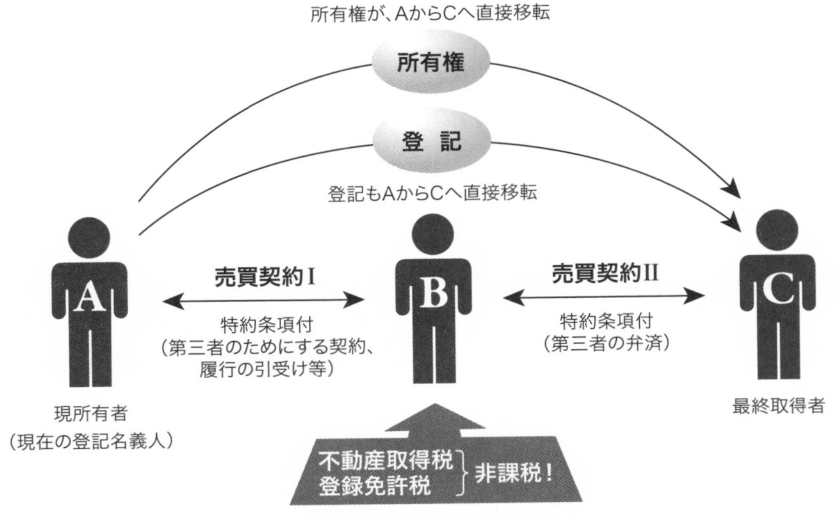


ＡＢ間、ＢＣ間それぞれの契約において、Ｂが所有権を取得せず、
直接ＡからＣ（Ｂの指定する者）へ移転することを合意する。

# Q 80 特約の内容はどのようなものか

**【第一の売買契約（AB間）に付す特約】**

**1．第三者のためにする契約**（☞Q81）

売主Aと買主Bとの売買契約において、「Aが第三者（売買契約には関与しない）であるC（Bの指定する者）に対して、直接に所有権を移転する」旨の特約を定める。詳しくはQ81以降で解説する。

**2．所有権留保**（☞Q83）

AB間の売買契約の決済が先行してなされた場合でも、Bが所有権の移転先を指定するまでは、所有権がAに留保されたままであることを確認する条項を入れる。

**3．受益の意思表示の受領委託**（☞Q84）

所有権の移転先に指定された第三者Cが、本来Aに対して行うべきである、「所有権の移転を受ける旨の意思表示」（受益の意思表示：民法537条3項）を、Bに対してすれば足りるようにする。その方法として、「Aが、受益の意思表示の受領権限をBに与える」旨の特約を定める。

**4．買主の移転義務の履行の引受け**（☞Q85）

売買契約に基づき、「BがCに対して負う所有権移転義務を、AがBに代わって履行することを引き受ける」旨の特約を定める。

履行の引受自体は、債務引受とは異なりAB間の合意だけで足り、Cの承認は不要である。なぜなら、債務者が変更するわけではなく、債権者Cにとって不利益とならないからである。

**【第二の売買契約（BC間）に付す特約】**（☞Q86）

○第三者の弁済

売買契約（BがCに対してA所有の不動産を売る＝他人物売買）に基づき、「BがCに対して負う所有権移転義務を、AがBに代わって履行すること（第三者の弁済、民法474条）をCが承認する」旨の特約を定める。

**第三者のためにする契約** ⇒ **最重要**

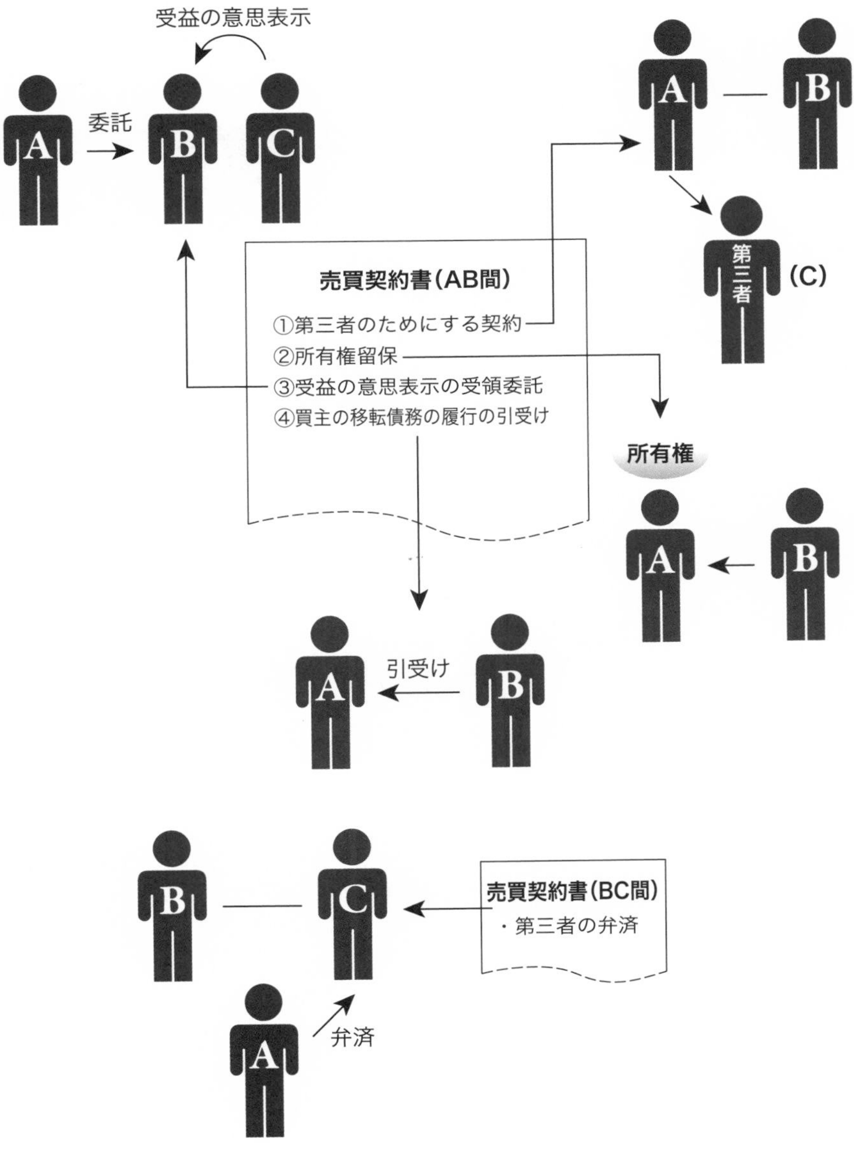

# Q81 第三者のためにする契約（第一の売買の1番目の特約）とは

「第三者のためにする契約」とは、契約当事者でない第三者に利益を享受させる契約である。

## 1．第三者のためにする契約の意味及び効力発生要件

第三者のためにする契約について、民法537条1項は次のように規定する。「契約により当事者の一方が第三者に対してある給付をすることを約したときは、その第三者は、債務者に対して直接にその給付を請求する権利を有する」

ここでいう「給付」とは、債務の内容（例えば、権利を移転する、物を引き渡す、代金を支払う、など）を実現すること、つまり「履行」を意味すると考えてよい。

近代私法の原則の一つに、人は契約に基づかなければどんな不利益も受けずどんな利益も得ないというものがあるが、「第三者のためにする契約」はその例外的な取り決めをすることを認めたものである。

もっとも、利益を受けることが自分の意思に反する場合には、それを強制されることはない。そこで、第三者の権利の発生のためには、第三者がそれを承認すること（受益の意思表示）が条件とされている（同条3項）。

## 2．第三者のためにする契約の典型例

日常生活でも身近なところで「第三者のためにする契約」は行われている。例えば、生命保険である（その他の典型例として信託や弁済供託がある）。

生命保険の場合、A生命保険会社の生命保険（死亡保険）に夫Bが加入し、妻Cを死亡保険金の受取人として指定する。これは、保険会社Aと保険契約者Bとの保険契約において、第三者Cに保険金を受取らせるという特約をするということである。

この場合、Cは直接Aに履行（保険金の支払い）の請求ができる。契約はAとBとの間で行われ、Cは契約に関与しない、すなわちAC間には契約関係がないにもかかわらず、CはAに対する請求権を取得するのである。

売買契約の場合もこれと全く同じことが可能である。売主Aと買主Bとの売買契約において、所有権をC（又は「Bの指定する者」）に対して移転するという特約をすることが当然できる。

これが第三者のためにする契約であり、"新・中間省略登記"を行うためのもっとも中心的な特約である。

なお、第三者のための保険契約では、受益の意思表示は不要とされている（保険法8条、42条、71条）。



## 第三者のためにする契約とは

**【生命保険契約（第三者のためにする契約の典型例）】**

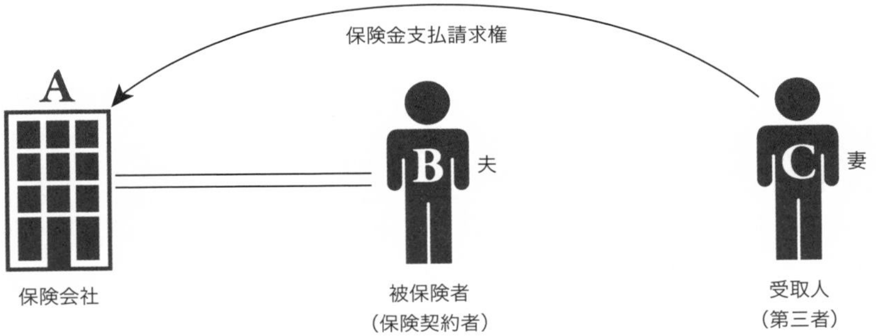


**【第三者のためにする契約の売買への当てはめ】**

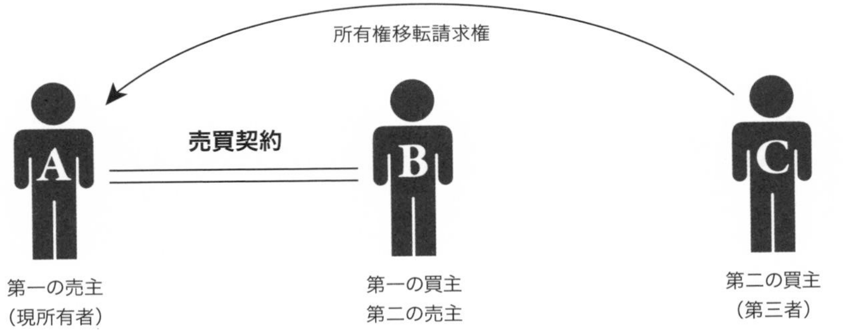

# Q82 「第三者のためにする契約」は、「第三者」が出現する前でも締結可能か

## 1．問題の所在

案外誤解されている方が多いものに、「第三者のためにする契約は第三者が出現していない段階では締結することができないのではないか？」、というものがある。

まず、「第三者の出現」とはどういうことか。例えば、売主A（所有者）と買主Bが売買契約を締結して、「第三者」に所有権を移転させる旨の特約を締結した場合に、その「第三者」が誰なのか具体的に決まっているかどうか、ということである。

しかし、AB間の売買契約締結時に、所有権を移転する相手（「第三者」）が、具体的な「C」に決まっている場合もあるが、必ずしも決まっていない場合もある。

## 2．民法の規定

実務上、このような状況（第三者が特定される前にAB間の売買契約を締結する）で“新・中間省略登記”の活用が必要とされることは少なくない。例えば前述の実例でいえば、「専有卸スキーム」（☞Q8）の例が典型であろう。また、単純な「買取再販スキーム」（☞Q5）では、むしろこのケースのほうが多いかもしれない。

これらの場合に、第三者が特定されていなければ契約が締結できないとすると、“新・中間省略登記”の利用はできなくなる。なぜなら、“新・中間省略登記”では、AB間の売買契約において、「売主（A）は、買主（B）の指定する者に対し、本物件の所有権を直接移転する」旨の特約条項を入れる必要があり、この「買主（B）の指定」は当該売買契約の締結後になされることが多いからである。

この問題については、従来から判例理論が確立していたが（注）、2017年の民法改正によって、明文で肯定された（民法537条2項）。

## 3．先にBC間の売買契約を締結することの可否

では逆に、AB間の契約締結前にBC間の契約を締結することは可能であろうか。

これは他人物売買の可否の問題に他ならない。すなわち、他人物売買は原則として可能である（民法561条☞Q87）。ただし、Bが宅建業者の場合は原則禁止されている（宅建業法33条の2☞Q43）。宅建業者がAB間の売買契約を締結する以前にBC間の売買契約を締結することの可否について、詳しくは☞Q104を参照されたい。

（注）「契約当時、受益者がいまだ確定されていないからといって、民法537条1項の第三者のためにする契約に該当しないということはできない」（大審院大正7年11月5日判決）

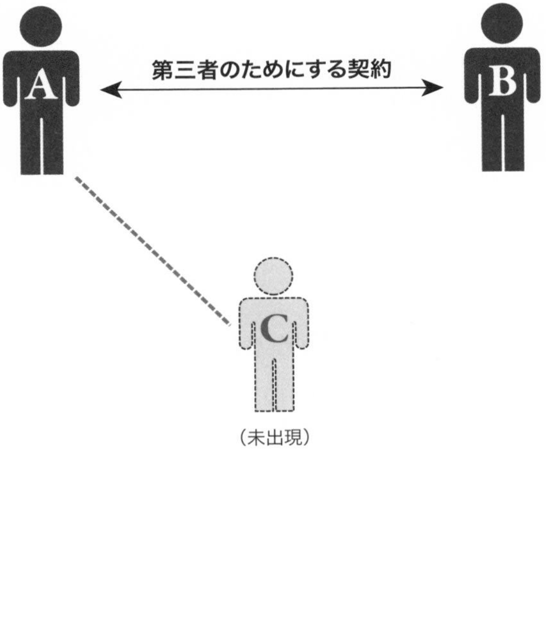

# Q83 所有権留保（第一の売買の2番目の特約）とは

## 1．第三者のためにする契約の当然の帰結

通常の不動産取引では、買主が売買代金を支払うのと引換えに、売主は不動産に関する一切の権利を買主に移転する。しかし、“新・中間省略登記”を用いる売買では、第一の特約（第三者のためにする契約）により、所有権はAから「Bの指定する者」（第三者C）に対して直接移転するものとされるから、第一の買主Bが売買代金全額をAに支払った後でも（Bが第三者（またはB自身）を所有権移転先として指定し）、第三者Cが売買代金を支払うまでは所有権はAからBに移転せず、依然としてAが所有権を有することになる。

所有権がAに留保されるというのは第一の特約である「第三者のためにする契約」の当然の帰結であり、第二の特約で所有権の留保を規定するのは、注意的な意味合いが強いが、実務的にはこの「注意」が重要な意味を持つ（下記2.参照）。

## 2．所有権留保特約の重要な目的

契約書を作成する主要な目的は、合意の内容を明確にして当事者間の後日の紛争を防止するという点にある。“新・中間省略登記”を用いる場合は、もちろん契約書を作成する目的としてはこの点も重要であるが、もう一つ重要な目的がある。

それは、課税当局に対して、中間者Bに所有権が移転していない（不動産取得税が発生しない）ことを明確に示すということである。

つまり、できうる限り、所有権の移転先に関して、課税当局に当事者の合意と異なる解釈をされる余地をなくしておくということなのである。

したがって、この場合もあえてくどいほど、「中間者Bには所有権が移転しない」ことを定めておく必要がある。

もちろん、例外的に、Bが自分を所有権の移転先として指定することで、Bに所有権を移転するということはあり得る（宅建業法上その余地を残しておくことが求められている。☞Q43）が、その場合には、明確に（例えば、書面をもって）自己を指定することが必要であることを規定しておくことが重要である。

# 所有権留保

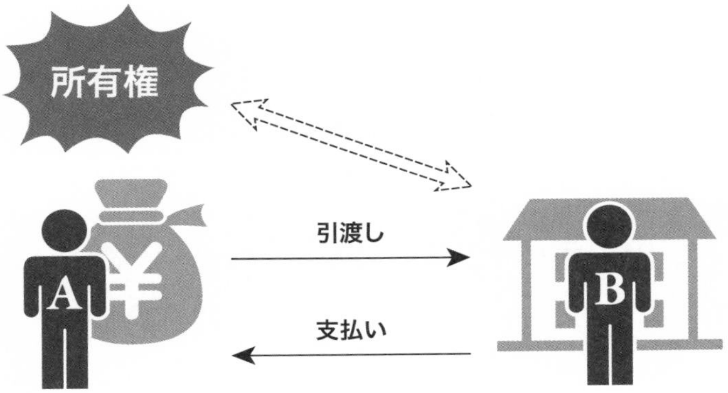

# Q84 受益の意思表示の受領委託（第一の売買の3番目の特約）

AB間の第一の売買において、CがAに対してする受益の意思表示の受領権限を、AがBに対して与える旨の特約をするのは、次のような理由による。

## 1．“新・中間省略登記”ではAとCは直接の契約関係にない

Q81のところで述べたように、意思自治の原則から、第三者は自己の意に反して利益を受けることを強制されることはない。そこで、第三者のためにする契約においても第三者が契約の利益を享受する意思を表示することが第三者の権利の発生要件とされている（民法537条3項）。

そして、この意思表示の相手方は「債務者」とされている（同条同項）。つまり、最終買主Cは、第一の売買の売主（現所有者）Aに対して、所有権の移転を受ける意思表示をしなければ、所有権を取得し得ないということである。

しかし、“新・中間省略登記”を用いる場面（クッションモデル™）では、AとCとの間には直接の契約関係はないため両者が直接顔を合わせることを予定していないことも多いし、その必要もない。

## 2．「異時決済」ではAが取引関係から離脱する

特に後述する「AB間先行型の決済（☞Q96、Q97）」では、Bが第三者を指定しその第三者が受益の意思表示をするまでは所有権がAに留保されるとしても、Aは売買代金全額を受領し、不動産をBに引き渡してしまうと、実質的には取引関係の主要な部分から離脱してしまう（所有権移転は条件成就により当然に生じる）から、あらかじめ受益の意思表示の受領権限をBに与えておいたほうが、Aにとっても好都合である。

以上から、本来CがAに対して行うべき受益の意思表示を、Bに対して行えば足りるように取り決めることにしたわけである。

もっとも、第三者を中間に介在させる動機・目的のいかん（☞Q2、Q3）によっては、AC間の関係が先行する場合もあり、この場合は必ずしもこの特約は必要ない。

# 受益の意思表示の受領委託

**【通常の場合】**

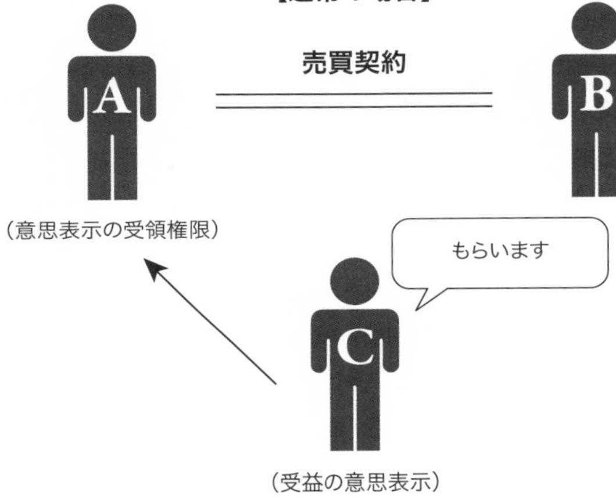


⇓

**【“新・中間省略登記”の場合】**

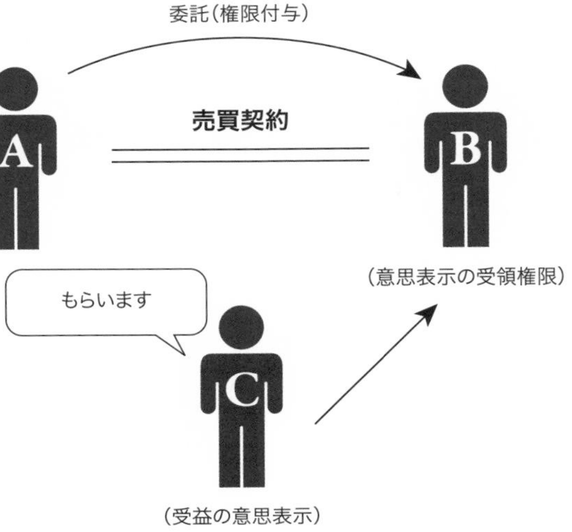

# Q85 履行の引受け（第一の売買の4番目の特約）

「履行」とは、債務者が債務の内容である給付を行うことによって債務を実現することをいう。「弁済」と同義と解してよいが、履行は給付という行為の側面を、「弁済」は給付による債務の消滅という結果の側面をそれぞれ強調した用語であるといえる。

## 1．「履行の引受け」の意義及び要件

「履行の引受け」とは、債務者が債権者に対して負う債務の履行を第三者が引き受けて、第三者（引受人）が当該債務の履行義務を債務者に対して負う、債務者と第三者との間の契約をいう。債務引受とは異なり、引受人と債務者との内部関係でのみ引受けが行われ、債務者が債務を負担しつづけ、引受人は債権者に対して債務を負担しない。

履行の引受けは、債務者が変更されないため債権者の利益を損なうことはなく、かつ、債権者に利益を受けることを強制するものでもない。そのため、引受人が債務者に代わって債権者に対して債務を負う場合（免責的債務引受、民法472条）や引受人が債務者とともに債権者に対して連帯して債務を負う場合（併存的債務引受、民法470条）とは異なり、債権者の承諾は不要である。

## 2．“新・中間省略登記”における所有権移転債務の履行の主体及び効力発生

BC間の売買契約により、Bは所有権をCに移転させる債務を負担するのが原則である。

しかし、“新・中間省略登記”では、B自らが所有権を取得することはないため、現在所有権を有するAから直接Cに所有権が移転されなければならない。つまり、債務者本人であるBではなく、第三者であるAによって、所有権移転債務が履行されなければならないのである。

そこで、AがBとの間の売買契約において、BのCに対する所有権移転債務の履行の引受けを、特約として定める必要がある。実際には、Aによる所有権移転債務の履行は、「①BによるCの指名＋②Cによる受益の意思表示＋③B及びCによる代金支払い」を条件に行われる。

すなわち、これらの条件が成就することにより、当然に所有権移転の効力が

発生するのであり、別途意思表示は必要ないと解される。なぜなら、不動産売買では、原則として、その契約成立時に所有権が移転するが（民法176条の意思主義、最高裁判所昭和33年6月20日判決）、この場合は効力発生に条件が付けられているため、条件成就によって所有権移転の効力が発生する（民法127条1項）からである。

なお、前述したようにAによる履行の引受けはAB間の契約のみで足りるが、「第三者の弁済」として有効とするために、当事者が第三者の弁済を禁止または制限する旨の意思表示（民法474条4項中、後段）をしていないことを明確にしておくことが必要である。これはBC間の契約の特約条項として規定される（☞Q86）。



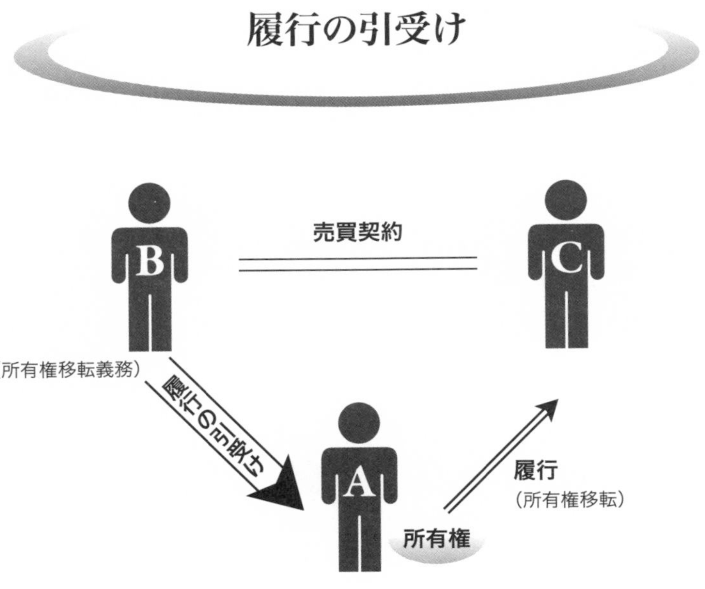

# Q86 第三者の弁済（第二の売買の特約）

## 1．第三者の弁済の必要性

「第三者の弁済」とは、債務者でない第三者が債務者の債務を弁済（履行）することである（民法474条1項）。

ＢＣ間の売買契約により、Ｂは所有権をＣに移転させる債務を負担する。

しかし、“新・中間省略登記”では、Ｂ自らが所有権を取得することはないため、現在所有権を有するＡから直接Ｃに所有権が移転されなければならない。つまり、債務者本人であるＢではなく、第三者であるＡによって所有権移転債務が履行（弁済）されなければならない（第三者の弁済）。

ただし、第三者の弁済にはいくつかの制限がある。

## 2．第三者の弁済に対する制限

### ⑴ 債務の性質がこれを許さないとき

民法は債務の性質が許さないときは第三者の弁済はできないとしている（同法474条4項前段）。「債務の性質が許さない」とは、例えば代替性のない債務、すなわち債務者本人でなければ履行できない債務（例えば絵を描く債務）等の場合である。逆にいえば、代替性のある債務、すなわち債務者本人でなくても履行できる債務は原則として第三者が履行（弁済）できる。

### ⑵ 当事者による禁止

当事者が第三者の弁済を禁止し、あるいは制限する旨の意思表示をしたときは、第三者の弁済はできない（同条同項中、後段）。例えばＢＣ間の契約で第三者弁済を禁じた場合、Ａは第三者弁済ができない。

### ⑶ 正当な利益のない第三者

弁済をするについて正当な利益を有する者でない第三者は、債務者及び債権者の意思に反して弁済をすることができない」（同条2項本文、同条3項本文）

## 3．“新・中間省略登記”の場合へのあてはめ

### ⑴ 債務の性質

本件の不動産売買契約における売主の義務（権利移転義務）は、代替性のある債務であり第三者による弁済が可能である。

### ⑵ 当事者による禁止

Ｂ及びＣが第三者の弁済を禁止ないし制限していないことが必要である。

### ⑶ 正当な利益

ＡはＢの債務の弁済につき正当な利益を有する者でないから、債務者Ｂ及び債権者Ｃの意思に反しては第三者の弁済ができない。

## ４．制限への対処＝特約での規定

上記制限（3.⑵、⑶）への対処としてＢＣ間の売買契約中に、第三者Ａの弁済を特約（債務者Ｂと債権者Ｃの合意）として規定する必要がある。

## ５．Ａ（この場合の第三者）への対処

もちろん、Ａ自身がこれを承知していなければ不可能であるから、第一の売買契約においてＡによるＢの債務の履行の引受け（ＡＢ間の履行引受けの特約）を規定する（☞Q85）。



**第三者の弁済**

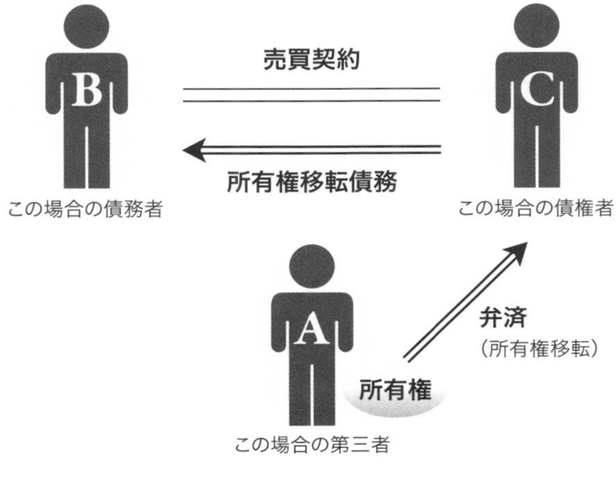

# 87 他人物売買とは？

「他人物売買」とは、文字どおり自分の物でない財産権（自分が所有権を有していない物）を対象とした売買契約である。

## 1．他人物売買の有効性

民法では他人物売買は有効とされている（民法561条）。誰でも自分の所有物でないものを売ることができるのである。例えば、散歩途中に偶然発見した家（他人の所有物）を指して、一緒に散歩していた友人に「この家を君に1億円で売るよ」と言い、友人が「よしわかった、買おう」と言えば、友人との間に売買契約は有効に成立するのである。

理論的にいえば、「売買は債権契約であるから、売主が所有権を有することを必要としない」（川井健「民法概論④」2006、140頁）ということである。すなわち、物権的には他人が所有する物の所有権を売買契約により勝手に買主に移転することはできないが、売主が所有者から目的物の所有権を取得して買主に移転することは絶対に不可能とはいえないから、債権的には売主が所有権を取得し、買主に所有権を移転する債務を負うことはできるのである。諸外国の立法例では、他人物売買の効力を否定している例もあるが、我が国の民法はこれを認めた。

その代わり、他人物売買契約の売主は、その所有権を取得して買主に移転する義務を負うことになる（同条）。

## 2．“新・中間省略登記”における第二売買は常に他人物売買である

“新・中間省略登記”では、BはCとの間で売買契約を締結するが、その時点でB自身は、売買対象不動産の所有権を有していない（その後も有することを原則として予定していない）。したがって、BC間の売買は、常に売主が所有権を有していない物を対象とした売買契約、すなわち他人物売買なのである。

“新・中間省略登記”における他人物売買をめぐっては、売主の義務（所有権を「取得」して買主に移転する義務）の点や、宅建業法との関係でいくつかの論点があるが、これに関しては第2部第1章「コンプライアンスについての疑問を解消する」で説明している（☞Q42、Q43）。

# 他人物売買

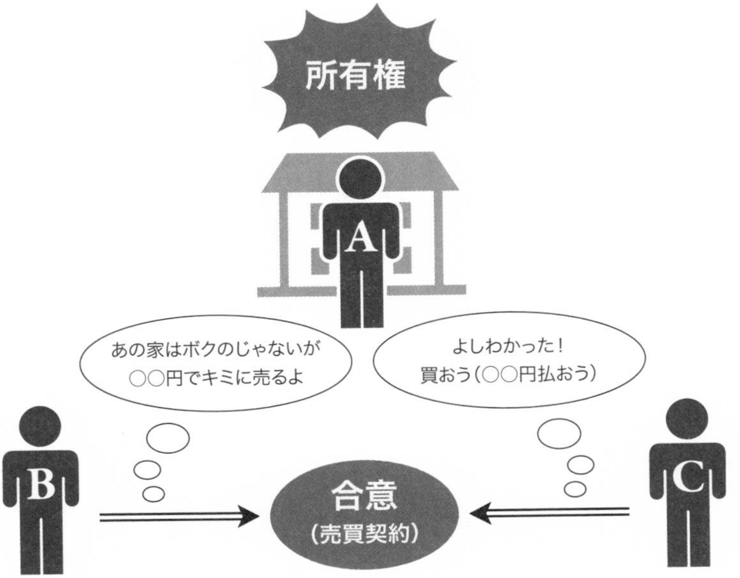

# Q88 旧・中間省略登記との違い（再確認）

旧・中間省略登記及び“新・中間省略登記”の意義・内容に関しては、これまでの解説を読んでお分かりいただけたものと思うが、改めてここで両者の違いについて理解されているかどうか、おさらいをしてみたいと思う。

筆者は全国の司法書士会などの研修・講演でもこの点をしつこく強調してきたが、それは、この点に関する誤解が“新・中間省略登記”に対していまだ一部に拒絶反応がある大きな要因の一つであると推測されるからである。

その意味するところは「☞Q73」を参照していただくとして、ここでは次の3点をもう一度確認していただきたいのである。

**①両者は目的が同一である**

目的は「クッションモデル™」において中間者にかかる流通税を削減することである。

**②両者は手法を異にする**

中間者に所有権が移転するが所有権移転登記だけを省略する方法（旧・中間省略登記）と、そもそも中間者に所有権を移転させない方法（“新・中間省略登記”）とである。

**③手法の違いは実体の違いを意味する**

“新・中間省略登記”では、実体関係そのものが変容していなければならない（売買契約に特約を設ける必要性）。

この相違点に関しては、両者の図解を比較していただければ一目瞭然である。「所有権」の移転経路が全く異なる（中間者Bを経由するか否か）ことがお分かりいただけると思う。この違いを理解していただくことが重要である（☞Q73）。

# 新・旧の中間省略登記の相違点

## 【旧・中間省略登記】

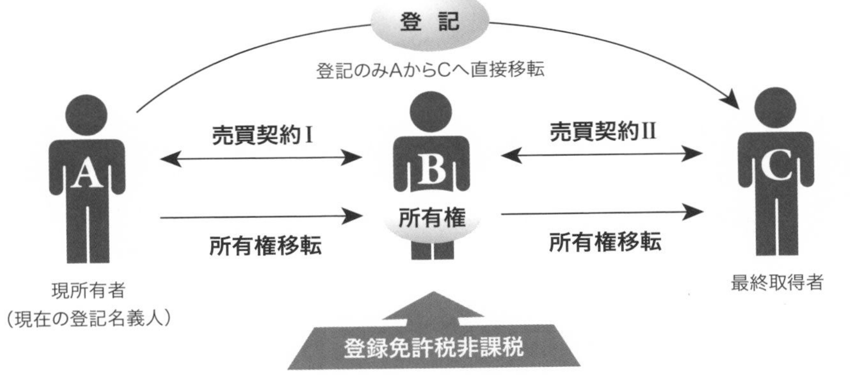


## 【“新・中間省略登記”】

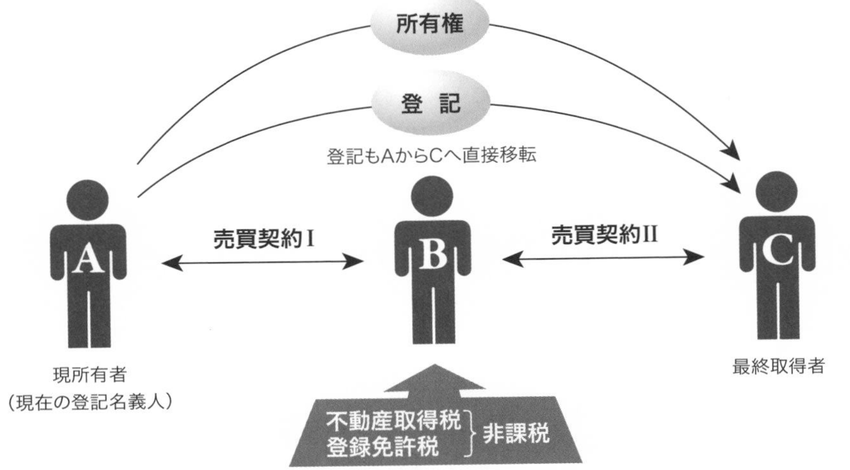

# Q89 地位譲渡との違い

2006年に「公認（☞Q39）」された「中間省略登記代替手段」には、第三者のためにする契約を用いた方式（“新・中間省略登記”）の他に、この地位譲渡を用いた方式も含まれているが、地位譲渡は不動産登記法改正の前後を通じて実務上も行われてきたものであり、特段の新規性があるものではないし、中間省略登記と全く同一の機能を果たすものであるともいえないので、本書で「中間省略登記の代替手段」あるいは“新・中間省略登記”と呼ぶのは、第三者のためにする契約を用いたものだけである。

しかし、一部では両者が混同されているきらいもあるし、また実務上有用な場合もあるので、ここでその違いを説明しておきたいと思う。

## 1．地位譲渡の意義及び要件

地位譲渡とは契約上の地位の移転、すなわち契約上の地位の包括的な移転を意味する（民法539条の2）。

契約上の地位には、債権・債務の他、潜在的な契約の取消権・解除権を含む。したがって、これらを包括的に譲渡する合意が必要であり、単なる債権譲渡や債務引受の要件とは異なる。

この合意の当事者は、地位の譲渡人・譲受人及び反対当事者である。三面契約で行うことができるのは当然であるが、譲渡人・譲受人間の合意に対して、反対当事者が承諾を与えるという方法で行うことも可能である（同条）。

## 2．買主の地位を譲渡する方法

中間省略登記の代替手段としての地位譲渡は、売買契約の買主の地位の譲渡である。

すなわち、「当初売主Aと買主Bとの間で売買契約を行い、決済前にBがCにその買主の地位を譲渡する」というものである。

わかりやすくいうと、買主が、BからCにそっくりそのまま入れ替わるということである。

結果的に、当初からAC間の売買契約であったのと同じことになり、Bは契約関係から離脱するから、当然Bに所有権が移転することはなく、Bに不動産取得税及び登録免許税が課されることはない。

BC間の地位譲渡の原因関係は種々であろうが、何らかの対価関係（地位譲渡代金あるいは金銭以外の利益、例えば建設工事請負の受注等）を伴うことが多いであろう。

### 3．“新・中間省略登記”と地位譲渡との違い

“新・中間省略登記”と地位譲渡との最大の違いは、前者では売買契約が2つ存在するのに対し、後者では売買契約が1つしか存在しないという点である。なお、“新・中間省略登記”との使い分け等実践的な側面に関しては第4部第2章「よくある質問」で解説するのでそちらを参照のこと（☞Q108）。

なお、地位譲渡契約書の記載例は、第5部書式編を参照のこと。



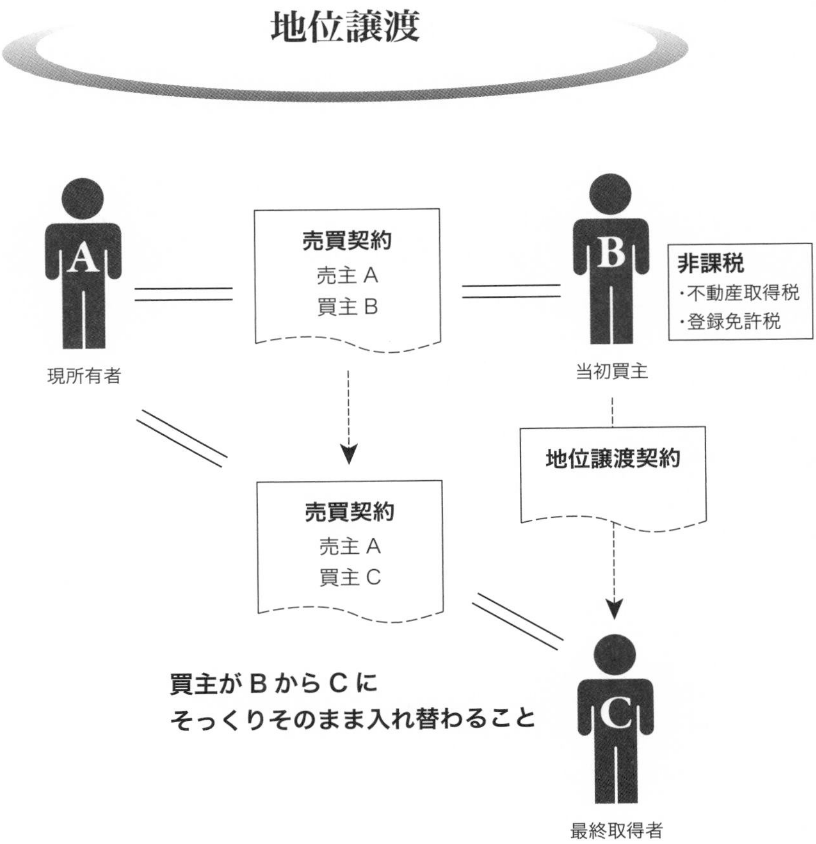

# Q 90 流通税非課税化の可能性はあるか

## 1．問題の所在

“新・中間省略登記”は、クッションモデル™における節税の手法として国家的承認を受けている。つまり課税主体側から公明正大、節税を容認されているのである。それならむしろそもそも課税すべきではないのではないか、という議論になるのが当然の成り行きである。この点を課税根拠から検討してみよう。

## 2．非課税化の根拠

### ⑴ 登録免許税

登録免許税の課税根拠は、「登記・登録に伴う利益（中略）に着目したうえで登記・登録等を担税力の間接的表現としてとらえ、それを課税の対象とする租税である」（金子宏「租税法〈第23版〉」845頁・弘文堂2019、最高裁判所昭和42年8月24日判決参照）。登録免許税の課税根拠は登記に伴う利益すなわち第三者対抗力、権利資格保護効力等にあるということである。

一方、クッションモデル™における中間者は、この利益の獲得を欲せず登記を不要とする。つまり、クッションモデル™における中間者に対しては、登録免許税を課税する根拠がないということである。

したがって、クッションモデル™における中間者に対しては旧・中間省略登記を認め、登記を不要とするか、仮に不動産登記法の原則（物権変動過程の忠実な登記簿への反映）を重視し、本来法的義務のない登記を行うことを強制するなら登録免許税は非課税とすべきである。

なお、この旧・中間省略登記を認めるべきとする考え方に対しては、それを認めると登記の連続性を欠き後日の権原調査の妨げとなるとの批判がある（☞Q38）。しかし、この点は登記の処理方法を多少変えることによって解消される（法改正は不要である）（注）。

### ⑵ 不動産取得税

不動産取得税の課税根拠は、不動産の取得の事実自体にあり、不動産の「取得」とは所有権移転の形式による不動産の取得を意味する（最高裁判所昭和48年11月16日判決）（☞Q44）。不動産の買主となっても、“新・中間省略登記”によって所有権を取得していない場合に不動産取得税が非課税となるのは当然である。

さらに、不動産を取得してもそれが「形式的な所有権の移転」である場合には不動産取得税は非課税となる。地方税法73条の7はその具体例を規定しているが、クッションモデル™における中間者への所有権の移転も、まさに「形式的な所有権の移転」としてその規定に加え、非課税とすべきである。

### 3．“新・中間省略登記”は不要か？

租税制度の改正によりクッションモデル™における登録免許税及び不動産取得税の非課税化が認められれば、減税の代替手段である“新・中間省略登記”を用いる必要性はなくなり、本書による“新・中間省略登記”についての解説も不要となる。

しかし、“新・中間省略登記”により節税という目的が達成できている現在、租税制度の改正（法律改正）に関する国民の理解を得るためには、議論に時間を要すると考えられ、“新・中間省略登記”及び本書には、当面存在意義があるであろう。

（注）登記の処理方法の変更とは、数次相続登記と同様に、中間者の住所・氏名及び所有権取得原因を最終取得者への所有権移転登記の登記事項欄に登記するというものである。この中間者の住所・氏名の記載には独立の登記としての効力（第三者対抗力その他の効力）を与えない代わりに、登録免許税も課さないものとする。筆者は、この方法をかつて（2006年秋）規制改革会議との「意見交換」において提案し、同会議も法務省に対して提示したと聞いている。

# 第3章

# 古典的な質問

# Q91 売買代金をガラス張りにする必要があるのか？

「売買代金をガラス張りにする」とは、AB間の売買代金をCに、BC間の売買代金をAに、それぞれ開示するということである。しかし、“新・中間省略登記”では、売買代金をガラス張りにすることは必ずしも必要ではない。その理由は次のとおりである。

## 1. 売買代金をガラス張りにする必要がない理由

AB間の売買契約とBC間の売買契約は、関連はするが、全く別個独立の契約である。したがって、契約当事者でない者同士（AとC）が互いに相手方の売買代金をはじめとする契約内容を知るということは元来あり得ない（注1）。

## 2. 「売買代金をガラス張りにする必要がある」と誤解する理由

⑴ 地位譲渡（☞Q89）との混同。地位譲渡の場合、存在する売買契約は一つであり、A・B・C三者とも同一の契約の当事者となるから、その契約の内容を知りうるのは当然である。これに引換え、“新・中間省略登記”では契約はあくまでも二つであり、三者が同一の契約の当事者となることはない。この点が、両者の最大の違いでもある。

⑵ “新・中間省略登記”が特殊な三者契約であるとの誤解。そのためA・B・C三者が一同に会して契約や決済を行わなければならないと考えている可能性がある。しかし、もちろんその様なことはない。

⑶ Bは自分が間違いなく契約していることを示すために、Cに対してAとの間の売買契約書を見せなければならないのではないかという誤解。確かに、AB間の売買契約書を見せればCは安心するであろうし、Cにとっても望ましいことであろう。しかし、Bにその義務はない。仮に任意に開示するとしても売買金額まで開示する必要はない。要は、当該物件について間違いなくBがAとの間で売買契約を締結したことが分かればよい（注2）。

## 3. 中間者Bの差益が予想外にACに開示された場合

基本的には売買代金が当事者でないA、Cに開示されることはないが、何らかの理由で開示され、それが当事者の予想を裏切るものであることは十分考えられる（筆者も経験している）。

この場合、Bが詐欺的な手法を用いるとか、Bに「暴利行為」が成立するような特殊な状況下にでもない限り、差額が当事者（A、C）の予測外だったとしても、それは「契約自由の原則」（民法521条）の範囲内であり、法的には何ら問題はない。

したがって、それに関わった関係者（仲介事業者、金融機関、司法書士等）が法的な責任を問われることも、通常は考えられない。不動産事業者の中には、その場合に備えて買取代金を自己資金で用意している者もいるが、それで問題をどう解決するのかはよく分からない。

売買代金をガラス張りにする（Bの差益を開示する）取引手法を用いるという解決方法もある（☞Q25）。

（注1）司法書士は基本的にAB間、BC間共に売買代金額を知る必要がある。なぜなら、売買代金全額が売主に対して支払われなければ、（それと引換えの）所有権移転の効力も発生しないため、司法書士は売買代金が全額支払われたこと（売主の口座に着金したこと）を確認する必要があるからである。

（注2）Cは、Aが受け取るべき売買代金額を知ることができないが、それではAが売買代金全額を受け取ったのかも確認できず、Cは自己の所有権取得が不確実なものとなる。この点の対処方法は☞Q54 3.⑵参照。

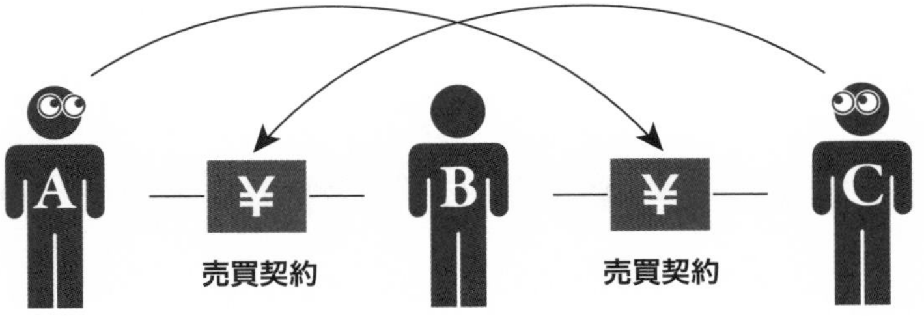

# 92 契約不適合責任を負う者は誰か？

## 1．契約不適合責任の意義・内容及び性質

契約不適合責任とは、「引き渡された目的物が種類、品質又は数量に関して契約の内容に適合しないものであるとき」に売主が買主に対して負う責任のことをいう（民法562条～ 564条）。

責任（買主が売主に請求できる権利）の内容は①履行の追完請求権、②代金減額請求権、③損害賠償、④契約解除である。

そして、その法的性質は売買契約に基づく債務不履行責任である。

なお、契約不適合責任の規定は、売買目的物が契約の内容に適合しないものであった場合の処理につき、契約当事者が取り決めていない場合の補充責任を定めた任意規定であるから、原則として、当事者間の合意（特約）で排除・軽減・加重できる（同法91条、572条参照）。

## 2．クッションモデル™において契約不適合責任を負う者

### ⑴ AのCに対する契約不適合責任

契約不適合責任は、売買契約の効力として売主が買主に対して負う責任であるから、クッションモデル™において、売買契約の当事者でないAC間では契約不適合責任が発生しないのは当然である。つまり、AはCに対して契約不適合責任を負わない。もちろん、Aが契約不適合責任を負うことをCに約束することはできる。

### ⑵ BのCに対する契約不適合責任

売買契約の当事者であるAB間、BC間では、それぞれの売主に契約不適合責任が発生するのが原則であるが（つまり目的不動産が契約の内容に適合しないものであった場合、CはBに対して契約不適合責任を追及できるのが原則である）、前述したようにBC間の売買契約において特約で責任の排除・軽減を設けることは可能である。

ただし、売主Bが宅建業者であり買主Cが非宅建業者である場合は、買主Cに不利となる特約（契約不適合責任の免除・軽減）を付すことはできない（宅建業法40条）。これは、住宅を入手する宅地・建物の取引については、購入者がその知識や経験の乏しいのが通常であり、他方、悪質な宅建業者も存在する

ため、購入者が大切な財産を失いあるいは多大な損害を被ることを防止する趣旨である。

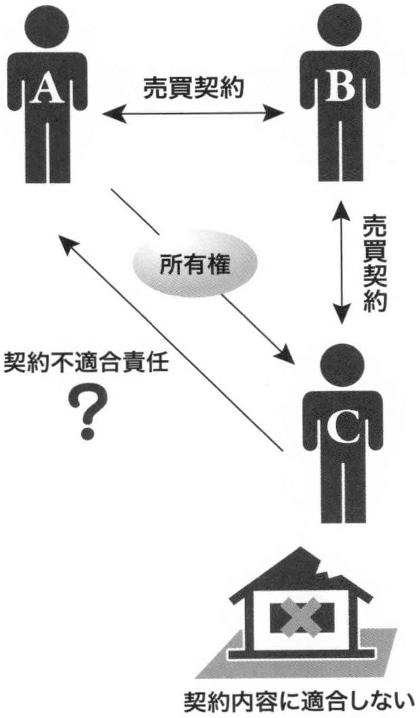

## 3. BC間の契約が無名契約（指名契約）である場合のBの契約不適合責任

### ⑴ 原則

担保責任の規定は、売買だけでなく有償契約（契約当事者が相互に経済的対価を支払う契約）一般に準用される（民法559条）。

したがって、BC間の契約が売買契約ではなく、無名契約（指名契約）である場合（☞Q94）でも、それが有償契約であるとき（BがCを指名することに対してCがBに対価を支払うとき）には、BはCに対して契約不適合責任を負うのが原則である。

### ⑵ 例外～特約による排除

前述したとおり契約不適合責任は当事者の合意で排除・軽減することが可能である。そしてこれはBが宅建業者でCが非宅建業者である場合も同様である。宅建業法40条は売買契約の特則にすぎず無名契約には適用されないからである。

ただし、無名契約であっても、Bが事業者でCが消費者であれば、契約不適合責任を完全に免れる特約を付することはできない（消費者契約法8条1項1号・2号）。

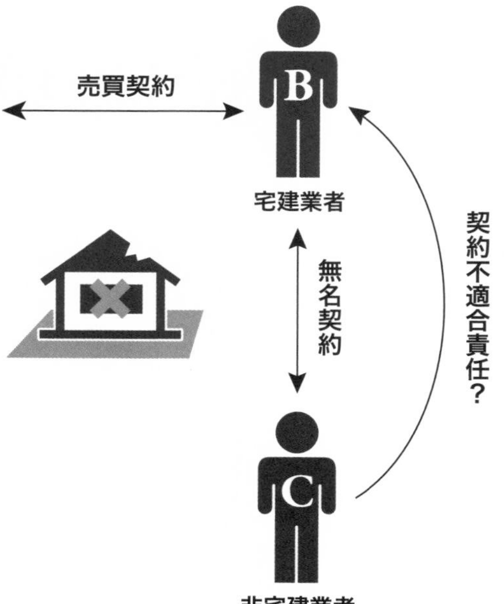

## 4．仲介事業者（宅建業者）の最終取得者に対する賠償責任

宅建業者が仲介（媒介）業務にのみ携わった場合、対象不動産について売買契約に不適合な部分があったとしても、宅建業者が契約不適合責任（担保責任）を問われることはないと解される。ただし、仲介事業者は、買主に対して、仲介（媒介）契約に基づく債務不履行責任（民法415条）を負う場合がある。すなわち、宅建業者の行う媒介契約の法的性格は準委任と解されており（通説・判例）、仲介業者は善良なる管理者の注意義務をもってその委任事務を処理する義務（善管注意義務）を負う（同法644条、656条）。不動産取引のプロとされる宅建業者に求められる善管注意義務は、その専門性を考慮すると高度な注意義務になると解されている。

例えば、取引物件の契約不適合については、①不適合の存在を仲介業者が知っていたのにそれを買主に説明しなかった場合には、重要事項の説明義務違反の責任を負うし（宅建業法47条1項1号参照）、②売主からの聴取等の通常の調査方法で知り得る不適合について仲介業者は調査告知義務があり、それを調査して告知しなかった場合は、調査告知義務違反の責任を負う（東京高裁昭和40年4月14日判決、東京地裁平成16年4月23日判決等（以上ウエストロー・ジャパン）参照）。

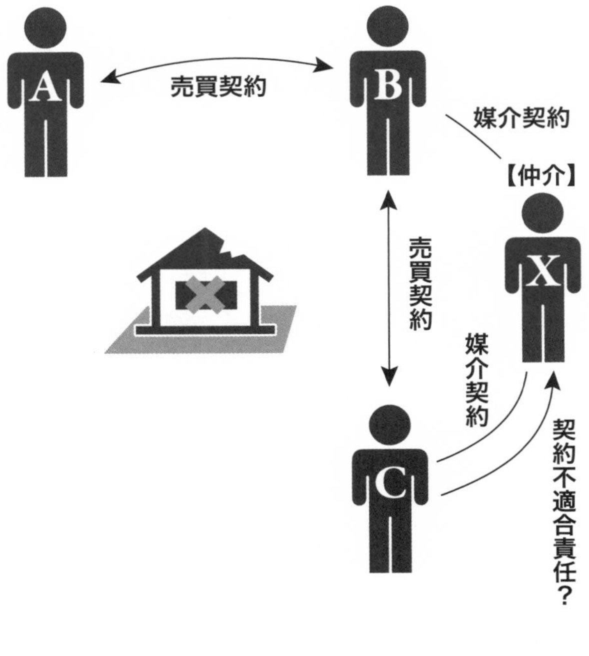

## 93 期間の制限があるのか？

### 1．期間制限の有無

結論からいうと期間制限はない。政府の公認にあたっても期間に関する制限は一切付されていない。

もっとも、当事者が契約上期間の定めをすることは自由である。決済日または決済期限を定めることはむしろ原則となっている。また、時効制度の影響を受けるのは当然である。

### 2．事例（買主Bが移転先を指定せず目的不動産を使用収益又は賃貸する場合）

Bは、永久に所有権移転先を指定しなくても何ら問題はない。したがって、Bが売買代金をAに支払い、目的不動産の引渡しを受けて占有し、使用収益し、あるいは賃貸して賃料を受け取ったとしても、所有権を取得していない以上不動産取得税を課税されることはない。

#### ① リスク

あくまでも所有権はAに留保されているため、Aが第三者に譲渡して所有権移転登記をしてしまうと、その後にBがCを指定したとしても、Cが所有権取得を当該第三者に対抗できない（民法177条）。

#### ② Bが賃貸人の地位を主張する場合

Aが目的不動産を賃貸している場合に、ABの契約（合意）により、BがAから賃貸人としての地位を承継するには賃借人の承諾は不要であるが（民法605条の3）、Bが賃借人に対して賃貸人としての地位の取得を主張するためには、旧賃貸人Aから賃借人に対して貸主変更通知を行う（注）。

### 3．実質的な期間制限～印鑑証明書の有効期限

AからCへの所有権移転の登記を申請する際に添付する印鑑証明書は登記申請時点で発行の日から3カ月以内でなければならない（不動産登記令16条3項）。

したがって、例えばBが転売先を見つける前にAから不動産を買い取って残金決済まで終えた場合（AB間決済先行型（☞Q96、Q97））、Aの印鑑証明書の期限が到来する前に転売先Cを見つけて所有権移転及び登記をするか、Aから新しい印鑑証明書の交付を受ける（差替え）ことが必要となる。それらが難

しい場合は、Bが自らを指定して所有権を取得し、登記をすることにならざるを得ない。

当初から印鑑証明書の差替義務を売買契約書に謳っておくことが望ましいが、登記申請書に添付した印鑑証明書は返還を受けて使い回すこと（原本還付）ができない（不動産登記規則55条1項）点は注意を要する。

（注）賃貸不動産の譲渡を受けて所有権を取得した者は、所有権移転登記をしなければ、賃貸人としての地位の取得を賃借人に対抗できない（民法605条の2第3項）、中間者Bは所有権を取得しないので、この規定の射程外である。

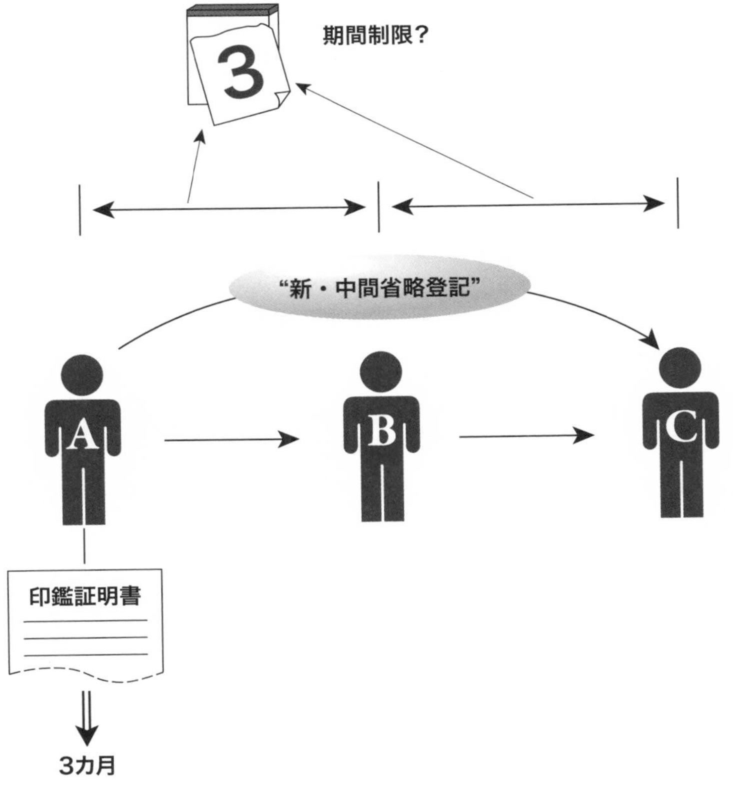

# Q94 第二の契約は売買契約ではなく、無名契約ではないか？

第2の契約は、売買契約あるいは無名契約のいずれとすることも可能である。しかし筆者は「売買契約」とすべきと考えている。なぜなら、「売買契約」とすることにより、購入者が宅建業法による保護を受けることができるからである。

なお、法務省は、所有権の移転先の指定につきその原因となるBC間の契約の内容がどのようなものであるかは、登記の申請の場面においては直接には関係がないとしている（☞Q41 (1) ①）。

## 1．「無名契約」の意義及び効力

民法や商法は歴史的に締結される頻度の高かった契約について定めている。例えば「売買」「賃貸借」「請負」「組合」等である（注1）。これらは典型的な契約であるという意味で「典型契約」、あるいは法律上名称が与えられている契約であるという意味で「有名契約」と呼ばれている。

これに対して、特に法律上規定されていない契約は「非典型契約」または「無名契約」と呼ばれる。確かに、典型契約は長い歴史の中で形成されてきたものであるが、非典型契約・無名契約も、「契約自由の原則」から、もちろん有効であるばかりでなく、典型契約だけで現代社会における複雑化した取引関係を全て反映できるものではないので、それを補完するために、実際には非典型契約の数は極めて多く存在し、重要な位置を占めるようになってきている。

## 2．“新・中間省略登記”における第二の契約を無名契約と解する見解

本問での議論も、“新・中間省略登記”の第2の契約（BC間）は、Bが「Cを所有権取得者として指定する」、Cは「指定されることに対する対価を支払う」という内容の契約であり、これは売買契約（権利の移転と代金の支払いを約する）ではなく、「無名契約」なのではないか（名付けるとすれば「指定契約」等）というものである。

前記の登記研究708号も、「無名契約」であり売買契約ではないという見解に立っているようにも解される。

## 3　議論の本質

実はこの見解は、第二の売買契約が「他人物売買」となるため、中間者が所有権を取得しない“新・中間省略登記”の手法は、民法上不可能である、という前提から提起されているにすぎない。

したがって、第二の売買契約を他人物売買と解することも民法上可能である（☞Q87、Q42、Q43）以上、第二の契約を（指定の要素を含んだ）売買契約であると解することに何の問題もない。むしろ、不動産取引の当事者は、無名契約ではなく売買契約を締結しようと考えるのが通常である。

## 4　当事者が無名契約を締結する意思の場合

しかし逆に、当事者が、売買契約ではなく、「BがCを所有権取得者として指名することに対して、Cが対価を払う」という内容の契約（無名契約）を締結する意思であれば、契約自由の原則から、それを禁ずることもできない。ただ、この場合、BC間の契約は宅建業法の適用を受けない（注2）という点は注意を要する。

国土交通省もこの点を認め、BはCに対して、無名契約であり宅建業法の適用がないことについて、「十分な説明を行った上で、両当事者の意思の合致のもとで契約を締結する必要があることに留意すること」としている（平成19年7月10日国土交通省総合政策局不動産業課長から業界団体宛通知・国総動第19号）。

（注1）民法は、549条の贈与から695条の和解まで、13種類の典型契約について規定を置いている。

（注2）宅建業法の適用を受ける「宅地建物取引業」とは、自ら宅地・建物の売買・交換を業として行う場合か、他者が宅地・建物の売買・交換・貸借を行うに当たってその代理・媒介を業として行う場合に限定されており（同法2条2号）、「無名契約」は含まれていないからである。

## BC間は無名契約か？

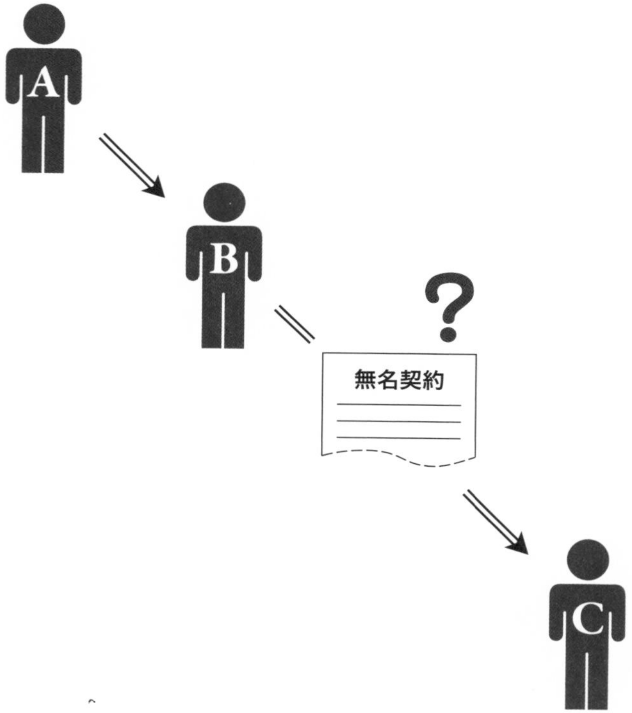

# 第4部

# “新・中間省略登記”の基礎（実践編）

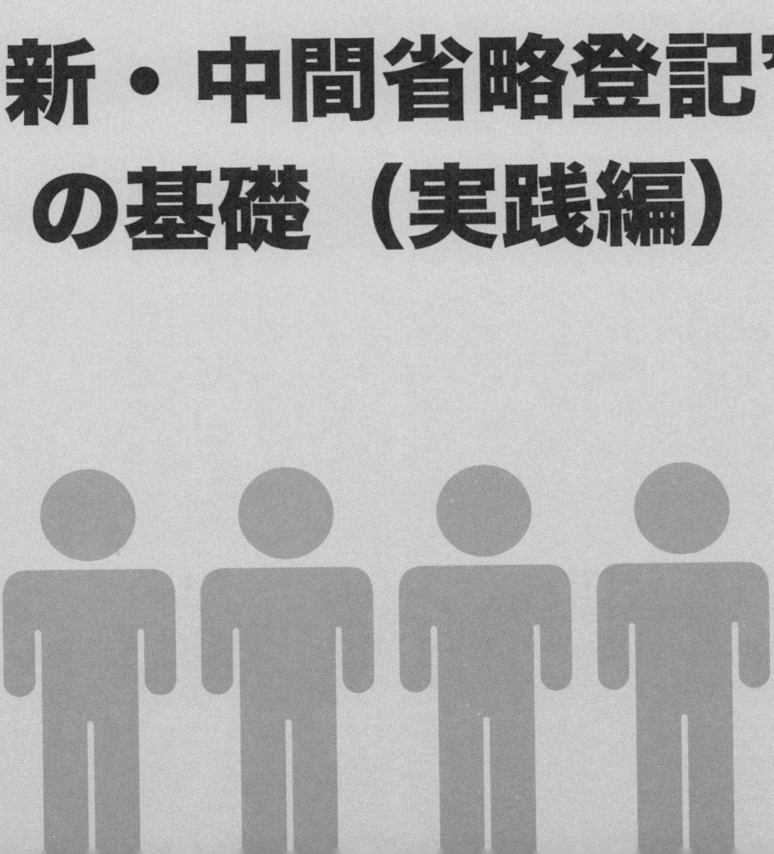

# 第1章

# 必要書類と手順について

# Q95 特約条項及び決済書類

☞第3部で、売買契約に盛り込む必要のある特約について、その趣旨と概要、そしてそれぞれの特約の意義を説明した（☞Q80 ～ Q86）。

それらの特約について、第5部書式編において契約書の条文としてそのまま使える形のものを紹介するが、ここでは注意点等について述べる。

## 1．特約を規定する際の注意点

### ⑴ 特約欄に記載する方法

「特約の内容と本文の内容が抵触した場合には特約が優先する」旨を付記し、混乱を防止することが望ましい（「特約」とする以上、本文に優先することは明らかではあるが）。

### ⑵ 本文中に直接記載する方法

矛盾する内容がないかどうか確認し、特約と矛盾する本文の条項は修正ないし削除する必要がある。

上記のいずれの方法をとるべきかについては、一般的に、当事者が三者とも宅建業者等のプロである場合は、⑴の特約欄に記載する方法によることで足りるが、当事者の中に一般人（法人）すなわち非宅建業者がいる場合は、できるだけ⑵の本文中に直接記載する方法をとるほうがよいであろう。特約条項が多いだけで一般の方は不安を抱くものであるし、特約欄に記載した場合、本文と特約との照合や矛盾する条項の読み替えなど、極めて分かりづらいものになるからである。

## 2．特約の表現及び意義

### ⑴ 厳密な表現

これらの条項は非常に回りくどい言い回しをしており、大変硬い文章で一般の方には分かりづらいと思う。しかしこのような表現になったのは、各条項について「解釈」の余地がないようにするという意味がある。当事者の意図と違った意味にとらえられることが絶対ないように、くどいくらいに厳密な表現方法をとっているのである。

### ⑵ 特別な意図

また、この契約書には通常の契約書とは異なる特質がある。通常、契約書を作成する目的は、当事者間の後日の紛争を防止するところにある。この契約書にも、もちろん同様の意味はある。しかし、“新・中間省略登記”の特約にはもう一つ重要な意味がある。それは、課税当局に実体形成の証拠として示すという意味である。具体的には、中間者Bに所有権が移転していないことを示すための重要な証拠とすることである。ただし、これはそのような約束があったことの証拠にすぎないので、「3.」で説明する決済書類と併せてはじめて実体関係の証拠となるのである（注）。

## 3．決済書類

### ⑴ 意義

「決済書類」とは、受益の意思表示受領委任状（⑦）、所有権移転先指定書（⑧）、所有権取得意思確認書（⑨）、所有権移転先指定書兼所有権取得意思確認書（⑩）、所有権直接移転証書（⑪）（番号は「第5部」書式編の番号）をいう。

これらの決済書類を作成する理由は、売買契約書（中間省略特約）だけではその約定どおりの決済が行われたかどうか（所有権が中間者に移転しなかったかどうか）が不明であり、その証拠となる書面が必要だからである。

### ⑵ 代替書面

しかし、実務の現場から、ただでさえ署名捺印する書類が多い売買当事者に、さらにこれらの書類に署名捺印させるのは負担が多すぎる、なんとかならないのかという声が寄せられた（特にマンション等売買物件の数が多いケース）。

これに関しては、弊社では次善の策として登記原因証明情報をもってこれらに代わる証拠書面とするという方法を提案している。つまり、登記原因証明情報（☞第5部書式編⑫）の「5．登記原因となる事実又は法律行為」の⑶～⑹の記載によって、⑵の約定どおりの決済が行われたこと（所有権が中間者に移転しなかったこと）の証拠とするのである。

（注）条項起案の経緯は、筆者が共著者として参加している「中間省略登記の代替手段と不動産取引」（住宅新報社）の、遠藤信明記者（“新・中間省略登記”として第三者のためにする契約を用いる方法の発案者）の論稿に詳しい。

# Q96 決済の流れ

## 1．決済とは

売買取引における決済とは売主買主双方が互いの売買契約上の債務を履行することをいう。履行されるべき主要な債務は下記のとおりである（これら以外にも付随的な債務がある）。

**⑴ 買主の主な債務**

売買代金支払い義務（民法555条）

**⑵ 売主の主な債務**

権利移転義務（同法同条）、対抗要件（登記）を備えさせる義務（同法560条）。

**⑶ 同時履行**

双方の債務は原則として同時履行の関係に立つ（双方引換えで行われる）。

## 2．クッションモデル™の決済手順

クッションモデル™の場合、通常モデル（二者間売買）とは異なり2個の契約からなるので決済も当然2個からなる。その2個の決済の手順は2通りである。AB間決済が先行するものとBC間決済が先行するものとである。

**⑴ AB間決済先行型**

① AB間決済（売主Aの債務は一部履行が留保される＝後履行）

決済条件（注）の充足が確認され次第、買主B・売主A双方の債務（下記ⅰ及びⅱ）が同時に履行される。

ⅰ．代金支払い

BのAに対する売買代金全額の支払い。

ⅱ．引渡し

AのBに対する所有権移転義務以外の一切の債務の履行（所有権はBが移転先を指定するまではAに留保される）。

② BC間決済

決済条件（注）の充足が確認され次第、売主B・買主C双方の債務（下記ⅰ及びⅱ）が同時に履行される。

ⅰ．引渡し

　BのCに対する一切の債務の履行（所有権の移転先としてCを指名する）。

ⅱ．代金支払い

　CのBに対する売買代金全額の支払い。

※①と②との間に一定の日時が置かれることが多い。



# 決済の流れ

**【AB間決済先行型（2.⑴）】**

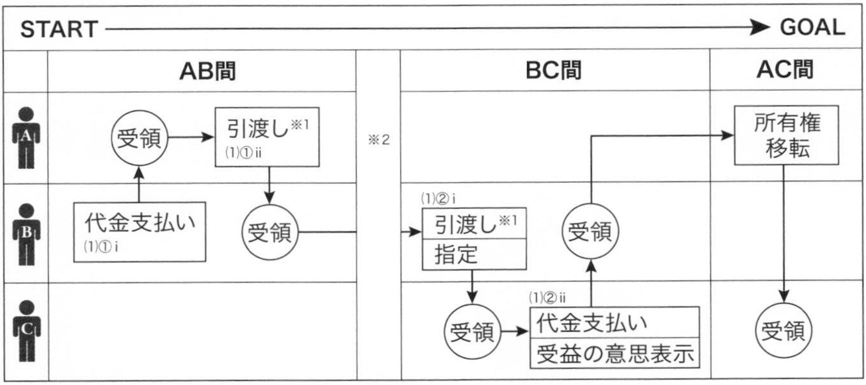


※1 占有移転・必要書類引渡等所有権以外の一切の債務の履行
※2 一定の日時が置かれる場合と置かれない場合（同時実行型）とがある

### ⑵ BC間決済先行型

#### ①　BC間決済その１：代金支払い

決済条件（注）の充足が確認され次第、買主Cが売主Bに売買代金全額を支払う。

#### ②　AB間決済

決済条件（注）の充足が確認され次第、買主B・売主A双方の債務（下記ⅰ及びⅱ）が同時に履行される。

ⅰ. 代金支払い

BのAに対する売買代金全額の支払い（BはCから受け取った売買代金中からAに対して売買代金全額を支払う）。

ⅱ. 引渡し

AのBに対する所有権移転義務以外の一切の債務の履行（所有権はBが移転先を指定するまではAに留保される）。

#### ③　BC間決済その２：引渡し

決済条件（注2）の充足が確認され次第、BはCに対する一切の債務を履行する（所有権の移転先としてCを指名する）。

※①～③はほぼ同時に行われる。

## ３．同時実行型

AB間決済とBC間決済との間に時間的間隔がない（ほぼ同時に一連の手続で行われる）場合を同時実行型と呼ぶ。危険回避効果もある（☞Q50）。BC間決済先行型はほとんどこのタイプである。

## ４．リスク

AB間決済先行型で同時実行型でない場合（2.⑴）、Bが売買代金全額を支払った後もAからの所有権移転が一時留保されるため、AB間決済とBC間決済の時間的間隔が長くなればなるほどBにとってのリスクは大きくなり、場合によってはリスク回避策を講じる必要性が出てくる（☞Q51）。

（注）決済条件

◆　売主買主双方の債務（前記主要債務及びその他の付随的債務）の履行要件の充足。

◆　法的要件の充足。主に司法書士が確認（本人性・履行意思・意思能力・契約内容の適法性等）。

# 決済の流れ

## 【BC間決済先行型（2.⑵）】

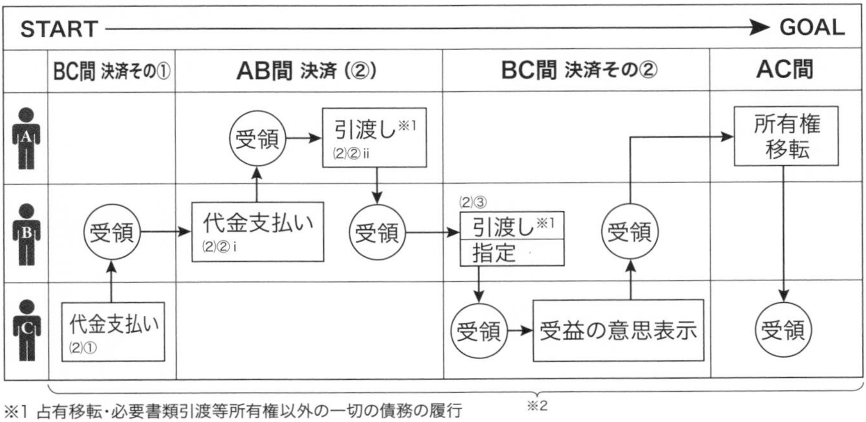


※1 占有移転・必要書類引渡等所有権以外の一切の債務の履行
※2 ほぼ同時に行われる（同時実行型）

# Q97 AB間決済先行型が求められる場合

## 1．2種類の手順の相違点と問題点

AB間決済先行型とBC間決済先行型との最も大きな違いは、前者の場合は自己資金を用意する必要があるが後者の場合はそれが必ずしも不要である点である。

逆に言うとBC間決済先行型の場合は自己資金を用意する資金力がなくともクッションモデル™を利用できることになり、この点が前述した（☞Q56）ようなトラブルの原因になることがある。

## 2．AB間決済先行型が求められる場合

AB間決済先行型が求められる（Bが自己資金を用意しなければならない）主な場合は次の二つの場合である。

### ⑴ 売主、仲介会社からの要請

買主が売買代金を支払うだけの資金力を有するかどうかが明らかでない場合には、当然売主や仲介者は取引を敬遠する。

特にクッションモデル™の場合は前述した（☞Q56）ようなトラブルに発展する可能性があり、BC間決済先行型ではなくAB間決済先行型で行うことが求められる場合が少なくない。そのためこれに応じることができない買主Bは取引を諦めざるを得ない。

### ⑵ 融資金融機関からの要請

Cが金融機関からの借入れを利用する場合で、融資の実行条件として担保設定（登記申請）の先行が要求される場合である。

担保設定（登記）を行うためにはＡからＣへの所有権移転（登記）が先行してなされなければならない。Ｃへの所有権移転（登記）手続きにはＡの協力が必要であるが、Ａは当然Ｂからの売買代金の支払いと引換えでなければＣへの所有権移転（登記）に協力しない。

この場合、ＢはＣから受取った売買代金の中からAに支払うという方法がとれず、自己資金で支払う必要がある。つまり、AB間決済先行型を選択するしか方法はないのである。

## 3．トラブルに発展する場合

この点が問題となるケースが最近目立ってきている。不動産の購入に十分な資金力のない不動産事業者（個人・法人）が売買契約を締結したが、決済期日までに転売ができず売買代金を支払えなくなるというトラブルである。こういった不動産事業者を指して「さんため業者」という有難くない呼称まで与えられている（☞Q56）。

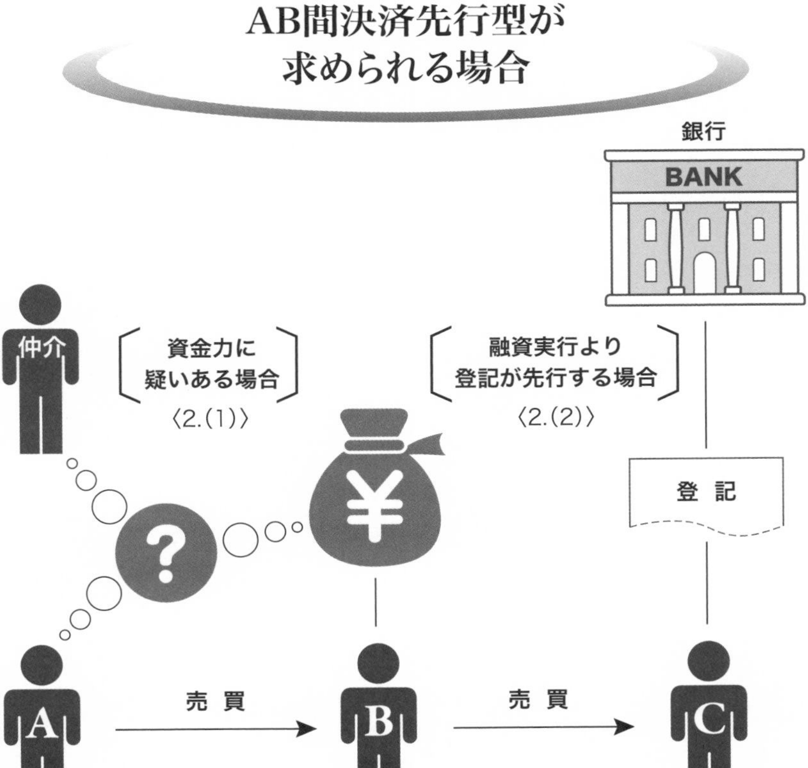

## Q98 AB間決済先行型の注意点

AB間決済先行型の場合、AB間決済を担当する司法書士とBC間決済を担当する司法書士が異なる場合がある。その場合、第2決済（BC間決済）において、下記の点に注意が必要である。

通常司法書士は決済当事者（B及びC）のみの確認（本人確認及び意思・意思能力確認ならびに引渡し・登記に必要な書類が揃っているかどうかの確認）をすればよいのであるが、この場合、BC間の決済を担当する司法書士は、AB間の決済を担当していないので、Aについての上記確認を別途行わなければならないということである。司法書士会の会則及び犯罪収益移転防止法によれば、この場合も、司法書士はAの本人確認・意思確認（原則面談）をしなければならないのである。

すなわち、第二決済を担当する司法書士は、BC間の決済日までの間にAに別途面談して上記確認を済ませておく必要がある。それができない場合、司法書士はBC間の決済を許容することはできない。したがって、この場合、登記の依頼自体を司法書士に断られたとしても文句は言えない（☞Q61）。

**【AB 間決済先行型当日（及び事前）の手順】**

※第一決済と第二決済の司法書士が異なる場合

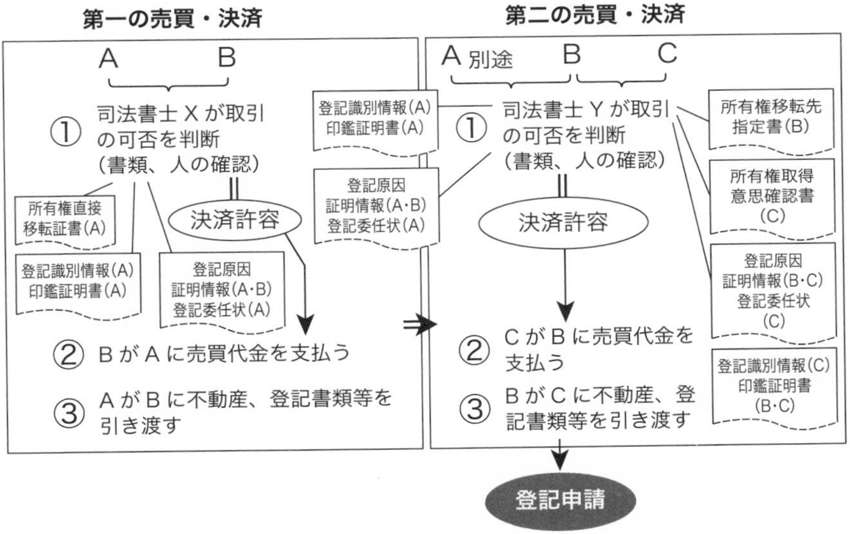

# 99 決済の方法～立会型決済と非立会型決済

決済の時系列的な流れが大きく分けて二つあることは前述した（☞Q96）。

ここでは別の視点で決済の類型を見てみたい。決済への参加方法による類型である。これは大別して立会型と非立会型に分けることができる。

## 1．立会型決済

立会型決済とは関係者全員が同時に同じ場所に集まって行う決済方法をいう。

これは不動産の取引では伝統的に行われてきた手法であり、一度で物事を済ませるという意味で、ある意味合理的な方法でもあった。

司法書士にとっても、その重要な職責の一つである本人確認及び意思確認・意思能力確認を決済会場で直接対面で行うと同時に、書類授受も行うことができるという都合の良い方法でもあった。

## 2．非立会型決済（非対面決済）

しかし今後は非立会型決済の導入も検討していく必要性が高まっている。

非立会（非対面）手続きに関しては経済活動のみならず、行政手続きや訴訟手続き・公証手続き、さらには医療行為の世界でも導入の機運が高まっている。

不動産・金融等の世界ではまず契約、さらに重要事項説明において先行して非対面手続きの導入が進められてきており（例：IT重説）、また、犯罪収益移転防止法もIT技術を用いた非対面での本人確認方法（eKYC）を容認するに至っている（同法施行規則6条1項1号ホ～ト）。決済に関しても、近年の不動産取引態様の多様化や生産性向上の観点から、完全非対面型の導入の必要性が高まっている。

司法書士も、非対面による本人確認・意思確認・意思能力確認を安全に行う方法を検討することが求められているといってもよいのではないだろうか（注）。

## 3．個別対面型決済

完全非対面型ではないが立会型でもなく、決済条件（☞Q96（注））を個別に確認し、全ての決済条件が整った時点で決済を行う個別対面型決済の導入が先行して検討されている（この形態を「非対面決済」と称する向きもある）。

（注）決済の前提条件として、重要な位置を占める司法書士による本人確認・意思確認は、現在のところ対面型が原則であり、非対面型は例外として位置付けられている（多くの司法書士会の会則及び日本司法書士会連合会の会則基準）。そのため司法書士にとっては立会型決済が原則となっている。しかし、行政手続き及び各種経済活動において非対面が主流となりつつある現在、司法書士の本人確認方法（＝決済方法）も非対面を例外とする原則は修正が迫られている。

## 立会型決済と非立会型決済

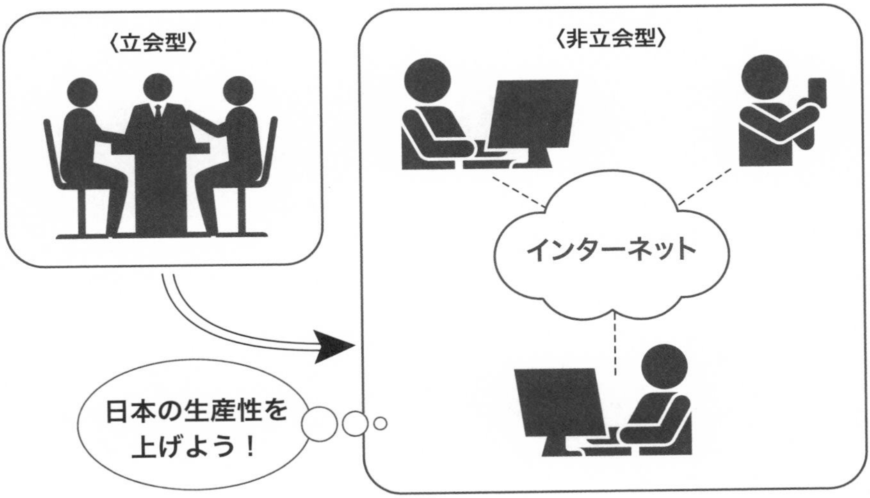

# Q100 BC間決済先行型 〜当日の手順〜

中間者BがCから受取った売買代金でAに支払いをする場合の当日の手順を解説する。

2つの決済を同日同時刻に行うため、どのような手順・段取りで行えばよいのかという質問が非常に多いところである。旧法下の中間省略を行っていたときもこういったやり方は珍しくなかったはずであるが、やはり「世代交代」ということであろうか（筆者が所属する司法書士法人の司法書士もほとんど旧・中間省略登記のことを知らない）。

## 1．決済場所を2つ用意すること

まずポイントとなるのが、三者契約（三面契約）ではなく、「二者契約×2」で行うことである。したがって、決済場所も別々に2つ用意する必要がある。AとCは直接的契約関係に立たないので、顔を合わせることも予定していないからである。それぞれの売買契約の内容に関しても（特に売買代金額は）、お互いに知る権利も知らせる義務もない立場にある。

例えば金融機関等で会議室（応接室）を2つ用意してもらう。AB間の決済用とBC間の決済用である。図の左右2つの枠（会議室Ⅰ、Ⅱ）はそれを表している。

## 2．BC間決済先行型の手順

① まず、会議室ⅠでA及びBが顔を合わせる。司法書士XがAB間の決済の可否を判断する。主にAの本人性・意思・書類（登記に必要な書類及び決済に必要な書類）の確認が中心になる。担保の抹消が必要な場合には、当然抹消登記に必要な書類も確認する。

※一とおり確認が済んだら、書類はそのままにして、司法書士XとBは会議室Ⅱに移動する（この間、会議室Ⅰにはもう一人の司法書士Yまたは補助者Zが残されることも多い。書類の監視のためである。このため、司法書士事務所は複数の人間を用意するのが望ましい。

② 次に、会議室ⅡではB及びCが顔を合わせる。司法書士XがBC間の決済の可否を確認する。これもB及びCの本人性・意思・書類の確認が中心である。確認が取れると、司法書士Xが決済を許容する。これは、Cに対して

Bに売買代金を払ってもよい（Cに融資する金融機関に対して融資を実行してもよい）ことを示すものである。

③ この司法書士Xの指示に基づき、CがBに対して売買代金を支払う（金融機関の融資の実行によりCの口座に入金され、さらにCの口座からBの口座への送金手続きが行われる）。

④ それを受けて、Bが会議室Ⅰに戻って、Cから受領した代金の中から、Aに対して売買代金を支払う（CからBの口座に入金された代金の中からAの口座への送金手続きが行われる）。

⑤ それと引換えに、Aは、Bに対して、不動産及び必要書類を引き渡す。

⑥ Bが再び会議室Ⅱに移動し、Cに対して、不動産及び必要書類を引き渡す。



## 3．AC間取引先行型の場合

AC間取引先行型とは、AC間の取引が成立したが、何らかの理由で後から中間に第三者であるBを介在させる場合である。この場合は、上記のような手順を踏む必要はないと考えられる。

## 「BC間決済先行型」→ 決済当日の手順

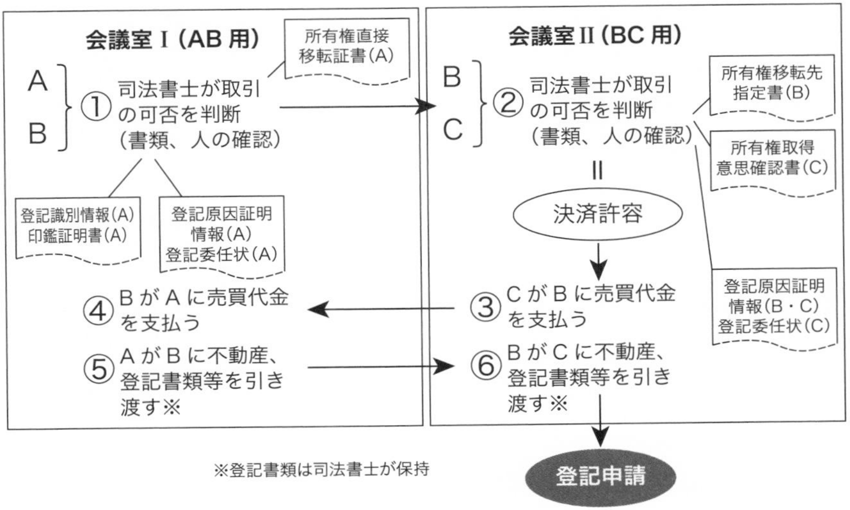

# Q101 中間者Bは“新・中間省略登記”の特約をA及びCにどのように説明すればよいか？

## 1．AB間の特約をBがA（一般人）に説明する方法

“新・中間省略登記”では、第一のAB間の売買契約において、「AがBの指定する者に所有権を直接移転する義務を負う」旨の特約を定める。中間者Bは、一般人であるAに対して、この特約について、次のような説明をすれば法律的にも必要かつ十分であると解する。

**【BのAに対する説明】**

「この特約は、『私（B）はあなた（A）から○○マンション××号室を買いましたが、その所有権はあなた（A）から私が指定する方に移転していただきます。それでよろしいですね。』という私（B）の要望に対して、あなた（A）が『はい、それでいいです。』と答えた。という内容を法律的に表現したものです。ご要望であれば、一つ一つの条項について法律的に詳しくご説明いたします。」

仮に、これに付け加えるとすると、「売買代金は、当然私（B）があなた（A）にお支払いいたします。」「物件の引渡しは、あなた（A）から私（B）に対して行っていただきます。」「誰に所有権を移転していただくかは、私（B）の選択によって決まります。」という説明をするくらいであろう。

## 2．BC間の特約をBがC（一般人）に説明する方法

“新・中間省略登記”では、第二のBC間の売買契約において、「現在の所有者AがCに所有権を直接移転する」旨の特約を定める。中間者Bは、一般人であるC対して、当該特約について、次のような説明をすれば法律的にも必要かつ十分であると解する。

**【BのCに対する説明】**

「この特約は、『私（B）はあなた（C）に○○マンション××号室を売りましたが、その所有権は私でなく現在の所有者Aさんから直接あなた（C）に移転していただきます。それでよろしいですね。』という私（B）の要望に対して、あなた（C）が『はい、それでいいです』と答えた。という内容を法律的に表現したものです。ご要望であれば、一つ一つの条項について法律的に詳しくご説明いたします。」

仮に、これに付け加えるとすると、「売買代金は、あなた（C）から私（B）

にお支払いいただきます。」「物件の引渡しは、私（B）があなた（C）に責任をもって行います。」という説明をするくらいであろう。

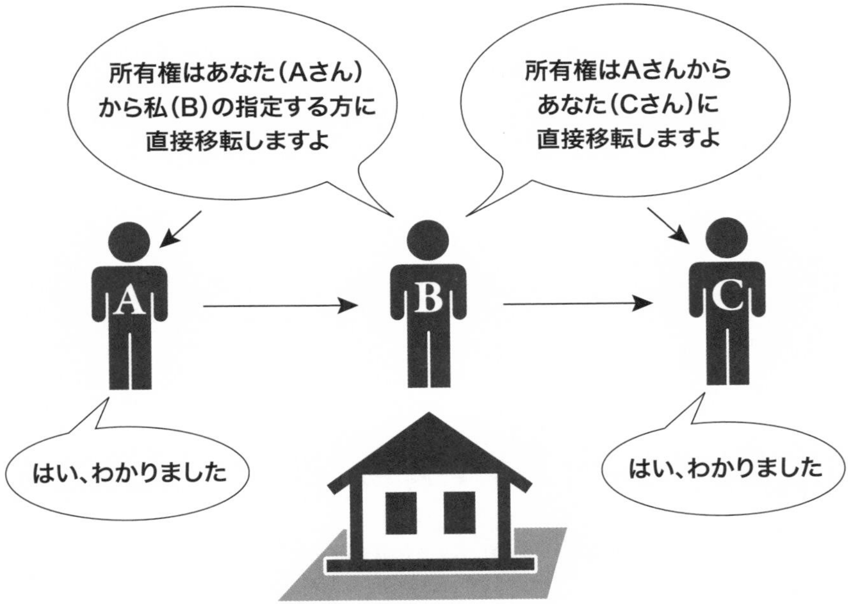

# 第2章

# よくある質問

# Q102 中間者が複数でも可能か

## 1．問題の所在

これまでＡＢＣという三者間でのクッションモデル™及び“新・中間省略登記”を前提に論じてきたが、中間がＢ一人ではなく二人あるいはそれ以上になった場合にはどうなるであろうか。

そもそも可能なのか、可能だとしてどういう方法で行うのか。これは、買取り再販スキーム（☞Q5）で特に問題となる。

## 2．可能か

法律的には何ら問題なく可能である。

### ⑴ クッションモデル™の面

Ａ→Ｂ→Ｃ→Ｄ→……と順次売買を繰り返すこと自体は、二者間の独立した売買契約が連続するだけであり、法律上特に問題はない。

### ⑵ “新・中間省略登記”の面

“新・中間省略登記”の中核はＡＢの合意（第三者のためにする契約）で所有権を第三者に直接移転させる点である。当事者が四者あるいはそれ以上になっても、ＡＢの合意で所有権を第三者に直接移転させるという構造に変更はないから、その点では法律上問題となる余地はない。

## 3．問題点

当事者が四者以上になると、第三者が未特定の場合（民法537条２項）、Ａ及びＢはその第三者となるべきものと直接の接点を持たないのが通常であるため、それをどうやって決定（特定）するかが問題となる。

買取り再販スキームの場合、未特定の第三者Ｘを誰にするかを決定（指名）するのは（登場人物の数に関わらず）Ｘに対する売主である（Ａ→Ｂ→Ｃ三者の場合はＢ、Ａ→Ｂ→Ｃ→Ｄの四者の場合はＣ、Ａ→Ｂ→Ｃ→Ｄ→Ｅの五者の場合はＤ）。

問題はこれらの者に決定権を与える方法である。

## 4．解決のための２方式

第三者の決定は本来Ａ及びＢの合意（売買契約）によって行われるものであるが、買取り再販スキーム等Ｂが宅地建物取引士の場合はＢにのみ決定権限が与えられる（宅建業法施行規則15条の6第4号）。

当事者が四者以上になった場合、Bが与えられた権限をXに対する売主に与える方法として実務上行われている方法には次の2方式がある（注1）。

**⑴ 再指定方式**（注2）

当初のAB間の合意（売買契約）でBに第三者の決定（指定）権限を与えると同時に、その後指定される第三者にも同じ権限を与えるというものである。これは契約当事者以外の者に権限を与える特約、すなわち第三者のためにする契約である。

**⑵ 決定権譲渡方式**

AB間の契約でAはBに第三者を決定（特定）する権限を与える。Bが自己の権原を第三者（C）に与え、さらにCが第三者に権限を与える、と順次権限を与えていく。当然AB間の合意中でBがその権限を第三者に与えることができる旨及び権限を与えられた第三者がさらにその権限を別の第三者に与えられる旨を規定しておく。

## 5．再指定方式の留意点

第三者に指定権限を与えること自体が第三者のためにする契約であり、そのことに対する受益の意思表示を要する（民法537条3項）。また、最終的に所有権の移転を受けない者に対しても移転先の指定をする必要がある。

## 6．決定権譲渡方式の問題点

決定権は単なる債権ではなく債務等をも包括した契約上の地位であると解釈される可能性がある。その場合、譲渡は契約の相手方（A）の承諾が効力要件となる（民法539条の2）。AはBに対し当初契約時に包括的に譲渡及び再譲渡を承諾するため、その後の譲渡の効力は有効に発生すると解することも可能だが、対抗要件取得の点で問題がある。決定権の譲渡は債権譲渡としての性質を併せ持つと解されるため、第三者対抗要件（債務者への通知又は債務者の承諾）を備えない限り債務者その他の第三者に譲渡を対抗できず（民法467条1項)、また、通知又は承諾が確定日付のある証書によって行われなければ債務者以外の第三者に対抗できない（同条2項)。しかし具体的な決定権の譲渡の事実をその都度Aに通知し、またはAの承諾を得ることは実務的には想定しにくい。

指定を受けた第三者がAに所有権の移転を請求してもAが指定権の譲渡の事実を知らなかった場合、Aはその請求を拒絶できることになる可能性がある。

以上から筆者は再指定方式の採用を推奨する。なお、契約書及び登記原因証明情報の記載方法については第5部書式編を参照されたい。

## 7．中間者複数の場合の実務上の負荷

### ⑴ 売買代金の送金

各中間者が売買代金を各々の買主から受領した売買代金の中から支払う場合、順次銀行送金で支払っていくと相当の時間が必要となる。

### ⑵ 当事者（特に現所有者及び最終取得者）への説明

中間者の数が増えれば増えるほど法律関係も複雑になり、その点を売買契約、重要事項説明、登記内容の説明等において一般の方に分かりやすく説明する困難さが増す。

## 8．負荷への対処

前記したとおり理論的・法的には五者以上でも“新・中間省略登記”は可能であるが、上記負荷が問題となることから負荷軽減のため、筆者が所属する司法書士法人では地位譲渡方式（☞Q89、Q108）の併用を推奨している（☞103）。

（注1）Bが宅建業者である必要がない場合はABが第三者を決定することでも問題はないし、Aが自己に代わって決定権限を行使する地位（代理権）をBに与えるという方法でもよい。Bは本来自己の有する地位と代理人としての地位に基づいて第三者を指名する。BはAより復代理人（復復代理人）を選任し得る権限をも与えられる。BはCに自己及びAを代理する権限を与え、CはDに自己及びA、Bを代理する権限を与える。以下順次代理権（復代理権）を与えて行く。ただし、この方式ではAが死亡した場合に第三者の移転先決定代理権が消滅する（民法111条1項1号）点に注意を要する。

（注2）大野静香・月刊登記情報（金融財政事情研究会）633号50頁

# 中間者が複数でも可能か

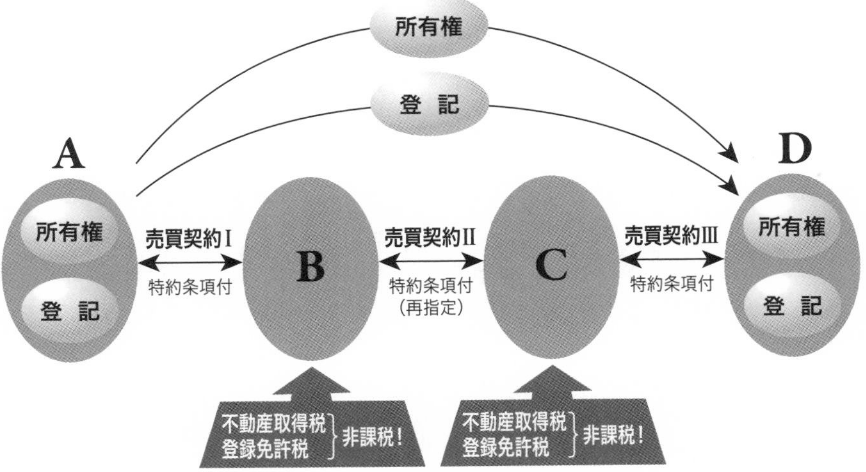

## Q103 五者間の場合――地位譲渡の併用

筆者が所属する司法書士法人では、中間者がB、C、Dというように三者以上の場合は、“新・中間省略登記”を使って、現所有者Aから最終取得者Eに直接所有権移転登記をすることは、原則として控えるよう依頼者に要望している。その理由については前述した（☞Q102）。

もっとも、この場合に、“新・中間省略登記”を使って、中間者の流通税を非課税とする必要もある。そこで、この場合、買主の地位の譲渡によって中間者を二者とする仕組みに変更することを推奨している。

例えば、現所有者（所有権登記名義人）がA、中間者がBCD、最終取得者がEの場合、まず、ｉAB間の売買契約においてBの指定する第三者（C)にも所有権の移転先を指定する権限を与える、次に、ii CD間において、CがDに対し、BC間の売買契約に基づく買主としての地位を譲渡する契約を締結する。iii この契約に基づき、Dが所有権の移転先としてEを指定すれば、所有権はAからEに直接移転するので、所有権移転登記もAからEに直接移転することができる。

# 五者間の場合
# ——地位譲渡の併用

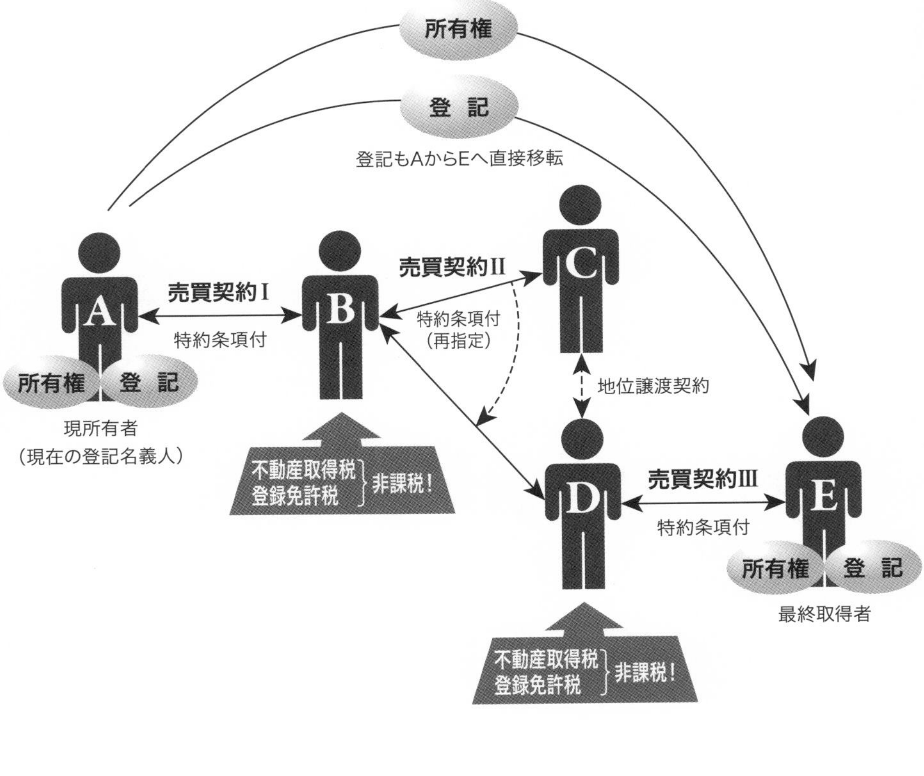

# Q104 宅建業者による他人物売買契約先行は有効か

## 1．他人物売買禁止の原則と例外

宅地建物取引業者（宅建業者、宅建業法2条3号）は、自己の所有に属しない宅地又は建物について、自ら売主となる売買契約（予約を含む）を締結することを禁じられている。ただし、当該宅地又は建物を取得する契約を締結しているとき等、取得できることが明らかな場合は許容される（同法33条の2、同法施行規則15条の6第4号）。

では、宅建業者Bが当該規定に違反して、宅地建物の所有者Aとの間で売買契約を締結するより先に、Cとの間で当該宅地建物の売買契約を締結した場合、BC間の売買契約は無効なのか。

これは実務では往々にして起こり得るケースである。例えば、AB間で売買契約を締結するという合意はなされていたが、契約に至る前に、何らかの事情でBC間の売買契約の締結が先になされ、その後AB間の売買契約が締結された場合などである。

## 2．BC間の売買契約の効力

この場合、BC間の売買契約は無効ではなく、有効として取り扱われると解される。その理由は次のとおりである。

① 宅建業法は、宅建業者が同法33条の2に違反した場合について、国土交通大臣又は都道府県知事による監督処分として指示処分（同法65条1項柱書）ないし業務停止処分（同条2項2号）を予定しているが、同条に違反した売買契約を無効とする規定はない。

② 宅建業法に宅建業者の他人物売買を禁止する規定があるのに、その規定違反の売買契約を無効とする規定がないのは、契約を有効としたうえで、買主は売主である宅建業者に対して債務不履行責任を追及すること（履行の請求、解除・民法541条、542条、損害賠償請求・同法415条）によって対処すべきとする趣旨と解される。

③ 宅建業者の他人物売買が禁止されるのは、宅建業者が所有権を取得できないために買主（消費者）が損害を被るのを防止する趣旨であるから、後に宅建業者が所有権を取得した場合には趣旨に反しない以上、先になされた

他人物売買を無効とする必要がない。

### 3．“新・中間省略登記”の成否

以上から、本項の事案の場合、BC間の他人物売買は有効であり、“新・中間省略登記”も有効に成立する。

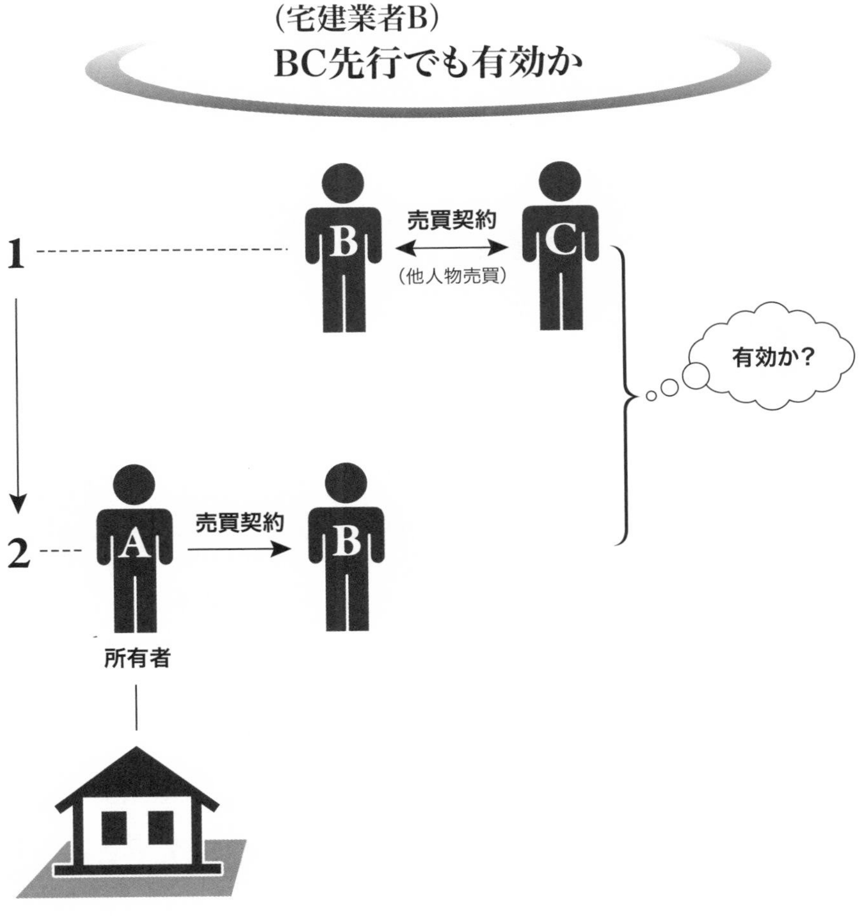

# Q105 通常の売買契約締結後でも利用できるのか

## １．決済未了の場合

通常の売買契約、すなわち“新・中間省略登記”の特約を付していない売買契約の締結後でも、決済未了であれば、変更契約によって特約を付すことで“新・中間省略登記”を行うことは可能である（変更契約のひな形は第5部書式編参照）。

## ２．決済完了後の場合

AB間で通常の売買契約を締結し、AからBに所有権が移転した後（決済後）Bがさらに Cに売却した場合に登記が依然としてAに留保されていた場合は、“新・中間省略登記”を行ってAからCに所有権を移転できるのかが問題となる。

## ３．結論

所有権がBに移転してしまった以上、登記がAに留保されていたとしても、不動産登記法の原則（物権変動過程を忠実に反映する）から、Bへの登記を省略することはできない。

## ４．問題点

### ⑴ 実務上のニーズ

この質問は事業法人のCRE担当の方から寄せられることが多い。グループ会社間での再編や統合等に伴い不動産所有権が移転（事業譲渡、会社分割、合併、売買等）しても、所有権移転登記をせずに長期間放置してある場合が少なくなく、それが数度繰り返されている例も稀ではない。

そうなると管理上の問題も生じるし、いざ不動産を処分（外部へ売却）しようとしたときに、過去に遡って放置していた所有権移転登記を行わなければならず、その費用（登録免許税）は決して少なくない。そこで、不動産所有権の移転原因である法律行為を合意解除し、所有権を元に戻す必要が出てくるのである。

### ⑵ 方法（旧・中間省略登記との違い）

2005年の改正不動産登記法施行以前の旧・中間省略登記であれば、このような場合でも登記原因を証する書面を提出する必要がないため、中間の登記を省略することが事実上可能であり、行われてきた。

ところが、改正不動産登記法施行後は、登記原因を証する情報を提出する義務があるため、「"新・中間省略登記"を利用することにより、同じことができるのではないか」という疑問が、特に一般事業会社から寄せられることになったのである。

### ⑶ 方法

グループ会社間など、各当事者が特殊な関係にある場合には、売買契約を合意解除し、当事者間の合意（占有改定や相殺）によって占有の回復や代金の返還を事実上省略し、原状回復ができる可能性はある。

しかしながら、すでに納付した不動産取得税については、経済的損失が生ずる。すなわち、合意解除をしたとしても、買主等の譲受人が一度納付した不動産取得税が返還されない（注）ばかりでなく、所有権を取り戻した売主等の譲渡人にも不動産取得税が課税されるのである。

このような経済的損失を考えれば、決済後（Bに所有権移転後）に合意解除して"新・中間省略登記"を行うことによって、どれほどの節税効果を上げられるか疑問である。

（注）「不動産取得税」は、不動産の移転という事実自体に着目して課されるものであるから、「不動産の取得」とは、取得原因である法律行為が取消し、解除等により覆されたか否かにかかわらず、その経過的事実に則した土地所有権取得の事実をいい（最高裁判所平成14年12月17日判決）、所有権の移転を伴う契約が合意解除された場合でも、所有権移転の事実がある限り課税される。

## ① 決済前

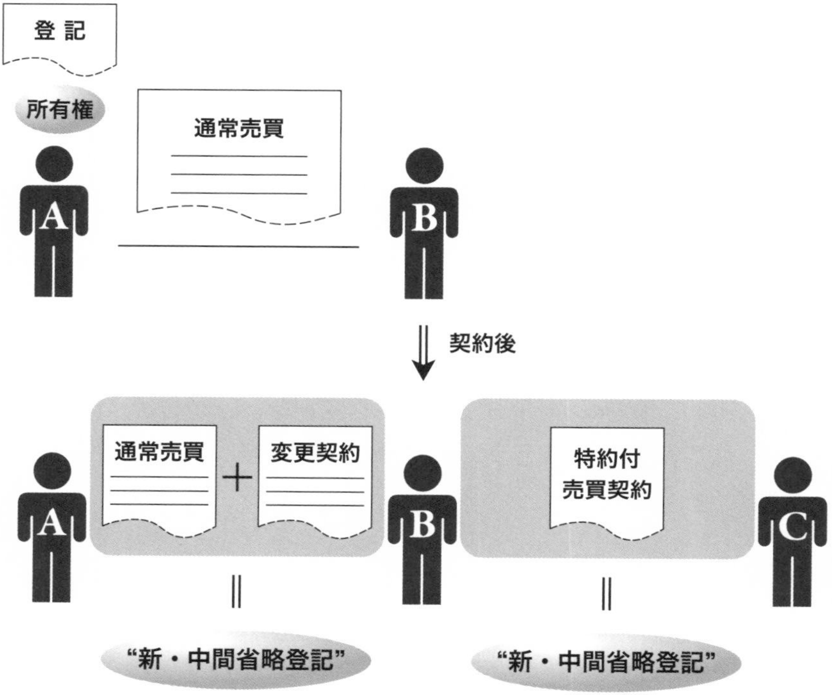

## ② 決済後

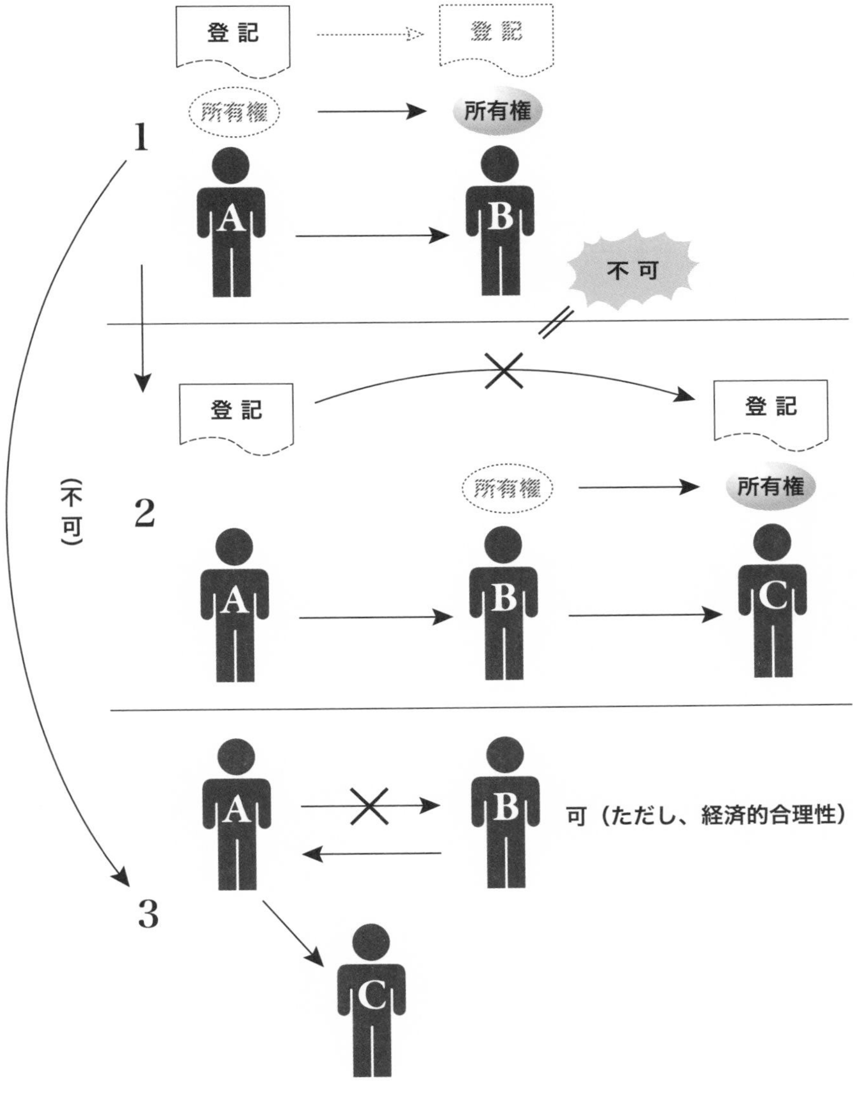

# Q106 固定資産税・都市計画税の清算方法

## 1．納税義務者

固定資産税（地方税法341条～）・都市計画税（同法702条～）は、土地及び家屋（固定資産税は償却資産も）に対して課税される税金であり、納税義務者は「所有者」である（地方税法343条1項、359条、702条1項、702条の6)。この場合の「所有者」とは、土地又は家屋については、登記簿又は土地補充課税台帳もしくは家屋補充課税台帳に「所有者」として登記又は登録されている者をいう（同法343条2項、702条)。

そして、賦課期日は毎年1月1日である（同法318条)。すなわち、その年1年間の所有に対し、1月1日現在の「所有者」が納税義務を負うとされている。したがって、年の途中で不動産の売買（決済）が行われる場合（もちろんそれがほとんどだが)、所有者が変わっても新所有者（買主）がその年の固定資産税の納税義務者となることはない。あくまで、1月1日時点で所有者であった「売主」が固定資産税の納税義務者なのである。

## 2．「固定資産税の清算」の意義

そうすると、売主は自分が所有者でなくなった後の期間に対応する部分の固定資産税を負担し、買主は自分が所有者となった後の期間に対応する部分の固定資産税を免れることになり、売主・買主間に不公平が生ずる。

そこで、両者間で合意をして、買主が、売主に対して、自らが所有者となった後の期間についての固定資産税（及び都市計画税）を支払うことにするのが通常である。これを「固定資産税の清算」と呼ぶ。

## 3．“新・中間省略登記”における固定資産税等の清算方法

### ⑴ 問題の所在

では、“新・中間省略登記”において、代金の授受をして引渡しもしたが、所有権が第一売主に留保されている場合に、「いつの時点から負担者を変更するべきか」（固定資産税の清算方法）が問題になる。

### ⑵ 結論～日割り計算

結論からいうと、これに関しては法が明確な規定を置いていないため、当事者が自由に決めることができる。そもそも「固定資産税の清算」というのは、

固定資産税等の賦課方法からくる不都合を当事者同士が私的に解決する手段であるから、その方法･内容は当事者同士で自由に定められる性格のものである。

もっとも、通常の売買契約では、不動産を占有（使用収益）する者が固定資産税等を負担することが公平であるという考え方から、所有権移転日でなく、引渡日を基準として、その前後で負担者を変更する（日割り精算）とされるのが一般である。したがって、“新・中間省略登記”の場合も、そのまま引渡日を基準とした固定資産税等の清算方法で問題はないと解される。

### ⑶ 分担の起算日

なお、売買契約においては通常「分担の起算日」を定める。これは課税期間（どの期間を所有しているかについて課税するのかという問題）を歴年（1月1日から12月31日）と考えるか、会計年度（4月1日から3月31日）と考えるかによって、売主・買主間の税負担額が異なってくることから、その点を明確にするために当事者の合意で取り決めておくものである。一般的に関東では1月1日（暦年）、関西では4月1日（会計年度）を起算日にする慣行があるといわれている。

## 4．“新・中間省略登記”における具体的な清算方法

### ⑴ AC間で清算する方法の不都合性

理論的には、AC間で直接に固定資産税等の清算を行うことはもちろん可能であり、最も簡便ではあるが、実務上、AC間で直接にかかる清算を行うことはほとんどない。

確かに、前述のように、占有（使用収益）する者が固定資産税等を負担するのが公平であるという考え方に従うと、当事者がABCと、三者である“新・中間省略登記”の場合も、占有している期間に応じて三者が按分して固定資産税等を負担することになる。

もっとも、同時実行型（☞Q96）の場合、中間者Bの占有は一瞬であり、実質的にはAから直接Cに占有が移される場合と同視してよい。したがって、AC間で固定資産税等を案分して負担する旨の清算を行うとしても、あながち不公平・不合理とはいえない。

しかし、実務上はAC間で直接に固定資産税等の清算をすることはほとんどない。なぜなら、AC間に直接の契約関係はなく、直接顔を合わせることも極めて少ないため、AC間で（売買代金をはじめとする）金銭の清算を行うことは、現実的に考えられないからである。

### ⑵ AB間及びBC間の売買契約における分担条項を利用する方法

そこで、占有（使用収益）する者が固定資産税等を負担するのが公平であるという考え方に従うならば、“新・中間省略登記”の場合は、AB間の売買契約とBC間の売買契約のそれぞれの「公租・公課の分担」の条項を利用して、固定資産税等の清算をすべきである。

すなわち、①AB間の売買契約では、「固定資産税、都市計画税については、引渡しの前日までの分を売主（A）が、引渡日以降の分を買主（B）が、それぞれ負担する」、②BC間の売買契約では、「固定資産税、都市計画税については、引渡しの前日までの分を売主（B）が、引渡日以降の分を買主（C）が、それぞれ分担する」旨を、それぞれ定めればよい。

これにより、実質的にAからCに直接占有が移転する同時実行型の場合、固定資産税等について、中間者Bは負担せず、AとCが各自の占有期間に応じて分担することになる。

# 固都税の清算方法

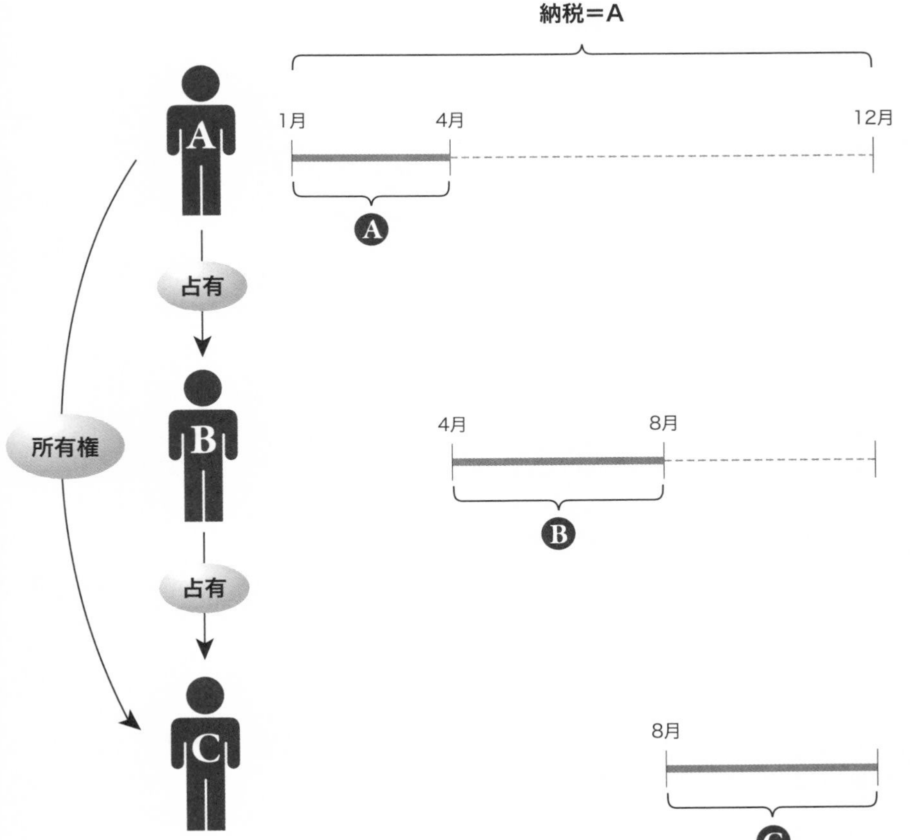

# Q107 消費税は課税されるのか？

“新・中間省略登記”の手法によりAからCへの所有権移転登記を行う場合、消費税は課税されるのだろうか？

**⑴ 消費税の意義・要件**

国内において事業者が行った資産の譲渡・貸付等には、消費税が課税される（消費税法4条1項）。

ただし、「土地」の譲渡・貸付等については消費税の性格上非課税である（同法6条1項、別表第一第一号）。なぜなら、消費税は、物やサービスが「消費」されたときに課税される税金であるが、「土地」の場合、売買されようが賃貸借されようが、土地は消耗せず土地のまま価値を保っており、「消費」されないからである。

これに対し、「建物」は、売買や賃貸借等により消耗されて価値が減少し、「消費」されるので、「建物」の譲渡・貸付等には消費税が課税される。

**⑵ “新・中間省略登記”における消費税の課税**

“新・中間省略登記”の場合、通常の売買と異なるのはAからCに直接所有権が移転することだけであり、AB間、BC間で通常の売買契約がなされ、AはBに目的不動産を引き渡し、BはAに売買代金を支払い、さらにBはCに目的不動産を引き渡し、CはBに売買代金を支払うのである。

したがって、AもBも事業者であり不動産を譲渡して対価を得た場合（同法2条8号）には、建物の譲渡については消費税が課税され、土地の譲渡については消費税が課税されないというのは、原則どおりである。“新・中間省略登記”でも、消費税の関係には何の影響もない。

# 消費税は原則どおり

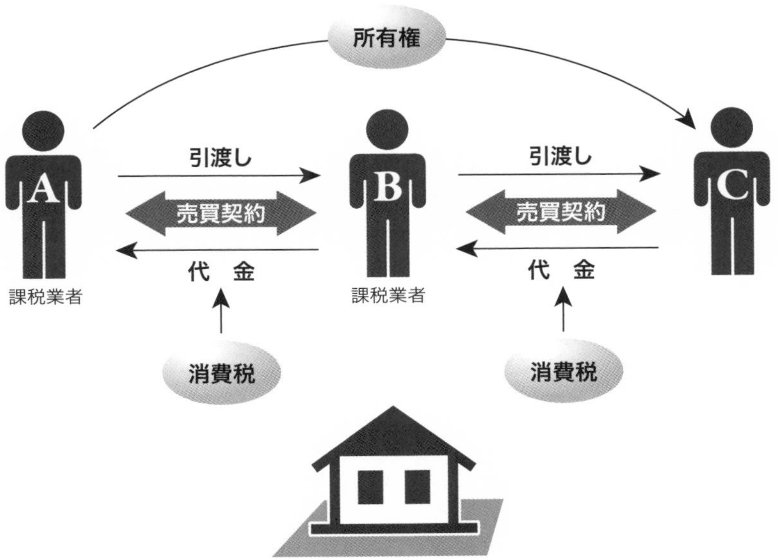

# Q108 地位譲渡と“新・中間省略登記”との使い分け

## 1．地位譲渡の意義（詳細はQ89）

正確には契約上の地位の移転（民法539条の2)。売買契約の当事者（主に買主）の地位を、契約の同一性を保ったまま包括的に第三者に譲渡することをいう。

「中間省略登記の代替手段」として、当初AB間の売買契約を締結した後、BがCに買主の地位を譲渡（包括移転）する方法が用いられる。

この場合、当初からAC間の売買契約であったのと同じ結果となるが、“新・中間省略登記”（売買契約は2つ）とは異なり、売買契約は1つである。

“新・中間省略登記”と地位譲渡との最大の違いは、売買契約が1つか2つかという点にある。

## 2．“新・中間省略登記”と地位譲渡の相違点

⑴ 地位譲渡の場合、中間者Bの差益が当初所有者A（三者契約の場合）及び最終取得者Cに当然開示される。

⑵ 地位譲渡の場合、売買契約書の作成が一件分だけでよく、したがって、印紙も一件分だけで足りる。地位譲渡にも契約書は作成するが、宅建業法が適用にならず、内容も簡易なもので足りる。また、印紙も、所有権の譲渡でなく債権譲渡なので、一律200円である。

⑶ 両者は、消費税の課税の対象・範囲が異なる。“新・中間省略登記”の場合、建物分の売買代金にのみ消費税が課税されるが、「地位譲渡」の場合、地位譲渡の対価に関しては通常「土地建物」の区別はないと考えられ、譲渡対価全額に対して課税される可能性がある。

## 3．選択基準～地位譲渡を選択できない場合

中間者Bが差益の開示を望まない場合である。

⑴ 現状、大半の取引では差益の開示が望まれておらず、地位譲渡を選択することは難しいと解される。

⑵ Bの介在が差益取得目的でない場合（注1）ABC間に一定の関係性がある場合（事業者間取引やグループ会社間取引）あるいはBが差益を開示した上で行う取引（注2）の場合は地位譲渡の選択が可能である。

なお、「地位譲渡」を選択するときは、2.(3)の消費税の点（消費税が多く課される可能性があること）は注意を要する。

（注1）差益取得目的でない場合の例としては、種々の事情により買主を交代させる場合が典型である。最近のインバウンド投資のブームで、外国人投資家が個人で売買契約を締結後、本国で設立した法人に買主を変更するという利用例が増えているそうである。

（注2）差益を開示した上で行う取引は非典型的クッションモデル（第2章Ⅱ）にその例が多いと解される。

## 地位譲渡のおさらい

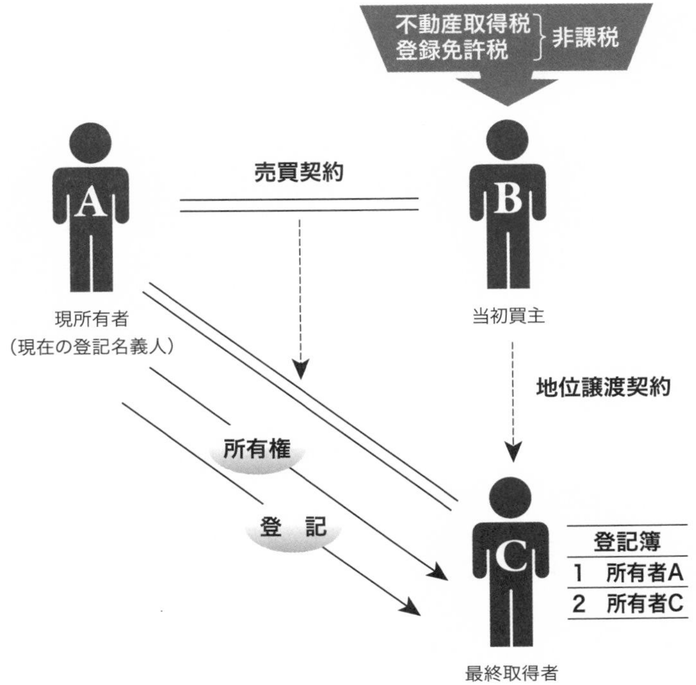

# Q109 中間者Bは売買代金全額を売上計上できるか？（注）

## 1．問題の所在

中間者Bは不動産をCに売却してCからその代金を支払ってもらうわけだから、Bの受け取る代金が売上げとなるのは当たり前のことのように思われるが、Bの関与する取引がクッションモデル™であり、Bの介在が瞬間的ないし形式的であるため、Bが売買代金の総額を売上げとして計上できるかどうかが問題となる。

## 2．問題解決の基準

売上げを「総額表示」（売買代金全てを売上げとして計上）するか、もしくは「純額表示」（手数料部分のみを売上げとして計上するか）するかについての判断指針として、2018年に企業会計基準委員会から公表された「収益認識に関する会計基準（同適用指針を含む）」がある。これは、自社が資産に対して持つ権利や取引に対して負うリスクの度合いによって、本人取引（総額表示）とするか、代理人取引（純額表示）とするかを判断する。

## 3．本件へのあてはめ

クッションモデル™のようないわゆるワンタッチ取引でも、①Bが販売価格の価格裁量権を有し、大きなリスク（不動産の価格変動リスク、契約不適合責任、危険負担、売上代金の貸倒リスクなど）を負っている場合には、Bを本人として、売上げを「総額表示」とし、②価格裁量権や大きなリスクを有していない場合には、Bを代理人とみなして、売上げを「純額表示」とすべきことになる。最終的な利益は同じである。

## 4．BのAへの支払代金が、自己資金の場合とCから受領した代金の場合との違い

Bが自己資金でAに支払った後、Cから代金を受け取る場合（☞Q96 2.⑴）と、Cから受取った売買代金の中からAに支払う場合（☞Q96 2.⑵）とで違いはあるだろうか。

### ⑴ 中間者のリスクの大小を基準とする見解

明確な基準はないが、資金決済の順序はあまり関係がなく、上記の価格裁量権やリスクの大小が、主要判断項目であるという見解である。Bが主体的

に販売価格を決定できないケースや、自己資金でAに代金を支払っても、①Cから代金が入金されることが確定している場合や、②Cが倒産した場合にAに返品が可能な場合で、Bにリスクがないケースでは、「純額」表示とすべきこととなる。

**⑵ 画一的基準を提示できないとする見解**

この問題は、取引の背景や契約書の具体的な条文などを見て取引全体を総合的に判断することになるので、画一的な基準を示すことはできないとする見解である。

（注）本項は公認会計士萩原剛氏（ユナイト法律会計事務所パートナー）の監修に基づくものである。



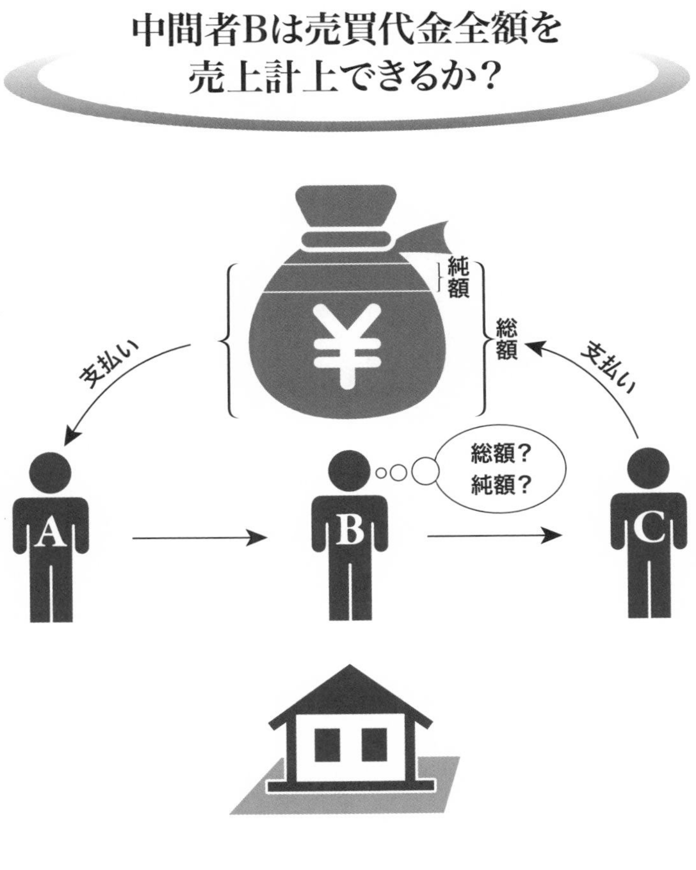

# Q110 BC間が信託の場合に利用できるのか？

## １．問題の所在

例えば、①AB間で収益ビル等の売買契約を締結し、②その決済の同日に、買主Bが当該不動産を信託銀行Cに信託する。その結果、信託銀行Cが所有者となり、当初買主のBは受益者となる。この場合に、AB間及びBC間の契約に“新・中間省略登記”の特約を入れることによって、AからCに所有権が直接移転するようにし、AからCへの直接の所有権移転登記をして、当該不動産の買主であるBに流通税がかからないようにすることができるのか。

## ２．“新・中間省略登記”の活用の可否

この場合に“新・中間省略登記”を活用することは、契約上はもちろん可能であるが、事実上は難しいと考えられる。なぜなら、この場合、信託登記ができないからである。

すなわち、法務省は“新・中間省略登記”におけるAからCへの所有権移転原因は「AB間の契約」であると解釈しているが、現所有者Aから信託銀行Cへの所有権移転原因（AB間の契約）は「売買」であって「信託」ではないため、信託登記ができないのである。

もっとも、一般的にはこの点は問題にならない。なぜなら、現所有者Aが信託銀行Cとの間で「信託設定」し、受益権をB（ビークル）に譲渡すれば済む話だからである。

これが問題になるのは、例えば元付の仲介会社が金融商品取引法二種登録を行っていない（受益権の仲介ができない）場合など、特殊な事情がある場合に限られると考えられる。

# BC間が信託の場合は利用できるのか

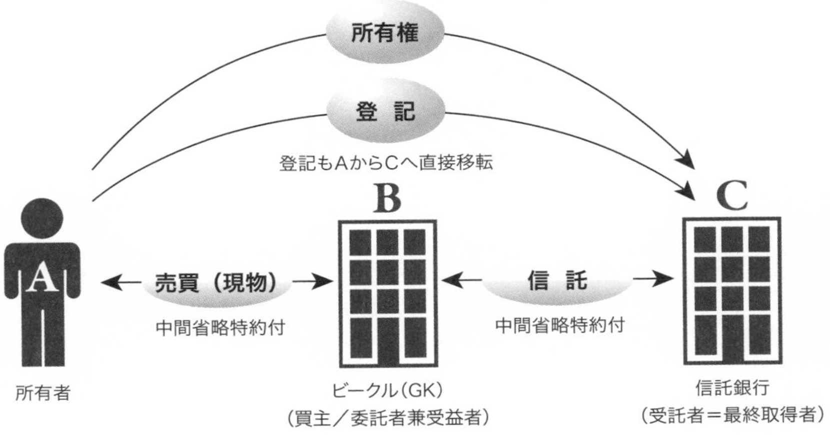

# 第5部

# 書式編

## ① AB間売買契約書（特約型）（☞Q95）

不動産売買契約条項

（略）

（特約条項）
第23条　別記特約条項のとおりとし、前条までの条項の内容が特約条項の内容と抵触する場合には、特約条項の内容が優先するものとする。

---

特約条項

（略）

（所有権の移転先及び移転時期）
3　買主は、本物件の所有権の移転先となる者（買主を含む。）を指定するものとし、売主は、本物件の所有権を買主の指定する者に対し買主の指定及び売買代金全額の支払いを条件として直接移転することとする。
（所有権留保）
4　売買代金全額を支払った後であっても、買主が買主自身を本物件の所有権の移転先に改めて書面をもって指定しない限り、買主に本物件の所有権は移転しないものとする。
（受益の意思表示の受領委託）
5　売主は、移転先に指定された者が売主に対してする「本物件の所有権の移転を受ける旨の意思表示」の受領権限を買主に与える。
（買主の移転債務の履行の引受け）
6　買主以外の者に本物件の所有権を移転させるときは、売主は、買主がその者に対して負う所有権の移転債務を履行するために、その者に本物件の所有権を直接移転するものとする。

（略）

## ② BC間売買契約書（特約型）（☞Q95）

不動産売買契約条項

（略）

第23条　別記特約条項のとおりとし、前条までの条項の内容が特約条項の内容と抵触する場合には、特約条項の内容が優先するものとする。

---

特約条項

（略）

（所有権移転の時期）
3　本物件の所有権は、買主が売買代金の全額を支払い、売主がこれを受領したときに、本物件の登記名義人から買主に直接移転する。
（第三者の弁済）
4　本物件は、未だに登記名義人が所有しているので、本物件の所有権を移転する売主の義務については、売主が売買代金全額を受領した時に、その履行を引き受けた本物件の登記名義人である所有者が、買主にその所有権を直接移転する方法で履行することとする。

（略）

## ③ AB間売買契約書（契約条項盛込み型）（☞Q95）

### 不動産売買契約条項

（略）

（所有権の移転先及び移転時期）

第7条　買主は、本物件の所有権の移転先となる者（買主を含む。）を指定するものとし、売主は、本物件の所有権を買主の指定する者に対し買主の指定及び売買代金全額の支払いを条件として直接移転することとする。

（所有権留保）

第8条　売買代金全額を支払った後であっても、買主が買主自身を本物件の所有権の移転先に改めて書面をもって指定しない限り、買主に本物件の所有権は移転しないものとする。

（受益の意思表示の受領委託）

第9条　売主は、移転先に指定された者が売主に対してする「本物件の所有権の移転を受ける旨の意思表示」の受領権限を買主に与える。

（買主の移転債務の履行の引受け）

第10条　買主以外の者に本物件の所有権を移転させるときは、売主は、買主がその者に対して負う所有権の移転債務を履行するために、その者に本物件の所有権を直接移転するものとする。

（略）

（所有権移転登記の申請）

第12条　売主は、売買代金全額の受領と同時に、所有権の移転先として買主が指定した者の名義にするために、本物件の所有権移転登記申請手続きをしなければならない。

2　所有権移転登記の申請手続きに要する費用は、買主の負担とする。

（略）

（負担の消除）

第14条　売主は、本物件の引渡しの時期までに、抵当権等の担保権及び賃借権等の用益権その他買主の完全な権利の行使を阻害する一切の負担を消除する。

## ④ BC間売買契約書（契約条項盛込み型）（☞Q95）

不動産売買契約条項

（略）

（所有権移転の時期）
第7条　本物件の所有権は、買主が売買代金の全額を支払い、売主がこれを受領したときに、本物件の登記名義人から買主に直接移転する。
（第三者の弁済）
第8条　本物件は、未だに登記名義人が所有しているので、本物件の所有権を移転する売主の義務については、売主が売買代金全額を受領した時に、その履行を引き受けた本物件の登記名義人である所有者が、買主にその所有権を直接移転する方法で履行することとする。

（略）

## ⑤ AB間変更契約書（☞Q105）

| 収入<br>印紙<br>200円 |
|---|

# 変更契約書

＿＿＿＿＿＿＿＿(以下､「売主」という。）と＿＿＿＿＿＿＿＿(以下､「買主」という。）とは、売主と買主との間で締結された後記不動産に関する　　年　　月　　日付不動産売買契約書（以下、「原売買契約書」という。）の一部変更について、以下のとおり合意（以下、「本変更契約」という。）します。

第1条（変更事項）

原売買契約書に下記条項を追加し、原売買契約書の内容が本変更契約の内容と抵触する場合には、本変更契約の内容が優先するものとします。

1　買主は、本物件の所有権の移転先となる者（買主を含む。）を指定するものとし、売主は、本物件の所有権を買主の指定する者に対し買主の指定及び売買代金全額の支払いを条件として直接移転することとします。

2　売買代金全額を支払った後であっても、買主が買主自身を本物件の所有権の移転先に改めて書面をもって指定しない限り、買主に本物件の所有権は移転しないものとします。

3　売主は、移転先に指定された者が売主に対してする「本物件の所有権の移転を受ける旨の意思表示」の受領権限を買主に与えます。

4　買主以外の者に本物件の所有権を移転させるときは、売主は、買主がその者に対して負う所有権の移転債務を履行するために、その者に本物件の所有権を直接移転するものとします。

第2条（費用）

本変更契約にかかる印紙代等の契約書作成に要する費用は、買主が負担します。

売主及び買主は、本変更契約の成立を証するため本書2通を作成し、売主・買主双方記名押印のうえ、各自原本1通を保有するものとします。

以上

年　　月　　日

住所
売　　主　　氏名　　　　　　　　　　　　　㊞

住所
買　　主　　氏名　　　　　　　　　　　　　㊞

不動産の表示

（略）

## ⑥ BC間変更契約書（☞Q105）

| 収入<br>印紙<br>200円 |
|---|

### 変更契約書

＿＿＿＿＿＿＿＿（以下、「売主」という。）と＿＿＿＿＿＿＿＿（以下、「買主」という。）とは、売主と買主との間で締結された後記不動産に関する　　年　　月　　日付不動産売買契約書（以下、「原売買契約書」という。）の一部変更について、以下のとおり合意（以下、「本変更契約」という。）します。

第1条（変更事項）

原売買契約書に下記条項を追加し、原売買契約書の内容が本変更契約の内容と抵触する場合には、本変更契約の内容が優先するものとします。

本物件は、未だに登記名義人が所有しているので、本物件の所有権を移転する売主の義務については、売主が売買代金全額を受領した時に、その履行を引き受けた本物件の登記名義人である所有者が、買主にその所有権を直接移転する方法で履行することとします。

第2条（費用）

本変更契約にかかる印紙代等の契約書作成に要する費用は、売主が負担します。

売主及び買主は、本変更契約の成立を証するため本書2通を作成し、売主・買主双方記名押印のうえ、各自原本1通を保有するものとします。

以上

年　　月　　日

売　　主　住所
　　　　　氏名　　　　　　　　　　㊞

買　　主　住所
　　　　　氏名　　　　　　　　　　㊞

不動産の表示

（略）

## ⑦ 受益の意思表示受領委任状（決済書類☞Q84、Q95）

（甲）

（乙）

# 委任状

私（甲）は、乙に、下記の事項に関する権限を与えます。

記

　　年　　月　　日付不動産売買契約書により甲乙間で締結した後記不動産の売買契約において、所有権の移転先に指定された者がする「所有権の移転を受ける旨の意思表示」の受領

年　　月　　日

住所

（甲）　氏名　　　　　　　　　　　　　　　　　　　　㊞

不動産の表示

（略）

## ⑧ 所有権移転先指定書（決済書類☞Q95）

（甲）

（乙）

（丙）

所有権移転先指定書

私（乙）は、　　年　　月　　日付不動産売買契約書により甲乙間で締結した後記不動産の売買契約において、その所有権の移転先として丙を指定いたします。

年　　月　　日

住所

（乙）　氏名　　　　　　　　　　　　　　　　　　　　　　　　㊞

不動産の表示

（略）

## ⑨ 所有権取得意思確認書（決済書類☞Q95）

（甲）

（乙）

（丙）

### 所有権取得意思確認書

甲代理人乙　殿

私（丙）は、　　年　　月　　日付不動産売買契約書により甲乙間で締結した後記不動産の売買契約において、その所有権の移転先として乙から指定されるにあたり、甲から後記不動産の所有権の移転を受けることといたします。

年　　月　　日

住所

（丙）　氏名　　　　　　　　　　　　　　　　　　　　　　　　　　　　印

不動産の表示

（略）

## ⑩ 所有権移転先指定書兼所有権取得意思確認書（決済書類☞Q95）

（甲）

（乙）

（丙）

### 所有権移転先指定書

私（乙）は、　　年　　月　　日付不動産売買契約書により甲乙間で締結した後記不動産の売買契約において、その所有権の移転先として丙を指定いたします。

年　　月　　日

住所

（乙）氏名　　　　　　　　　　　　　　　　　　　　　　　　　　㊞

### 所有権取得意思確認書

甲代理人乙　殿

私（丙）は、甲から後記不動産の所有権の移転を受けることといたします。

年　　月　　日

住所

（丙）氏名　　　　　　　　　　　　　　　　　　　　　　　　　　㊞

不動産の表示

（略）

## ⑪ 所有権直接移転証書（決済書類☞Q95）

| 収入<br>印紙<br>200円 |
|---|

（甲）

（乙）

（丙）

# 所有権直接移転証書

私（甲）は、　　年　　月　　日付不動産売買契約書により甲乙間で締結した私所有の後記不動産の売買契約に基き乙が所有権の移転先として指定した丙に対し、本日所有権を直接移転いたしました。

年　　月　　日

住所

（甲）　氏名　　　　　　　　　　　　　　　　　㊞

不動産の表示

（略）

## ⑫ 登記原因証明情報（所有権移転）（☞Q95）

登記原因証明情報

1．登記の目的　　　所有権移転

2．登記の原因　　　　年　　月　　日　売買

3．当　事　者

　　権利者　　（丙）

　　義務者　　（甲）

　5（1）の売買契約の買主　　（乙）

4．不動産の表示

　（省略）

5．登記原因となる事実又は法律行為

（1）甲は、乙との間で、　年　月　日、その所有する上記不動産（以下「本件不動産」という。）を売り渡す旨の契約を締結した。

（2）（1）の売買契約には、「乙は、本件不動産の所有権の移転先となる者を指名するものとし、甲は、本件不動産の所有権を乙の指定する者に対し乙の指定及び売買代金全額の支払いを条件として直接移転することとする。」旨の所有権の移転先及び移転時期に関する特約が付されている。

（3）所有権の移転先の指定

　　年　月　日、乙は、本件不動産の所有権の移転先として丙を指定した。

（4）受益の意思表示

　　年　月　日、丙は甲に対し、本件不動産の所有権の移転を受ける旨の意思表示をした。

（5）　年　月　日、乙は、甲に対し、（1）の売買代金全額を支払い、甲はこれを受領した。

（6）よって、本件不動産の所有権は、　年　月　日、甲から丙に移転した。

年　月　日

上記の登記原因のとおり相違ありません。

　　住所

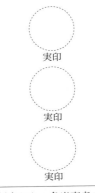

（甲）　氏名　　　　　　　　実印

　　住所

（乙）　氏名　　　　　　　　実印

　　住所

（丙）　氏名　　　　　　　　実印

上記のものは三者連名の方式であるが、実務上、署名捺印手続きの便宜から、各当事者ごとに同一内容のものを一枚ずつ作成して使用することも可能である。書式⑬はその方式によっている。

また、通常の登記原因証明情報は、登記義務者のみが署名捺印すれば足りるが、“新・中間省略登記”の場合は三者とも署名捺印（実印）し、印鑑証明書を添付するようにしている。

第5部
書式編

## ⑬ 登記原因証明情報（敷地権付き区分建物の所有権保存） ※甲、乙、丙が各々作成

登記原因証明情報

1．登記の目的　　　　所有権保存

2．登記の原因　　　　　年　　月　　日　売買

3．当　事　者

所有者　　　　(丙)

表題部所有者　　　　(甲)

5（1）の売買契約の買主　　　　(乙)

4．不動産の表示

(略)

5．登記原因となる事実又は法律行為

(1) 甲は、乙との間で、　年　　月　　日、その所有する上記不動産（以下「本件不動産」という。）を売り渡す旨の契約を締結した。
(2) (1) の売買契約には、「乙は、本件不動産の所有権の移転先となる者を指名するものとし、甲は、本件不動産の所有権を乙の指定する者に対し乙の指定及び売買代金全額の支払いを条件として直接移転することとする。」旨の所有権の移転先及び移転時期に関する特約が付されている。
(3) 所有権の移転先の指定
　　年　　月　　日、乙は、本件不動産の所有権の移転先として丙を指定した。
(4) 受益の意思表示
　　年　　月　　日、丙は甲に対し、本件不動産の所有権の移転を受ける旨の意思表示をした。
(5) 　　年　　月　　日、乙は、甲に対し、(1) の売買代金全額を支払い、甲はこれを受領した。
(6) よって、本件不動産の所有権は、　年　　月　　日、甲から丙に移転した。

年　　月　　日

上記の登記原因のとおり相違ありません。

住所

氏名

捨印　　　　　　　　　　　　実印

## ⑭ 登記原因証明情報兼承諾書（敷地権付き区分建物の所有権保存）　※甲が作成

登記原因証明情報　兼　承諾書

1．登記の目的　　　　　　所有権保存

2．登記の原因　　　　　　　　年　　月　　日　売買

3．当　事　者

所有者（丙）

表題部所有者兼敷地権登記名義人（甲）

5（1）の売買契約の買主　　　　（乙）

4．不動産の表示

（略）

5．登記原因となる事実又は法律行為

（1）甲は、乙との間で、　年　月　日、その所有する上記不動産（以下「本件不動産」という。）を売り渡す旨の契約を締結した。

（2）（1）の売買契約には、「乙は、本件不動産の所有権の移転先となる者を指名するものとし、甲は、本件不動産の所有権を乙の指定する者に対し乙の指定及び売買代金全額の支払いを条件として直接移転することとする。」旨の所有権の移転先及び移転時期に関する特約が付されている。

（3）所有権の移転先の指定
　　年　月　日、乙は、本件不動産の所有権の移転先として丙を指定した。

（4）受益の意思表示
　　年　月　日、丙は甲に対し、本件不動産の所有権の移転を受ける旨の意思表示をした。

（5）　年　月　日、乙は、甲に対し、（1）の売買代金全額を支払い、甲はこれを受領した。

（6）よって、本件不動産の所有権は、　年　月　日、甲から丙に移転した。

6．承諾

私は、本件不動産につき、不動産登記法第74条第2項の規定により、　年　月　日付「売買」を原因とする所有権保存登記を申請することを承諾します。

年　月　日

上記の登記原因のとおり相違ありません。

住所

（甲）　氏名

捨印　　　　　　　　　　　　　　実印

第5部 書式編

## ⑮ 登記原因証明情報（会社分割・合併☞Q24）

登記原因証明情報

1．登記の目的　　所有権移転

2．登記の原因　　　年　月　日会社分割

3．当　事　者

権利者　　（C）

義務者　　（A）

5（1）の吸収分割承継会社　　（B）

4．不動産の表示

（省略）

5．登記原因となる事実又は法律行為

（1）吸収分割契約

株式会社Aと株式会社Bは、　年　月　日付の吸収分割契約（以下、「本件吸収分割契約」という。）において、株式会社Bが株式会社Aから株式会社Aの○○事業に関して有する権利義務の一部（以下、「承継権利義務」という。）を承継する旨の吸収分割を行う契約を締結した。

（2）効力発生日

株式会社Aと株式会社Bは、分割契約において、　年　月　日を効力発生日と定めている。

（3）承継権利義務に関する不動産の権利

本件吸収分割には、本件不動産の所有権はCが取得する旨の定めがある。

（4）受益の意思表示

年　月　日、CはAに対し、本件不動産の所有権の移転を受ける旨の意思表示をした。

（5）会社分割の効力発生

効力発生日である　年　月　日の到来により、本件吸収分割の効力が生じた。また、それに伴う変更登記も完了した。

（6）よって、本件不動産の所有権は、　年　月　日、AからCに移転した。

## ⑯ 地位譲渡契約書（三者連名型）（☞Q89）

収入
印紙
200円

### 地位譲渡契約書

（以下「甲」という）と　　　　（以下「乙」という）と　　　　（以下「丙」という）とは、末尾記載の不動産（以下「本物件」という）に係る甲を売主、乙を買主とする売買契約における買主たる乙の地位を丙へ譲渡することに関し、次のとおり合意した。

第1条（譲渡対象）
甲と乙と丙は、　　年　　月　　日締結の不動産売買契約書（以下「原契約」という）の各条項に基づく乙の契約上の地位を本契約に基づく地位譲渡の対象とすることを確認する。
第2条（地位の譲渡）
乙は、丙から第3条の地位譲渡代金を受領するのと引き換えに、原契約における乙の地位を丙に譲渡するとともに、原契約および原契約に係る重要事項説明書・添付書類の原本を丙に交付し、丙はこれらを受領する。
さらに甲は、乙丙間のこの地位の譲渡契約を承諾する。
第3条（地位譲渡代金）
丙は乙に対し地位譲渡の対価として、金　　　　円を支払うものとする。
第4条（印紙代の負担）
本契約に貼付する印紙については、乙・丙がこれを等分に負担するものとする。
第5条（協議事項）
本契約に定めなき事項については、民法その他の法令の規定及び取引慣行に従い、甲・乙・丙誠意を持って協議の上解決するものとする。

以上これを証するため、本契約書1通を作成し、甲・乙・丙記名押印の上、丙が原本を甲・乙がその写しを保有するものとする。

年　　月　　日

甲　　住所
　　　氏名　　　　　　　　　　㊞

乙　　住所
　　　氏名　　　　　　　　　　㊞

丙　　住所
　　　氏名　　　　　　　　　　㊞

不動産の表示

（略）

## ⑰（四者間売買）AB間の売買契約の特約（☞Q102）

特約条項

1．（特約条項の優先）

下記特約条項が前条までの条項の内容と抵触する場合には、下記特約条項の内容が優先するものとします。

2．（所有権の移転先及び移転時期）

買主（以下、「Ｂ」という。）は、本物件の所有権の移転先となる者（Ｂを含む。）を指定するものとし、Ｂから指定を受けた者は、自らが受益の意思表示をしない場合には、さらに所有権の移転先となる者を指定する権利を有するものとします。【※１】

売主（以下、「Ａ」という。）は、本物件の所有権を、所有権の移転先として最後に指定された者（以下「所有権取得者」という。）に対し、次の事項のすべてを条件として直接移転するものとします。なお、Ａは、Ｂから指定を受けた者または所有権取得者について、この者がいわゆる反社会的勢力に該当する者（マネーロンダリングを行う者を含む。以下「反社会的勢力に該当する者」という。）である場合を除き、一切の異議を述べないものとします。

①Ｂ及びＢの指定した者（さらに再指定をした者を含む）の各指定。

②所有権取得者の受益の意思表示。

③売買代金全額の支払い。

3．（反社会的勢力への対応と責任負担）

ＢがＢ以外の者を所有権移転先として指定する場合、Ｂはその者が反社会的勢力に該当しない者であることを確約いたします。Ｂの調査懈怠により、Ｂが指定した者が反社会的勢力に該当する者であることが判明した場合、Ｂの責任と費用負担において対処し、Ｂはこれによりに生じた損害について賠償責任を負うものとします。

4．（所有権留保）

売買代金全額を支払った後であっても、ＢがＢ自身を本物件の所有権の移転先に改めて書面をもって指定しない限り、Ｂに本物件の所有権は移転しないものとします。

5．（受益の意思表示の受領委任等）

Ａは、Ｂに、下記の事項に関する一切の権限を委任いたします。この委任は、本契約が解除されない限り、解除することができないものとします。

①所有権取得者がＡに対してする「本物件の所有権の移転を受ける旨の意思表示」の受領に関する一切の件。

②本物件について所有権取得者に対する所有権移転及び所有権移転登記申請に必要な書類に関する記載事項の補充訂正に関する一切の件。

③上記①②に関し、復代理人選任に関する一切の件。

6．（Ｂの移転債務の履行の引受け）

Ｂ以外の者に本物件の所有権を移転させるときは、Ａは、Ｂがその者に対して負う所有権の移転債務を履行するために、その者に本物件の所有権を直接移転するものとします。

---

【※１】複数の第三者の存在を前提としている。

⑰〜㉔の四者間（ABCD）売買の書式例は司法書士法人大野事務所代表大野静香司法書士からご提供いただいたものである。

## ⑱（四者間売買）BC間の売買契約の特約（☞Q102）

### 特約条項

1．（特約条項の優先）

下記特約条項が前条までの条項の内容と抵触する場合には、下記特約条項の内容が優先するものとします。

2．（本契約の基礎となる契約）

売主（以下「Ｂ」という。）及び買主（以下「Ｃ」という。）は、本契約が、本物件の所有権登記名義人（以下「Ａ」という。）とＢとの間に締結された本物件に関する令和３年７月４日付不動産売買契約【※１】を基礎として締結されたものであることを確認します。なお、Ｂは、Ｃに対し、この契約に次の特約が付されている旨を表明し保証いたします。

【上記ＡＢ間の契約に規定された特約】

1．Ｂは、本物件の所有権の移転先となる者（Ｂを含む。）を指定するものとし、Ｂから指定を受けた者は、自らが受益の意思表示をしない場合には、さらに所有権の移転先となる者を指定する権利を有するものとします。

Ａは、本物件の所有権を、所有権の移転先として最後に指定された者（以下「所有権取得者」という。）に対し、次の事項のすべてを条件として、直接移転するものとします。なお、Ａは、Ｂから指定を受けた者または所有権取得者について、この者がいわゆる反社会的勢力に該当する者（マネーロンダリングを行う者を含む。）である場合を除き、一切の異議を述べないものとします。

①Ｂ及びＢの指定した者（さらに再指定をした者を含む）の各指定。

②所有権取得者の受益の意思表示。

③売買代金全額の支払い。

2．Ａは、Ｂに、所有権取得者がＡに対してする「本物件の所有権の移転を受ける旨の意思表示」の受領に関する一切の件及び復代理人選任に関する一切の件を委任します。

3．（所有権の移転先及び移転時期）

(1)　Ｂは、上記２記載の契約に基づき、本物件の所有権の移転先としてＣを指定いたします。【※２】

(2)　Ｃは、本物件の所有権の移転先となる者（Ｃを含む。）を指定するものとし、Ｃから指定を受けた者は、自らが受益の意思表示をしない場合には、さらに所有権の移転先となる者を指定する権利を有するものとします。

本物件の所有権は、次の事項のすべてを条件として、Ａから所有権取得者に移転するものとします。なお、Ｂは、Ｃから指定を受けた者又は所有権取得者について、この者がいわゆる反社会的勢力に該当する者（マネーロンダリングを行う者を含む。）である場合を除き、一切の異議を述べないものとします。

①Ｃ及びＣの指定した者（さらに再指定をした者を含む）の各指定。

②所有権取得者の受益の意思表示。

③Ｂ及びＣ並びにＣの指定した者（さらに再指定をした者を含む）の売買代金全額の支払い。【※３】

４．（反社会的勢力への対応と責任負担）

Ｃが C 以外の者を所有権移転先として指定する場合、Ｃはその者が反社会的勢力に該当しない者であることを確約いたします。Ｃの調査懈怠により、Ｃが指定した者が反社会的勢力に該当する者であることが判明した場合、Ｃの責任と費用負担において対処し、Ｃはこれによりｂに生じた損害について賠償責任を負うものとします。

５．（所有権留保）

売買代金全額を支払った後であっても、ＣがＣ自身を本物件の所有権の移転先に改めて書面をもって指定しない限り、Ｃに本物件の所有権は移転しないものとします。

６．（ＢからＣへの委任事項）

Ｂは、Ｃに、下記の事項に関する一切の権限を委任いたします。この委任は、本契約が解除されない限り、解除することができないものとします。

①所有権取得者がＡに対してする「本物件の所有権の移転を受ける旨の意思表示」受領に関する一切の件。

②本物件について所有権取得者に対する所有権移転及び所有権移転登記申請に必要な書類に関する記載事項の補充訂正に関する一切の件。

③上記①②に関し、復代理人選任に関する一切の件。

７．（Ｃの移転債務の履行の引受け）

Ｃ以外の者に本物件の所有権を移転させるときは、Ｂは、Ｃがその者に対して負う所有権の移転債務を履行するために、その者に本物件の所有権をＡから直接移転させる債務を負うものとします。

８．（本契約の性質）

本契約は、ＢがＡから所有権を取得することなく、直接Ａから所有権取得者に所有権が移転する特約が付されている「他人物売買契約」です。したがいまして、Ｂが宅地建物取引業者である場合には、本契約が、宅地建物取引業法の各規定の適用を受けるものであることを、Ｂ及びＣは確認いたしました。【※４】

---

【※１】Ａ・Ｂ間の売買契約をいう。

【※２】Ｃが所有権移転先の指定権限を有することを明らかにするために記載する。

【※３】Ｃが売買代金全額をＢに支払っただけでは、所有権取得者に所有権は移転しない。Ａを除く関係者全員の売買代金全額の支払いが必要である。

【※４】契約書の表題が「売買契約書」であったとしても、当該契約が「無名契約」であると解する余地もないわけではないので、Ｂ・Ｃ間の法的性質を確認しておく。

## ⑲（四者間売買）CD間の売買契約の特約（☞Q102）

### 特約条項

1．（特約条項の優先）

下記特約条項が前条までの条項の内容と抵触する場合には、下記特約条項の内容が優先するものとします。

2．（本契約の基礎となる契約）

売主（以下「C」という。）及び買主（以下「D」という。）は、本契約が、次の契約を基礎として締結されたものであることを確認します。

①第１契約：本物件の所有権登記名義人（以下「A」という。）と買取不動産株式会社（本店　東京都中央区○○町○丁目○番○号、以下「B」という。）との間に締結された本物件に関する令和３年７月４日付不動産売買契約。【※１】なお、BはCに対し、第１契約において次の特約が付されている旨を表明し保証しております。

【第１契約に規定された特約】

1．Bは、本物件の所有権の移転先となる者（Bを含む。）を指定するものとし、Bから指定を受けた者は、自らが受益の意思表示をしない場合には、さらに所有権の移転先となる者を指定する権利を有するものとします。

Aは、本物件の所有権を、所有権の移転先として最後に指定された者（以下「所有権取得者」という。）に対し、次の事項のすべてを条件として、直接移転するものとします。なお、Aは、Bから指定を受けた者または所有権取得者について、この者がいわゆる反社会的勢力に該当する者（マネーロンダリングを行う者を含む。）である場合を除き、一切の異議を述べないものとします。

①B及びBの指定した者（さらに再指定をした者を含む）の各指定。

②所有権取得者の受益の意思表示。

③売買代金全額の支払い。

2．Aは、Bに、所有権取得者がAに対してする「本物件の所有権の移転を受ける旨の意思表示」の受領に関する一切の件並びに復代理人選任に関する一切の件を委任します。

②第２契約：BとCとの間に締結された本物件に関する令和３年７月１５日付不動産売買契約。【※２】なお、CはDに対し、第２契約に次の特約が付されている旨を表明し保証いたします。

【第２契約に規定された特約】

1．Bは、上記第１契約に基づき、本物件の所有権の移転先としてCを指定いたします。

2．Cは、本物件の所有権の移転先となる者（Cを含む。）を指定するものとし、Cから指定を受けた者は、自らが受益の意思表示をしない場合には、さらに所有権の移転先となる者を指定する権利を有するものとします。

第5部　書式編

本物件の所有権は、次の事項のすべてを条件として、Ａから所有権取得者に移転するものとします。なお、Ｂは、Ｃから指定を受けた者又は所有権取得者について、この者がいわゆる反社会的勢力に該当する者（マネーロンダリングを行う者を含む。）である場合を除き、一切の異議を述べないものとします。

①Ｃ及びＣの指定した者（さらに再指定をした者を含む）の各指定。

②所有権取得者の受益の意思表示。

③Ｂ及びＣ並びにＣの指定した者（さらに再指定をした者を含む）の売買代金全額の支払い。

3．Ｂは、Ｃに、所有権取得者がＡに対してする「本物件の所有権の移転を受ける旨の意思表示」の受領に関する一切の件及び復代理人選任に関する一切の件を委任します。

3．（所有権移転の時期）

本物件の所有権はＤが売買代金の全額を支払い、Ｃがこれを受領し、上記２記載の各契約に基づきＡ及びＢが各売買代金全額を受領し並びにＡがＤから本物件の所有権移転を受ける旨の意思表示を受領したときに、ＡからＤに直接移転するものとします。【※３】

4．（第三者の弁済）

本物件は未だにＡが所有しているので、本物件の所有権を移転するＣの債務については、上記２記載の各契約に基づき、ＡがＤに直接所有権を移転させることにより履行するものとします。

5．（本契約の性質）

本契約は、ＣがＡ及びＢから所有権を取得することなく、直接ＡからＤに所有権が移転する特約が付されている「他人物売買契約」です。したがいまして、Ｃが宅地建物取引業者である場合には、本契約が、宅地建物取引業法の各規定の適用を受けるものであることを、Ｃ及びＤは確認いたしました。【※４】

---

【※１】Ａ・Ｂ間の売買契約をいう。

【※２】Ｃが所有権移転先の指定権限を有することを明らかにするために記載する。

【※３】Ｄが売買代金全額をＣに支払っただけでは、所有権取得者に所有権は移転しない。Ａを除く関係者全員の売買代金全額の支払いが必要である。あわせて、Ａが受益の意思表示を受領することも必要である。

【※４】契約書の表題が「売買契約書」であったとしても、当該契約が「無名契約」であると解する余地もないわけではないので、Ｃ・Ｄ間の法的性質を確認しておく。

## ⑳（四者間売買）受益の意思表示受領に関する委任状（☞Q102）

委　　任　　状

（A）

（B）

私（A）は、B殿に対し、次の事項に関する一切の件を委任いたします。

1．ＡＢ間に締結された後記物件に関する令和３年７月４日付不動産売買契約（第三者のためにする契約である旨の特約付）に基づき、後記物件の所有権移転先として最後に指定された者（以下「所有権取得者」という。）がする「所有権の移転を受ける旨の意思表示」の受領に関する一切の件。

2．後記物件について、所有権取得者に対する所有権移転及び所有権移転登記申請に必要な書類に関する記載事項の補充訂正に関する一切の件。

3．復代理人の選任に関する一切の件。

4．上記１乃至３による委任は、後記物件に関する上記１記載の契約が解除されない限り、撤回できないものとします。

令和３年７月４日

住所

氏名　　　　　　　　　　　　　　㊞

不動産の表示

（略）

## ㉑（四者間売買）所有権移転先指定書兼委任状（☞Q102）

所有権移転先指定書　兼　委任状

（A）

（B）

（C）

1．私（B）は、後記不動産についてＡＢ間で締結した令和３年７月４日付売買契約（第三者のためにする契約である旨の特約付）に基づき、後記不動産の所有権の移転先としてＣ殿を指定いたします。

2．私（B）は、Ｃ殿を復代理人と定め、次の各契約に基づき、後記物件の所有権移転先として最後に指定された者（以下「所有権取得者」という。）がする「所有権の移転を受ける旨の意思表示」の受領に関する一切の権限を委任します。

①第１契約：ＡＢ間に締結された後記物件に関する令和３年７月４日付不動産売買契約（第三者のためにする契約である旨の特約付）。

②第２契約：ＢＣ間に締結された後記物件に関する令和３年７月１５日付不動産売買契約（第三者のためにする契約である旨の特約付）。

3．私（B）は、Ｃ殿に、後記物件について、所有権取得者に対する所有権移転及び所有権移転登記申請に必要な書類に関する記載事項の補充訂正に関する一切の件を委任いたします。

4．私（B）は、Ｃ殿に、上記２及び３について、復代理人の選任に関する一切の件を委任いたします。

5．上記２乃至４の委任は、後記物件に関する上記２記載の第２契約が解除されない限り、撤回できないものとします。

令和３年７月15日

本　店
商　号
代表者　　　　　　　　　　　　　㊞

不動産の表示

（略）

## ㉒（四者間売買）所有権移転先指定書兼意思表示受領書（☞Q102）

所有権移転先指定書

兼　意思表示受領書

（A）

（B）

（C）

（D）

1．私（C）は、後記不動産に関する次の各契約に基づき、後記不動産の所有権の移転先としてD殿を指定いたします。

①第１契約：ＡＢ間に締結された後記物件に関する令和３年７月４日付不動産売買契約（第三者のためにする契約である旨の特約付）。

②第２契約：ＢＣ間に締結された後記物件に関する令和３年７月１５日付不動産売買契約（第三者のためにする契約である旨の特約付）。

2．私（C）は、上記１により、後記不動産の所有権移転先として指定したD殿から、後記不動産の所有権の移転を受ける旨の意思表示を受領いたしました。

令和３年７月27日

本　店
商　号
代表者　　　　　　　　　　　　　㊞

不動産の表示

（略）

## ㉓（四者間売買）所有権取得意思確認書（☞Q102）

所有権取得意思確認書

（A）

（B）

（C）

（D）

A代理人　　B　殿【※１】
A復代理人　C　殿【※２】

私（D）は、次の各契約に基づき、C殿から所有権の移転先として最後に指定を受けましたので、A殿から後記不動産の所有権の移転を受けることを承諾いたしました。

①第１契約：AB間に締結された本物件に関する令和３年７月４日付不動産売買契約（第三者のためにする契約である旨の特約付）。
②第２契約：BC間に締結された本物件に関する令和３年７月15付不動産売買契約（第三者のためにする契約である旨の特約付）。
③第３契約：CD間に締結された本物件に関する令和３年７月27日付不動産売買契約。

令和３年７月27日

住所

氏名　　　　　　　　　　　　　　㊞

不動産の表示

（略）

【※１】【※２】受益の意思表示の受領について、A・B間の売買契約には、Bが復代理人を選任できる条項があるが、AとC、BとDは直接の契約当事者ではないので、受益の意思表示の受領者として併記した。

## ㉔（四者間売買）登記原因証明情報（☞Q102）

登記原因証明情報

1．登記の目的　　　　所有権移転

2．登記の原因　　　　令和３年８月５日売買

3．当　事　者

①権利者　　　　　（D）

②義務者　　　　　（A）

③５(1）の売買契約の買主（B）

④Bから指定を受けた者　（C）

4．不動産の表示　　後記のとおり

5．登記の原因となる事実又は法律行為

(1) AはBとの間で、令和３年７月４日、その所有する後記不動産（以下、「本件不動産」という）を売り渡す旨の契約を締結した。

(2) (1）の売買契約には、「Bは、本件不動産の所有権の移転先となる者（Bを含む）を指定するものとし、Bから指定を受けた者は、自らが受益の意思表示をしない場合には、さらに所有権の移転先となる者を指定する権利を有する。Aは、本件不動産の所有権を、所有権の移転先として最後に指定された者（以下「所有権取得者」という。）に対し、①B及びBの指定した者（さらに再指定をした者を含む）の各指定、②所有権取得者の受益の意思表示、③売買代金全額の支払い、を条件として直接移転するものとする。BがAに売買代金全額を支払った後であっても、BがB自身を本件不動産の所有権の移転先に改めて指定しない限り、Bに本件不動産の所有権は移転しないものとする。」旨の所有権の移転先及び移転時期に関する特約が付されている。

(3) 令和３年８月５日、Bは、Aに対し、(1）の売買代金全額を支払い、Aはこれを受領した。

(4) 所有権の移転先の指定【※１】
令和３年７月15日、Bは、本件不動産の所有権の移転先としてCを指定した。

(5) 所有権移転先の再指定【※２】
平成３年７月27日、Ｃは、本件不動産の所有権の移転先としてＤを指定した。
(6) 受益の意思表示
平成３年７月27日、ＤはＡに対し、本件不動産の所有権の移転を受ける旨の意思表示をした。
(7) よって、本件不動産の所有権は、令和３年８月５日、ＡからＤに移転した。

令和３年８月５日　東京法務局　●●出張所　御中

上記の登記原因のとおり相違ありません。

義　務　者（Ａ）
住　所
氏　名　　　　　　　印

５（1）の買主（Ｂ）
本　店
商　号
代表者　　　　　　　　　　　印

Ｂから指定を受けた者（Ｃ）
本　店
商　号
代表者　　　　　　　　　　　印

権　利　者（Ｄ）
住　所
氏　名　　　　　　　印

不動産の表示

(略)

---

【※１】【※２】所有権移転先の指定について、その原因行為となるＢ・Ｃ間、Ｃ・Ｄ間の契約内容を登記原因証明情報の内容とすることを要しない。

# 第6部

# 資料編

資料１

# “新・中間省略登記”公的承認の経緯

◆平成17年　3月　改正不動産登記法施行

◆平成17年　3月　日本司法書士会連合会会長通知（各単位会会長あて）中間省略登記の「違法申請」の禁止を確認

◆平成17年　9月　日本司法書士会連合会会長通知（各単位会会長あて）　再度の確認

◆平成18年12月　規制改革・民間開放推進会議から法務省民事第二課長に対する照会及びそれに対する回答**【資料2、3】**

◆平成18年12月　規制改革・民間開放推進会議第3次（最終）答申及び閣議決定**【資料4】**

◆平成19年　1月　法務省（民事第二課長）から法務局への通知**【資料5】**

◆平成19年　1月　日本司法書士会連合会会長「お知らせ」（各単位会会長あて）

◆平成19年　2月　『登記研究』（第708号）誌上にて民事第二課長通知の解説

◆平成19年　4月　『登記研究』（第710号）誌上にて、上記解説を一部修正

◆平成19年　5月　日本司法書士会連合会会長「お知らせ」（追補）（各単位会会長あて）

◆平成19年　5月　規制改革推進のための第1次答申**【資料6】**

◆平成19年　6月　規制改革推進のための3ヵ年計画**【資料7】**

◆平成19年　7月　国土交通省による不動産業界あて通知**【資料8】**

◆平成19年　7月　宅地建物取引業法施行規則改正**【資料9】**

◆平成19年12月　日本司法書士会連合会「実務上の留意点」を発表

## 資料２
# 法務省への照会

別紙甲号

平成１８年１２月２１日

法務省民事局民事第二課長　殿

規制改革・民間開放推進会議
住宅・土地ワーキンググループ主査

第三者のためにする売買契約の売主から当該第三者への直接の所有権の移転の登記の申請又は買主の地位を譲渡した場合における売主から買主の地位の譲受人への直接の所有権の移転の登記の申請の可否について（照会）

甲を登記義務者，丙を登記権利者とし，別紙１又は別紙２の登記原因証明情報を提供して行われた甲から丙への所有権の移転の登記の申請は，他に却下事由が存在しない限り，いずれも受理されるものと考えて差し支えないか，照会します。

資料３
# 法務省からの回答

別紙乙号

法務省民二第２８７８号

平成１８年１２月２２日

規制改革・民間開放推進会議

住宅・土地ワーキンググループ主査　殿

法務省民事局民事第二課長

第三者のためにする売買契約の売主から当該第三者への直接の所有権の移転の登記の申請又は買主の地位を譲渡した場合における売主から買主の地位の譲受人への直接の所有権の移転の登記の申請の可否について（回答）

本月２１日付け照会のあった標記の件については，いずれも貴見のとおりと考えます。

別紙１（第三者のためにする契約）

登記原因証明情報

１　登記の目的　所有権移転
２　登記の原因　平成１８年１１月１日売買
３　当　事　者　　権　　利　　者　　　　Ａ市Ｂ町１丁目２番３号
　　　　　　　　　　　　　　　　　　　　（丙）　丙　野　太　郎
　　　　　　　　　義　　務　　者　　　　Ｃ市Ｄ町２丁目３番４号
　　　　　　　　　　　　　　　　　　　　（甲）　甲　山　一　郎
　　　　　　　　　5(1)の売買契約の買主　Ｅ市Ｆ町３丁目４番５号
　　　　　　　　　　　　　　　　　　　　（乙）　乙　川　花　子
４　不動産の表示　　所　在　Ｘ市Ｙ町Ｚ丁目
　　　　　　　　　　地　番　７番９
　　　　　　　　　　地　目　宅地
　　　　　　　　　　地　積　１２３．４５平方メートル
５　登記の原因となる事実又は法律行為
(1) 甲は，乙との間で，平成１８年１０月１日，その所有する上記不動産（以下「本件不動産」という。）を売り渡す旨の契約を締結した。
(2) (1)の売買契約には，「乙は、売買代金全額の支払いまでに本件不動産の所有権の移転先となる者を指名するものとし、甲は，本件不動産の所有権を乙の指定する者に対し乙の指定及び売買代金全額の支払いを条件として直接移転することとする。」旨の所有権の移転先及び移転時期に関する特約が付されている。
(3) 所有権の移転先の指定
　平成１８年１１月１日，乙は，本件不動産の所有権の移転先として丙を指定した。
(4) 受益の意思表示
　平成１８年１１月１日，丙は甲に対し，本件不動産の所有権の移転を受ける旨の意思表示をした。
(5) 平成１８年１１月１日，乙は，甲に対し，(1)の売買代金全額を支払い，甲はこれを受領した。
(6) よって，本件不動産の所有権は，平成１８年１１月１日，甲から丙に移転した。

平成１８年１１月５日　○○法務局●●出張所　御中

上記登記原因のとおり相違ありません。
　　　　　　　　権　　利　　者　　　　Ａ市Ｂ町１丁目２番３号
　　　　　　　　　　　　　　　　　　　（丙）　丙　野　太　郎　　印
　　　　　　　　義　　務　　者　　　　Ｃ市Ｄ町２丁目３番４号
　　　　　　　　　　　　　　　　　　　（甲）　甲　山　一　郎　　印
　　　　　　　　5(1)の売買契約の買主　Ｅ市Ｆ町３丁目４番５号
　　　　　　　　　　　　　　　　　　　（乙）　乙　川　花　子　　印

別紙２（買主の地位の譲渡）

登記原因証明情報

１　登記の目的　所有権移転
２　登記の原因　平成１８年１１月１日売買
３　当　事　者　　権利者　Ａ市Ｂ町１丁目２番３号
　　　　　　　　　　　　　（丙）　丙　野　太　郎
　　　　　　　　　義務者　Ｃ市Ｄ町２丁目３番４号
　　　　　　　　　　　　　（甲）　甲　山　一　郎
　　　　　　　　　買主の地位の譲渡人
　　　　　　　　　　　　　Ｅ市Ｆ町３丁目４番５号
　　　　　　　　　　　　　（乙）　乙　川　花　子
４　不動産の表示　所　在　Ｘ市Ｙ町Ｚ丁目
　　　　　　　　　　地　番　７番９
　　　　　　　　　　地　目　宅地
　　　　　　　　　　地　積　１２３．４５平方メートル
５　登記の原因となる事実又は法律行為
(1) 甲は，乙に対し，平成１８年１０月１日，その所有する上記不動産（以下「本件不動産」という。）を売り渡す旨の契約を締結した。
(2) (1)の売買契約には，「乙から甲への売買代金の支払いが完了した時に本件不動産の所有権が乙に移転する。」旨の所有権の移転時期に関する特約が付されている。
(3) 地位の譲渡契約
乙は，丙との間で，平成１８年１０月１１日，(1)の売買契約における買主としての地位を丙に売買により譲渡する旨を約し，甲は，これを承諾した。
(4) 代金の支払い
平成１８年１１月１日，丙は，甲に対し，(1)の売買代金全額を支払い，甲はこれを受領した。
(5) よって，本件不動産の所有権は，平成１８年１１月１日，甲から丙に移転した。

平成１８年１１月５日　○○法務局●●出張所　御中

上記登記原因のとおり相違ありません。
　　権利者　　　　　　Ａ市Ｂ町１丁目２番３号
　　　　　　　　　　　　（丙）　丙　野　太　郎　印
　　義務者　　　　　　Ｃ市Ｄ町２丁目３番４号
　　　　　　　　　　　　（甲）　甲　山　一　郎　印
　　買主の地位の譲渡人
　　　　　　　　　　　Ｅ市Ｆ町３丁目４番５号
　　　　　　　　　　　　（乙）　乙　川　花　子　印

別紙１（第三者のためにする契約）

登記原因証明情報

１　登記原因証明情報の要項

(1) 登記の目的　所有権移転

(2) 登記の原因　平成１８年１１月１日売買

(3) 当　事　者　権　　利　　者　　　　Ａ市Ｂ町１丁目２番３号
　　　　　　　　　　　　　　　　　　　　（丙）　丙　野　太　郎
　　　　　　　　義　　務　　者　　　　Ｃ市Ｄ町２丁目３番４号
　　　　　　　　　　　　　　　　　　　　（甲）　甲　山　一　郎
　　　　　　　　2(1)の売買契約の買主　Ｅ市Ｆ町３丁目４番５号
　　　　　　　　　　　　　　　　　　　　（乙）　乙　川　花　子

(4) 不動産の表示　所　在　Ｘ市Ｙ町Ｚ丁目
　　　　　　　　　地　番　７番９
　　　　　　　　　地　目　宅地
　　　　　　　　　地　積　１２３．４５平方メートル

２　登記の原因となる事実又は法律行為

(1) 甲は，乙との間で，平成１８年１０月１日，その所有する上記不動産（以下「本件不動産」という。）を売り渡す旨の契約を締結し，甲は，同日，売買代金全額を乙から受領した。

(2) (1)の売買契約には，「甲は，本件不動産の所有権を乙の指定する者に対し乙の指定を条件として直接移転することとする。乙から甲への売買代金の支払いが完了した後も，その指定があるまでは，本件不動産の所有権は，甲に留保される。」旨の所有権の移転先及び移転時期に関する特約が付されている。

(3) 所有権の移転先の指定

　平成１８年１１月１日，乙は，本件不動産の所有権の移転先として丙を指定した。

(4) 受益の意思表示

　平成１８年１１月１日，丙は甲に対し，本件不動産の所有権の移転を受ける旨の意思表示をした。

平成１８年１１月５日　○○法務局●●出張所　御中

上記登記原因のとおり相違ありません。

　　　　権　　利　　者　　　　Ａ市Ｂ町１丁目２番３号
　　　　　　　　　　　　　　　（丙）　丙　野　太　郎　　印
　　　　義　　務　　者　　　　Ｃ市Ｄ町２丁目３番４号
　　　　　　　　　　　　　　　（甲）　甲　山　一　郎　　印
　　　　2(1)の売買契約の買主　Ｅ市Ｆ町３丁目４番５号
　　　　　　　　　　　　　　　（乙）　乙　川　花　子　　印

**（誤って発出されたが，受理できるとされたもの）**

# 資料４
# 規制改革・民間開放の推進に関する第3次答申

―さらなる飛躍を目指して―
（平成18年12月25日・規制改革・民間開放推進会議）

## Ⅱ．今後の規制改革の推進に向けた課題

６　安全安心な生活環境の実現

⑶　住宅・土地分野

③　透明性が高く信頼される不動産市場の形成

拡大型の社会から，ストックを有効活用する社会へ変化する中で，透明性が高く信頼される不動産市場の形成が求められており，その観点から，不動産取引価格情報の収集・提供のための制度の更なる推進が必要である。先進国の多くが不動産取引情報を公開しているが，日本においては限られたエリアについての情報提供が実験的に始まったばかりであり，その公開内容も限定的かつ事例数も少ないため，提供情報の広範化と事例収集率向上のための対策を講じる必要がある。その際，土地市場に対する不安感を軽減させる観点からも，今後は売り手に偏在する実売価格に関する情報を集約して，売り手買い手のどちらにも偏らない中立的な形で，個人の権利利益の保護に配慮しつつ，不動産取引価格情報の収集，提供の制度を推進する必要がある。

不動産取引の基盤となる登記制度においては，従来，登記原因証書に代えて申請書副本を提出することによって行われていたと指摘されているいわゆる中間省略登記について，平成16年の不動産登記法（平成16年法律第123号）の改正により登記原因証明情報の提供が必須のものとされ，申請書副本によってこれに代えることができなくなったことから，旧法下のような形では結果として行われることがなくなった。これまで，登記行政の運用と最高裁判例（昭和40年９月21日判決）との整合性について指摘もさ

れており，また，登記費用の負担の増加も表面化している。本来中間省略登記は，不動産取引の現場の取引費用の低減ニーズに応え，また，不動産の流動化，土地の有効利用を促進するという社会的機能を持つものと考えられるため，三者の合意があって，「甲→乙→丙」と所有権が移転する場合には，端的に中間省略登記を容認することが適切であるとも考えられる。少なくとも，中間省略登記ができないことによる実質的な不都合を緩和するため，今後，不動産に関する物権変動を公示するという不動産登記制度の理念等も踏まえて，制度全体の整合性を考慮しつつ，不動産取引現場のニーズに対応できるよう検討を行うべきである。また法制度上の運用について誤解や不一致があるとすれば，それは速やかに改善する必要がある。

## Ⅲ．各分野における具体的な規制改革（編者注・以下，閣議決定対象部分）

11　住宅・土地分野

⑵　登記制度の運用改善

従来，不動産の売買において，「甲（売主)→乙（転売者)→丙（買主)」という取引の場合，登記官の形式的審査権の下で「甲→丙」という所謂「中間省略登記」が結果として少なからず行われていたとの指摘があるが，平成16年の不動産登記法の改正により，不動産の所有権の移転登記に際しては登記原因証明情報を提供することが必須のものとされたため，上記のような取引により登記の申請をする場合には，添付された登記原因証明情報の内容から「甲→乙」「乙→丙」の２つの権利変動が実体上あることが明らかとなることとなった。したがって，不動産登記の規定に従い，この実体上の権利変動を公示するため，「甲→乙」「乙→丙」と順次所有権の移転の登記をしなければならないことになり，前記のような登記が行われるということはなくなった。

所有権の登記の申請は民法上の義務とはなっておらず，また，甲乙丙三者の合意がある場合には，最高裁判例（昭和40年９月21日判決）においても「甲→丙」への移転の登記請求権が認められているため，登記行政の運用と判例との整合性について指摘もされている。多くの場合，乙は第三者への対抗要件を必要としておらず，また登記をする場合にはその費用を転売価格に上乗せしているため，丙の費用負担が増えることになる。

しかし，第三者のためにする契約等，一定の類型の契約により実体上も「甲→丙」と直接所有権が移転した場合には，現在の制度の下においても「甲→丙」と直接移転登記を申請することができる。もっとも，現状においては，甲乙丙三者が売買に介在する場合，乙が所有権を取得していないにもかかわらず，「中間省略登記的だ」との理由から，乙に所有権移転をしないといけないのではないかとの疑義が生じるなど，現場の混乱も少なからず見受けられる。

そこで，当会議は，不動産登記法改正前と実質的に同様の不動産登記の形態を実現し，現場の取引費用の低減ニーズに応えるとともに，不動産の流動化，土地の有効利用を促進する観点から，不動産登記制度を所管する法務省との間で，甲乙丙三者が売買等に関与する場合であっても，実体上，所有権が「甲→丙」と直接移転し，中間者乙を経由しないことになる類型の契約に該当する「第三者のためにする売買契約の売主から当該第三者への直接の所有権の移転登記」又は「買主の地位を譲渡した場合における売主から買主の地位の譲受人への直接の所有権の移転登記」の各申請の可否につき，具体的な登記原因証明情報を明示した上で，いずれも可能である旨を確認した。ついては，現場における取扱いについて，誤解や不一致が生ずることのないよう，各登記所や日本司法書士会連合会，不動産取引の関連団体を通じて，登記官，司法書士，不動産取引の当事者，関係者に対して上記の照会回答の内容を周知すべきある。**【平成18年度措置】**

## 資料５
# 法務省による通知

法務省民二第５２号
平成１９年1月１２日

法務局民事行政部長　殿
地方法務局長　殿

法務省民事局民事第二課長

第三者のためにする売買契約の売主から当該第三者への直接の所有権の移転の登記の申請又は買主の地位を譲渡した場合における売主から買主の地位の譲受人への直接の所有権の移転の登記の申請の可否について（通知）

標記について，別紙甲号のとおり規制改革・民間開放推進会議住宅・土地ワーキンググループ主査から当職あて照会があり，別紙乙号のとおり回答がされましたので，この旨貴管下登記官に周知方取り計らい願います。

## 資料6
# 規制改革推進のための第1次答申

—規制の集中改革プログラム—
（平成19年5月30日・規制改革会議）

(3) 住宅・土地分野

**【問題意識】**

③ 透明性が高く信頼性の高い不動産市場の形成

当会議の前身である規制改革・民間開放推進会議から，不動産取引の基盤となる登記制度の運用改善に向けた取組を行ってきたところである。所謂「中間省略登記」について，不動産取引の現場の取引費用の低減ニーズに応え，また，不動産の流動化，土地の有効利用を促進するという社会的機能を持つものと考え，不動産に関する物権変動を公示するという不動産登記制度の理念等も踏まえて，制度全体の整合性を考慮しつつ，不動産取引現場のニーズに対応できるよう検討を行ってきたが，不動産取引現場での法制度の解釈や運用について徹底し，誤解や不一致が起きないようにするため，さらに必要な措置を積極的に講じていく必要がある。「甲（売主）→乙（転売者）→丙（買主）」という取引において，「甲→丙」と直接移転登記を行うために「第三者のためにする売買契約の売主から当該第三者への直接の所有権の移転登記」を用いる場合で，かつ乙が宅地建物取引業者である場合について，不動産取引の現場の一部に，宅地建物取引業法（昭和27年法律第176号。以下「宅建業法」という。）の規制の適用関係や瑕疵担保責任を負う主体について明確化を求める意見がある。このうち瑕疵担保責任について，常に甲が丙から直接瑕疵担保責任を追及されることになるのではないかとの誤解が生じているが，乙丙間を無名契約とする場合には当事者間の個別の合意に基づく特約を設けることにより，また乙丙間を他人物の売買契約とする場合には宅建業法上の規定の適用により，丙に対する瑕疵担保責任を乙に課すことができ，結果として，①第三者のためにする売買契約に基づいて甲は乙に対し瑕疵担保責任を負う（ただし，特約によって瑕疵担保責任を排除することはできる），②乙丙間の無名契約又は他人物の売買契約に基づいて乙は丙に対し瑕疵担保責任を負う（他人物の売買契約の場合は宅建業法により瑕疵担保責任の排除はできない），③甲は丙に対し瑕疵担保責任を負わない（契約当事者の関係にないため）という契約形態をとることができる。

⑨　不動産取引に関する運用改善 **【平成19年度前半に措置】**

（略，編者注・次の3に掲げる6月22日閣議決定部分と同一内容）

## 資料 7
# 規制改革推進のための3か年計画

（平成19年 6 月22日閣議決定）

5　住宅・土地

⑵　不動産取引に関する運用改善**【平成19年度前半に措置】**

平成16年の不動産登記法（平成16年法律第123号）の改正により，「甲（売主)→乙（転売者)→丙（買主)」という取引において，「甲→丙」と直接移転登記を申請する所謂「中間省略登記」が行われることがなくなったが，規制改革・民間開放推進会議において不動産登記法改正前と実質的に同様の不動産登記の形態を実現し，現場の取引費用の低減ニーズに応えるとともに，不動産の流動化，土地の有効利用を促進する観点から，検討を進めた。その後，不動産登記制度を所管する法務省との間で，甲乙丙三者が売買等に関与する場合であっても，「第三者のためにする契約」又は「買主の地位の譲渡」により，実体上，所有権が「甲→丙」と直接移転し，中間者乙を経由しないときには「甲→丙」と直接移転登記をすることが当然に可能である旨を確認し，法務省は，その場合の登記原因証明情報について，各登記所や日本司法書士会連合会，不動産取引の関連団体を通じて，関係者への周知を行った。

しかし，乙が宅地建物取引業者（以下「宅建業者」という。）で丙が一般消費者である場合には，このような契約形態によれば，宅地建物取引業法（昭和27年法律第176号。以下「宅建業法」という。）で設けられている消費者保護を目的とする規定が適用されるか否か，あるいはこのような契約形態が宅建業法第33条の 2 の規定（自己の所有に属しない宅地又は建物の売買契約の締結の制限）に違反するのではないかなどの疑義が生じるなど，不動産取引の現場にはなお一部混乱が見受けられる。そのため，国土交通省等の関連省庁において，一定の契約によって甲から丙への直接の移転登記を行うに際しての障害となる要素を取り除くとともに，これが広く活用されるようにするために関係団体等に対して一層の周知，啓蒙を図る。

甲から丙への直接移転登記が可能な場合としては，「買主の地位の譲渡」を活用する場合と「第三者のためにする契約」を活用して売主から当該第三者への直接の所有権の移転をする場合との二通りがあり，後者については乙丙間で他人物の売買契約（なお，所有権に関しては，第三者のためにする契約の効力に基づき甲から丙へ直接に移転する旨の特約が付される。）を締結する場合と，無名契約を締結する場合とがありうる。これらのうちどれを選択するかは，最終的に乙丙間の契約当事者の判断によるところである。

ただし，乙丙間の契約を他人物の売買契約とする場合は，宅建業者である乙に重要事項説明や瑕疵担保責任の特例等の宅建業法上の消費者保護を目的とする規制が課されることになるのに対し，乙丙間の契約を無名契約とする場合は，乙が宅建業者であっても乙丙間の契約には宅建業法の規律が及ばず，問題を生じた際に直接的に宅建業法違反の監督処分を行えないという法的効果の違いがある。したがって，一般消費者の保護の観点からは，乙丙間の契約を売買契約として成立させる方式には十分な合理性がある。

ここで，「第三者のためにする契約」を活用し，かつ，乙丙間の契約を他人物の売買契約とする場合，宅建業法第33条の２の規定に抵触することとなるが，乙が他人物の所有権の移転を実質的に支配していることが客観的に明らかである場合等，一定の類型に該当する場合にはこの規定の適用が除外されることが明確となるよう，国土交通省令等の改正を含む適切な措置を講ずる。なお，前記の特約の付された他人物の売買契約がされた場合であっても，乙に所有権が移転することなく，甲から丙に対して直接所有権が移転するときには，甲から丙へと所有権の移転の登記をすることは当然に可能である。

また，乙丙間を他人物の売買契約とする方式については，甲乙丙全員が一般消費者の場合や乙丙間が宅建業者間の取引である場合など，乙が宅建業者でない場合又は乙丙ともに宅建業者である場合には，宅建業法上問題にはなりえず，もとより可能である。乙が宅建業者で丙が宅建業者でない場合において，乙丙間を他人物の売買契約とする方式を採ることについては，省令等の改正を含む措置が講じられることを待って宅建業法上は可能となるが，それまでの間は，この場合に甲から丙への直接移転登記を行うためには，乙丙間を無名契約とする方式によるほかない。

乙丙間を無名契約とする方式を採ることは，乙が宅建業者であるか否かなど甲乙丙の属性を問わず，また，上記の措置が講じられるか否かも問わず可能である。

「買主の地位の譲渡」を活用する場合，又は「第三者のためにする契約」を活用し，乙丙間の契約を無名契約とする場合は，不動産登記制度上何ら問題のないことは法務省から既に周知されているが，乙丙間の契約は民法上の典型契約たる宅地建物の売買契約とは異なるため，乙が宅建業者であっても宅建業法の規律を受けないこととなり，丙は消費者保護上不安定な地位にあるため，そのような契約形式による場合には，宅建業者乙に宅建業法上の重要事項説明や瑕疵担保責任の特例等の規制が及ばないことや，瑕疵担保責任については個別の合意に基づく特約によることなど，丙が自らの法的地位を十分に理解した上で無名契約として締結することはもとより望ましいが，無名契約とする場合については，宅建業法で規律するものでない旨についても周知徹底を図る。

なお，乙丙間で無名契約を締結する場合に係る実務上の整理として，乙丙間の無名契約の中では，甲乙間で締結された売買契約の内容のうち，甲乙間の売買代金等の条件の細部については必ずしも記載する必要はない。また，引渡しや登記移転の時期等については，個別の契約の事情に応じて契約当事者間で合意して決めればよい。（Ⅲ住宅ア②）

## 資料８
# 国土交通省による不動産業界あて通知

国総動第19号
平成19年７月10日

各業界団体の長　殿

国土交通省総合政策局不動産業課長

いわゆる「中間省略登記」に係る不動産取引の運用改善について

標記に関し，平成19年５月30日に規制改革会議において決定された『規制改革推進のための第１次答申』を踏まえ，今般，別添１の通り『規制改革推進のための３か年計画』が平成19年６月22日に閣議決定されたところである。

これを踏まえ，宅地建物取引業法の適用関係に関し，下記事項について，貴団体加盟の業者に対する周知及び指導を行われたい。

記

甲（売主等），乙（転売者等），丙（買主等）の三者が宅地又は建物の売買等に関与する場合において，実体上，所有権が甲から丙に直接移転し，中間者乙を経由しないことになる類型の契約である「第三者のためにする売買契約の売主から当該第三者への直接の所有権の移転」又は「買主の地位を譲渡した場合における売主から買主の地位の譲受人への直接の所有権の移転」については，乙が宅地建物取引業者で丙が一般消費者であるとき，契約形態の違いに応じ，宅地建物取引業法の適用関係について次の点に留意すること。

1．甲乙間の契約を第三者のためにする契約とし，かつ、乙丙間の契約を他人物の売買契約とする場合において，乙が他人物の所有権の移転を実質的に支配していることが客観的に明らかである場合には宅地建物取引業法第33条の２の規定の適用が除外されることとなるよう，別添２の通り，宅地建物取引業法施行規則（昭和32年建設省令第12号）第15条の６の規定を改正したこと（平成19年７月10日公布・施行)。

2．乙丙間において買主の地位の譲渡を行う場合，又は甲乙間の契約を第三者のためにする契約とし乙丙間の契約を無名契約とする場合は，乙丙間の契約は民法上の典型契約たる宅地建物の売買契約とは異なるため，乙が宅地建物取引業者であっても売買契約に関する宅地建物取引業法の規律を受けない。

一方，この場合には，乙丙間の契約について乙に重要事項説明や瑕疵担保責任の特例等の宅地建物取引業法上の規制が及ばず，また，不適切な行為があった場合に宅地建物取引業法違反の監督処分を行えないため，丙は消費者保護上不安定な地位にあることから，そのような契約形式による場合には，宅地建物取引業者乙に宅地建物取引業法上の重要事項説明や瑕疵担保責任の特例等の規制が及ばないことや，瑕疵担保責任については個別の合意に基づく特約によることなど，丙が自らの法的地位を十分に理解した上で行うことが前提となる。

このため，丙との間の契約当事者である乙は，そのような無名契約の前提について，丙に対して十分な説明を行った上で，両当事者の意思の合致のもとで契約を締結する必要があることに留意すること。

（別添１，２略）

## 資料９
# 宅地建物取引業法施行規則改正

**国土交通省令第七十号**

宅地建物取引業法（昭和二十七年法律第百七十六号）第三十三条の二第一号の規定に基づき、宅地建物取引業法施行規則の一部を改正する省令を次のように定める。

平成十九年七月十日

国土交通大臣　冬柴　鐵三

**宅地建物取引業法施行規則の一部を改正する省令**

宅地建物取引業法施行規則（昭和三十二年建設省令第十二号）の一部を次のように改正する。

第十五条の六に次の一号を加える。

**四**　当該宅地又は建物について、当該宅地建物取引業者が買主となる売買契約その他の契約であつて当該宅地又は建物の所有権を当該宅地建物取引業者が指定する者（当該宅地建物取引業者を含む場合に限る。）に移転することを約するものを締結しているとき。

**附　則**

この省令は、公布の日から施行する。

（新聞記事①『住宅新報』2005年1月11日号より）

第3種郵便物認可　第2896号　（12）

ビジネス Real Estate & Economy　住宅新報

住宅・不動産ニュースをインターネットで読むなら…　住宅新報社の Housing TIMES　http://www.jutaku-s.com

平成17年1月11日

福田郁雄の「不動産投資術」▶24

# 中間省略登記

# 「登記原因証明情報」解釈がカギ

## 改正不登法で注目

改正不動産登記法が今年度施行される。焦点の一つとして注目されているのが、登記原因証書の添付が必須となる改正法下でも中間省略登記が可能になるのかという点である。そこで、司法書士の福田龍介氏にその所見を聞いた。

改正不動産登記法での中間省略登記も可能ではと主張する司法書士の福田龍介氏

新しい不動産登記法のもとでは、中間省略登記は不可能とする見解が現在のところ大勢を占めているようだが、ここではあえてユーザーの立場に立って、反論を試みたいと思う。

中間省略登記とは、不動産登記において、物権変動の過程のうち中間部分を省略してする登記をいう。最も典型的なものは、A→B→Cと順次売買により所有権が移転した場合に、A→Cという登記をするケースである。

これが実務上行われることが少なくないのは、移転登記の際に課税される登録免許税額が固定資産評価額の1%（売買の場合）という決して低廉とはいえない金額であるため、中間者がこの課税を回避（登記をしなければ納税義務は生じない。法律上の登記義務もない）したいという要請が強いからである（もちろん、対抗要件の取得という不動産登記最大の効力を享受できないというリスクを承知のうえで）。

### 実体的権利状態と一致していれば有効

権原調査を容易にするため物権変動の過程を如実に反映するという不動産登記法の理想に照らして、中間省略登記の有効性が問題とされたこともあったが、現在は中間省略で行われた登記が実体的権利状態と一致している以上有効であるとするのが確立した判例及び学説となっている。

では、新しい不動産登記法のもとでもこれが認められるのであろうか。この結論はひとえに新しく制度化される「登記原因証明情報」の趣旨・射程をどのように解するかにかかってくると思われる。

すなわち、現行法のもとでも「登記原因を証する書面」、すなわち物権変動の原因となる法律事実の成立を証する書面の添付が要求されてはいるが、これは必須ではなく、従って実際の物権変動原因の過程を忠実に反映していない登記申請であっても、「登記原因を証する書面」を添付しなければそれは判明せず、事実上登記申請は受理されることになる。

例えば、先の例で「登記原因を証する書面」の典型は、A→Bの売買契約書とB→Cの売買契約書であり、これらは決してA→Cという物権変動の原因となる法律事実（AC間の売買）を証するものではない（AC間の売買という事実は存在しないのであるから当然だが）。つまり「登記原因を証する書面」を添付するとA→Cという登記は申請できないことになるが、現行不動産登記法ではこの添付は必須とはされていないため、これを添付せずにA→Cという登記を申請しているのが現在の「中間省略登記」というわけである。

ところが、新しい不動産登記法では、現行法の「登記原因を証する書面」と同様の趣旨の「登記原因証明情報」の提出が必須のものとされる。

### 登記原因証明情報　提出が必須になる

この場合「A→B」、「B→C」という売買を証する「登記原因証明情報」を添付することになるため、これと一致しないA→Cという登記申請は不可能だということになる。

考えられるのはA→Cという売買があったことにする「登記原因証明情報」を作成して提出するという方法であるが、これは実体関係と一致しない虚偽の記載をした書面（情報）であり、このような書面の添付による登記の申請は認められないとするのが法の建前からすれば当然のことであろう。

## 「虚偽の増大」考えにくい

## 登録免許税額軽減で回避も

法改正でより利用しやすい制度運用が期待される（法務省）

しかし、権原調査のための物権変動過程の如実な表示という点はともかくも、登記申請の真実性の担保という趣旨から考えると、当事者が了解して登記申請のためだけに作成した「情報」に基づいて登記を行ったとしても、それによって虚偽の登記（現在の実体関係と一致しない登記）を現出せしめる危険が増大するとは考えにくいのではないだろうか。

現行法でも原因はともかく、登記申請意思に虚偽はないため、中間省略登記の申請は受け付けられているが、これも実体とは別に登記申請のためだけに当事者が合意して作成した書面（登記申請書）に基づくものである。

もちろん、中間省略登記を推奨するわけではないが、要は権原調査を容易にするために物権変動過程を如実に反映させるという要請のもとに、あえてリスクを冒して自己名義への登記をしない者に対し登記を強制することが果たして妥当かと問われると、疑問を禁じ得ないのである。

もっとも登録免許税額が軽減されれば、中間省略登記を望む者は大幅に減少すると思われるのだが。

## ビジネスメモ Schedule

**1月11日（火）**

〈資格・試験〉

●マンション維持修繕技術者試験受験申し込み受付中、28日まで（高層住宅管理業協会）

〈イベント〉

●住宅金融公庫住情報相談センターが建物をミニチュアサイズでつくりだす「建築模型コレクション……もうひとつのスモールワールド」を開催（東京都文京区、公庫本店すまい・るギャラリー）2月25日まで

**1月13日（木）**

〈資格・試験〉

●行政書士試験合格者発表

**1月14日（金）**

〈資格・試験〉

●マンション管理士試験合格者発表

●不動産コンサルティング技能試験合格者発表

〈セミナー〉

●マンションリフォーム推進協議会が「マンションリフォーム営業講座」を開催（東京都新宿区、TOTOスーパースペース）

**1月15日（土）**

〈セミナー〉

●埼玉県マンション居住支援ネットワークなど5団体が「マンション管理基礎セミナー」を開催（さいたま市、大宮ソニック市民ホール）

**1月16日（日）**

〈オークション〉

●スターツが「マイホームオークション」100回目を記念してオークションを記念開催（東京都、六本木ヒルズ）

〈セミナー〉

●住宅金融公庫が「家づくりの鉄則」をテーマにセミナーを開催（東京都文京区、公庫本店すまい・るホール）

**1月19日（水）**

〈セミナー〉

●マンションリフォーム推進協議会が「マンション

大と共同開発

を適正診断

問で客観分析

（新聞記事②『住宅新報』2007年5月8日号より）

2007年5月8日号（平成19年）第3013号 週刊
発行／毎週火曜日　1部 350円（税込み）
定期購読料（税・送料込み）6カ月 8,000円／1カ年 15,400円
©住宅新報社2007年　1948年6月18日第3種郵便物認可
株式会社 住宅新報社　ホームページ http://www.jutaku-s.com
読者とともに
住宅新報
創業60年



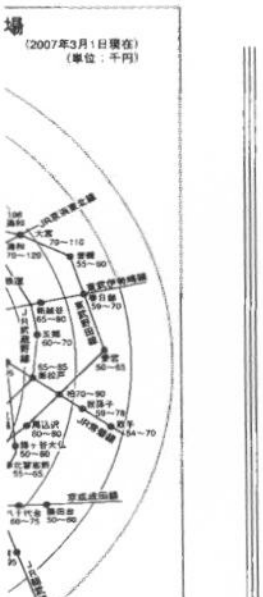

# 中間省略登記セミナー

本社主催

## 所有権、直接移転方式に注目

中間省略登記をテーマに4月26日、本社主催のセミナーが開催された。不動産業者・司法書士らが熱心に受講した。1月の法務省からの通知で政府が公認した中間省略登記の代替契約（第三者のためにする契約・買主の地位の譲渡）が解説の中心対象となった。代替契約による決着に至るまでの経緯や背景について法務省との折衝に当たった内閣府規制改革会議委員の福井秀夫教授が第1部、新たな直接移転契約の原理や契約書式の書き方について実用レベルの手法として確立させた吉田修平弁護士が第2部、代替契約の応用の可能性について不動産登記法の全面改正直後からその研究をしてきた福田龍介司法書士が第3部を担当した。

### 福井氏　流通費抑え活性化

福井　秀夫氏

土地や住宅の取引に当たってその流通コストが安いということは、不動産の市場の活性化、土地の有効活用、あるいは住宅・土地政策の観点から極めて重要なことだ。

中間省略登記が事実上できなくなったということは、こうした観点から問題がある。この問題を知った当時、私は内閣府規制改革・民間開放推進会議の住宅・土地ワーキンググループに属していたため、法務省や司法書士などから実態について話を聞いた。

そもそも登記は対抗要件にすぎない。登記をしなければ物権変動が生じないという構成を日本の民法はとっていない。真実の権利の変動過程に登記が一致しなければならないという主張は日本の民法の取るところではない。

今回の不動産登記法の改正では、明示的に中間省略登記ができなくなるというような議論が政府部内でも国会でもなかった。たまたま中間省略登記という便法がいつのまにかできなくなるという結果が含まれていた。このような締結は許されるべきではない。

そこで、法務省の民事局に解釈を変更して欲しいと申し入れたが、訴訟係争中であるため扱いを変えることは勘弁して欲しいという要請があった。

原理的におかしいと思うが、事実上余分な負担が生じないように措置をすることが優先課題であると考え、さしあたり、法務省が示した便法でいくということで話しがついた。

AからB、BからCに移転しているように見える場合でも、AからCに移転していると見られるような場合があるということが法務省の便法のポイントである。実務上、基本的にそれほどの契約の変更も必要なくできるということで、第三者のためにする契約と買主の地位の譲渡の活用という2つの方法で決着した。

◇　◇

第三者のためにする契約は、売主Aの物件について買主Bが指定する者に将来その所有権を移転させるという契約である。移転先のCが見つかったときに、BがCを指定してその対価をもらうという契約をする。このBC間の契約は、宅地・建物の売買ではない。そもそも売買でもない。いわゆる無名契約（「今週のことば」2面参照）である。従って、BC間の契約に宅建業法の規制はかからない。これを業法違反になるといって騒いでいる業界団体があるようだが、全くの誤りである。国土交通省の確認も済んでいる。買主の地位譲渡についてもBC間の契約は無名契約なので同様に適法である。

◇　◇

新方式として第3の方法がある。最近、弁護士の吉田修平先生が明確に提起している方法である。いずれ政府としてオーソライズする予定であるが、第三者のためにする契約でBC間を無名契約ではなく他人物売買契約で行う方式である。この方式も、規制改革会議で法務省や吉田弁護士と議論して法的に可能であるという確認をした。

BC間を他人物売買とする方式では、宅建業法33条の2の他人物売買の禁止に当たる可能性が出てくる。

この条文は、Bが悪徳不動産業者で、Aから買うあてもなくCにAの物件を売りつけ、手付けなどを取ったうえで行方不明になるというようなケースがあったことから設けられたものだ。第三者のためにする売買契約を締結していてB・Cがほぼ取得する可能性があるような場合を想定しているものではない。

端的に33条の2に当たらないという解釈をすればよいと思うが、国交省不動産業課は、33条の2に該当しないとする解釈を示さずに、除外規定に当たるように省令を改正する考え方を示した。昨日の時点で、省令改正の方向で決着している。省令改正は手続があるので、第3の方式については、いまのところグレーゾーンになる。第3の方式も実質的に問題はないが、省令ができるまでは、第1・第2の方法をお勧めする。

約300人が聴講した会場は熱気に包まれた

### 吉田氏「2回売買方式」提唱

吉田　修平氏

第三者のためにする契約を活用する場合、第2の契約を「無名契約」とする方法と「売買契約」とする方法がある。私は、売買契約とする方式を推奨する。

第2の契約を売買契約として締結させた場合は、必然的に他人物売買契約になる。他人物売買は宅建業法で原則として禁止されている。しかしAB間の第1の売買契約には「買主の指定する者に移転する」とあり保護の対象となるCに取得させてしまう契約なので、宅建業法33条の2の禁止には当たらないと解される。

条文との関係でいうと技巧的であるが、Bの指定する者（Bを含む）というように書いておけば、Bも取得する地位に立つのだから除外規定の「取得する契約を締結しているとき」に当たり、問題ないのではないかと思う。

これに対し、Bが確実に取得するか分からないのではないか、条件に係るのではないかという論もある。私に言わせると、Bが取得できるか分からないと言っても、Bが取得するかCが直接取得するかしかないのだから、どちらに転んでもCが取得することになる。このように一般消費者であるCの保護に欠けるところはない。

もし、これを実行して宅建業法違反として処分され、処分を争う裁判になったとすると、違法性がないということになり、処分した側は勝てる見込みはないと思う。違法性がないということになると私は確信している。

この点、国土交通省もよく理解しており、条文上の疑義を避けるために、除外規定のなかで「国土交通省令で定めるとき」とあるので、省令を作ればよいではないかということを言っているようである。それなら省令をつくっていただいて何の問題もないと思う。

省令ができるまではどうかということだが、私は違法性はないと思っているので、第2の契約を売買として成立させても構わないと考えている。

### 福田氏「司法書士料は必要」

福田　龍介氏

司法書士は法律家であるということを忘れていないか。法律家は法律に奉仕するものではなく、法律を使って経済活動を安全かつリスクなく進めることがその使命である。

法律制度や登記制度を守るために私たちがいるのではなく、経済活動を守るために私たちはいるということだ。ここをはき違えることで、中間省略登記の問題が複雑になったのだと言えるだろう。

福井先生の講演で「モラリスト」という言葉があったが、私はモラルということと経済的価値というものを全く切り離して考えている。中間省略登記の議論は感情論が多分に含まれているような感じがしている。

◇　◇

最後にぜひ言っておきたいことは、直接移転方式では司法書士報酬もかからないという話があるが、私の事務所では登記しない段階でも別途報酬を請求している。

AB間でCが登場する前に決済することがある。Bがお金を払ってよいかは司法書士が本人確認と意思確認をして判断する。Cの時に初めて登記の仕事が発生するが、ABに立ち合った司法書士がCの登記の仕事をするとは限らない。

今回のように直接移転売買という新しい取引形態について、入念に事前に研究し、売買契約書の特約条項も作成し、残金決済の立会いもしている。そこには通常の登記以上の労力がかかっている。当然その報酬はいただきたい。私の話に先立つ講演で福井先生、吉田先生が司法書士の手数料も節約できると述べたが、その点だけについては反対意見を述べたいと思う。

---

東京圏マンション家賃

## 局地的上昇目立つ

## 城南、川崎エリアなど

本紙調査　3月1日

大言小語

（新聞記事③『住宅新報』2007年10月16日号より）

住　宅　新　報
2007年(平成19年)10月16日号　第３種郵便

# ひと

## 司法書士事務所を3年間で10倍に発展させた
## フクダ リーガル コントラクツ&サービシス代表
## 福田　龍介さん

「人がすべてである」

そう語る福田龍介司法書士は、事務所を開業してから3年間で、10倍の規模に発展させた。人員、売上共に10倍である。現在、20人の陣容で業務を進めている。

弁護士、不動産鑑定士など、いわゆる士業の事務所で20人は多い。

「スケールメリットを生かすために大きくした。機動力があるので、同じ依頼者から同時期に発注される大量の登記案件を、短期間にこなすことができる」

100人、200人を本気で目指しているという。

これだけ優秀な人材をどうやって集めたのかと聞かれることが多い。

しかし、「どうやって育成したかと聞かれることは少ない」という。

「もともと素質のある人材を採用するが、楽しく働きたくさん稼いで、最高のサービスを提供できる人材の育成に力を入れている」

「どうしてこんなによく働いてくれるのかと思うほど、生き生きと働いてくれる」

「基本はコミュニケーション。まず相手のことを良く理解する。自分のことを分かってもらう。経営でも、営業でも同じだ」「登記以外にも、内部で育成してリートの運用会社に社員を出向させている」

そこで見えてくるキーワードは、「教育」である。

「将来的には、教育自体をビジネスにするつもりだ。専門教育だけでなく、小学校などの一般教育も手がけたい」

小学校で何を教えたいのだろうか。

「法的思考を教える。事を考えるということだ。ある〝決まり事〟があったときに、鵜呑みにしないで、なぜだろうと理由や根拠を徹底的に考える姿勢が大切だ」

中間省略登記で一世を風靡（ふうび）したが、「この問題への取り組みも、法的思考の一環だ。ユーザーの立場で、できなくなるということに疑問を呈した私の論考が、報道で大きく問題化され、最終的に政府を動かすきっかけにもなった」

「日本の教育を変え、世界に優秀な人材を送り出したい」

壮大なスケールの夢を、本気で考えている。

早稲田大学法学部卒、マンションディベロッパー、大手司法書士事務所勤務を経て47歳で独立、52歳。（遠藤　信明）

（新聞記事④『住宅新報』2008年2月19日号より）

2008年(平成20年)2月19日号　第3種郵便物認可　住宅新

○住宅新報～よろず相談処～

# 不動産経営119番

相談・トウロクは119番へ
0120-106-119

## コンサルを聞く⑩

フクダリーガルコントラクツ&サービシス　代表　司法書士
福田　龍介　氏

# 企業法務の受託に注力

## 高度な法的ソリューションを提供

企業法務を専門家に委託する企業はそう多くない。大企業は別として、その委託にかかる多額のフィーがネックのひとつになっている。そんななか、企業法務をローコストで受注する司法書士事務所がある。不動産登記や商業登記のスキルを機軸として、契約関係のコンサルティングに力を入れているフクダリーガルの代表司法書士福田龍介氏に話を聞いた。

（聞き手・遠藤　信明）

―フクダリーガルは司法書士事務所としては大型です。

「スタッフは20人いる。スケールメリットを生かすために大きくしている。マンションなど、一括して受けた大量の登記案件を同時期にこなすことができる」

―『3年で10倍の法則』という本を出版しました。

「司法書士事務所を2人で開業し、3年で年商2億5000万円になった。売上・人員共に3年で10倍にした。その方法論をまとめて出版したものだ。資格で起業する人向けだが、不動産業者も小規模な企業が多いので、業容を拡大しようとしている経営者にとって参考になると思う」

―その神髄は。

「一言でいうと、人がすべてであり、人を大切にするということ。営業面については、ユーザー志向を貫くということだと思う」

―事務所の業務のカバー範囲は。

「登記が9割、企業法務が1割という比率だ。今後、企業法務に力を入れていく」

―司法書士事務所が企業法務を受けるメリットは。

「企業法務の相談を受ける場合、弁護士よりもより低い費用で受けることが司法書士としてのメリットだ」

「大企業ならローファームの高額のフィーを払って見合うと思うが、中堅・中小企業では無理をして支払っているか、自前で法務をしているかのどちらかが多い。当事務所なら相当安価で受注できる」

―企業法務の具体的内容は。

「総会手続きなどの会社法関係、各種の契約書作成の相談など、アウトソーシングが中心だ。登記と関連するような場合に強みがあることはいうまでもない」

―不動産関係の企業法務では。

「契約書の作成に関するアドバイスが主になると思うが、民法や借地借家法など各種の特別法についても熟知しているので、相談先の立場に立った、有利な契約条項の作成を手伝うことができる」

―新しい中間省略登記については。

「これも契約書の作成やチェックの分野に入ると思うが、第三者のためにする契約を使った直接移転売買のスキームは、独自の特約条項が必要になる」

―いまだに断るような司法書士もいると聞きますが。

「直接移転売買については、既に数十件の実績があり、日本では最も実績がある司法書士事務所だと思っている。様々な応用例を契約書の作成段階から扱ってきた。直接移転方式で難しい問題に直面したときは相談してもらいたい」

―直接移転売買の普及に尽力しました。

「直接移転売買は、紆（う）余曲折を経て今でこそ政府から公認されているが、我々が研究開発したものだ。ユーザーサイドに立って考えたとき、中間省略登記と同様の登記を実現させる必要があった。それを可能にする汎用（はんよう）性のある契約形態を、ゼロから企画して実用レベルにまで作り上げた。我々にはこうした法的な企画能力もある」

―オーダーメードの契約書づくりが可能ということでしょうか。

「当社のスタッフは高い専門知識とソリューション能力を持っており、ホスピタリティ（顧客重視の精神）に満ちているといえる。不動産に関する契約について相談をしていただけば役に立てると思う」

司法書士の視点から企業法務に取り組む福田龍介氏

福田龍介（ふくだ・りゅうすけ）　早稲田大学法学部卒、89年司法書士登録、02年フクダリーガルコントラクツ&サービシスを設立し独立開業。不動産証券化支援、債権バルク取引支援（デューデリ）、IPO支援などを手掛ける。本紙で、中間省略登記に関する問題提起をし（住宅新報05年1月11日号）、中間省略登記に関する一連の報道のきっかけをつくった。

8月に筆記試験

（新聞記事⑤『住宅新報』2008年11月4日号より）



2008年11月4日号（平成20年）第3088号週刊
発行／毎週火曜日　1部 350円（税込み）
定期購読料（税・送料込み）6カ月 8,000円／1カ年 15,400円
©住宅新報社2008年　1948年6月18日第3種郵便物認可
株式会社 住宅新報社　ホームページ http://www.jutaku-s.com
本社／〒105-0003 東京都港区西新橋1-4-9 TAMビル 電話 03-3502-8451 FAX 03-3580-6705
支社／〒530-0005 大阪市北区中之島3-2-4 大阪朝日ビル 電話 06-6202-8541 FAX 06-6202-8129
読者とともに
住宅新報
創業60年

# 中間省略登記の代替手段、普及へ

## 司法書士間では〝二極化〟も　業者の正確な理解カギ

中間省略登記の問題が07年7月の国交省による宅建業法の規則改正で決着してから、1年と3カ月が経過した。第三者のためにする契約を活用し、登録免許税だけでなく不動産取得税の節税効果という、従来以上の経費削減効果が認められている。だが中間省略登記の代替手段は、全国的に完全に普及し切っている状況ではないようだ。活用状況に「二極化現象」が見られると言われている。中間省略登記問題の現状と普及促進の課題を改めて整理した。（遠藤　信明）

中間省略登記の代替手段に対する司法書士の姿勢は、公式には現在どうなっているのだろうか。

### 留意点まとめた日司連

日本司法書士会連合会（日司連）は、「直接移転取引に関する実務上の留意点について」と題する32頁からなるマニュアルを、07年12月12日に全国の司法書士向けに出している。

ここでいう「直接移転取引」とは、中間省略登記の代替手段となるものである。

その通知文には、当局の一連の措置を受け、「第三者のためにする契約や買主の地位の譲渡による直接移転取引は、取引慣行として必ずしも定着していないため、司法書士に求められる調査・確認事項は通常の売買取引に比べより詳細なものになる。事前相談を受ける場合などには、登記手続きそのもののほか、融資実行の可否なども含めた検討が必要になる。そのため、司法書士の実務上の留意点をまとめたので活用されたい」旨が記されている。

このように日司連の姿勢は肯定的なものだ。

司法書士のなかには、中間省略登記の代替手段の取り扱いを積極的にうたい、営業内容の特徴のひとつにする者も少なからず現れている。ホームページで「新・中間省略登記」などと題し、利用者向けに詳細な案内をするものも見られる。

ところが、このスキームに消極的な司法書士も未だにいる。

最終取得者や中間者となった不動産業者が、司法書士から、「このような方法はグレーな取引で望ましいものではない」などと言われ、結局まとまっていた取引が流れてしまったケースも出ているようだ。

中間省略登記の代替手段は国が正式に認めている方法だ。それを司法書士が断る自由があるのだろうか。

司法書士法によると、司法書士は「正当な事由」がなければ登記の依頼を拒むことはできないとしている。違反には罰則がある。

日司連の理事によると、「直接移転取引について良く知らないという理由で依頼を断ることは、依頼を拒む『正当な事由』にはならない」という。ましてや、望ましくないとか、気に入らないなどの理由も正当な事由にならない。

先のような理由だけで取引が壊れたケースでは、その他の正当な理由がなければ、登記を断わったことは司法書士法に違反する疑いがあるということになる。

日司連がこのマニュアルを整備した背景には、司法書士の理解不足から、このような違法行為が行われる可能性を排除する必要があるためと見られる。

他方、中間省略登記の代替手段を活用する側の不動産会社の姿勢はどうか。

不動産会社にも理解不足が目立っている。

「再び中間省略登記ができるようになったようなので、お願いしたい」というような依頼では、消極的な姿勢の司法書士に簡単にはじかれてしまう。登記所に、このようなあいまいな確認をしても同様だ。

あくまで中間省略登記ができるようになったわけではなく、中間省略登記の代替手段に関する法的な整理・整備がなされ、その活用が公的に確認されたということである。

従って、司法書士が「代替手段のことを言っているのかな」と分かっていても、従来の中間省略登記は未だにできないため、従来のような依頼をしているものと捉えられ、「できない」と答えられてしまう。従来の中間省略登記を断ることは、司法書士にとって「正当な理由」になる。



### 断らせない自信が必要

司法書士には、こうしたあいまいで不十分な依頼について、その趣旨をくみ取り、親切に代替手段の方法を指導するまでの義務はない。あまり好ましくないと内心思っていれば、それ以上のことを期待するのは難しいだろう。不動産会社としては、中間省略登記の代替手段の仕組みについて十分な理解をした上で取引を行う必要がある。

これまで、日本不動産学会主催で内閣府・法務省・国交省・提唱者によるセミナーが全国の主要都市で実施された。当局関係者・提唱者による解説書『中間省略登記の代替手段と不動産取引』（本社刊）が発刊され、契約書式の書き方も示された。不動産業界団体の講習会でもこのテーマは積極的に取り扱われてきた。

しかし、まだ十分な理解が行き届いていない状況のようだ。

このような状況で中間省略登記の代替手段を使うには、積極的な司法書士を探して依頼することがひとつ。ただ、最終取得者側の金融機関の司法書士が登記を担当する場合、不動産会社側では司法書士を選べないこともある。従って、先の例に近いことが起こり得る。

このスキームを活用した場合には、それだけの理由で司法書士が登記を拒むことはできないということを十分に踏まえ、不動産会社がスキームの法的内容を十分理解して、確信を持って取引を進めることが、スムーズに登記申請を進める秘訣となる。代替手段のスキーム自体の理解を深めることが、より一層重要になっているといえるだろう。

（6面に関連）

## 「本格活用はこれから」　司法書士の拒絶、正当性必要

代替手段の提唱者のひとり、フクダリーガルコントラクツ&サービシス代表、司法書士・福田龍介氏の話

「普及状況は二極化している。多くの不動産会社は、これから理解するような状況に近い。東京でセミナーを開くと、1割以上の人が既に代替手段の直接移転売買で登記をした経験があると答える。しかし、最近でも地方のセミナーでは、やったことがある人が全くいないようなところもある」

「司法書士が直接移転売買を断るときの理由に2通りある。正当な理由がある場合とそうでない場合だ。良く知らないとか、良く勉強していないためにできないと断ることは、それだけでは正当な理由があるとは言えない。そういう取引はグレーだからやってはいけないという理由も正当な理由ではない。拒絶する正当な理由がない場合は、司法書士法に違反する可能性があり、極めて問題である」

「中間省略登記の代替手段を積極的にやらないことは、司法書士の倫理に反すると個人的には考えている。こういう取引をする不動産会社はおかしいとか、司法書士がそういう登記をすることはおかしいとか、このような理由で取引に異議を差し挟むことには問題がある。根本的には、〝転売〟という行為そのものに関する価値観の違いが反映しているようだ。閣議決定された規制改革会議の答申の価値判断が分かっていればこのような混乱は生じないはずだ。中間省略登記と同様の効果がある取引を認めることは、ユーザーの取引費用の低減ニーズに応えることが根本にある」

「不動産業者が、昔同様のいい加減な感覚で〝中間省略〟をしようとしている面があることも否めない。代替手段は従来の中間省略登記とは仕組みが違うので、法的な相違点を良く理解してもらいたい」

「『当方の法務局では受け付けていないと司法書士が言ったと』いうような質問を受けることがあるが、全国に通知が出ているので、何かの誤解でなければそれはあり得ない」

「依頼をうまく進めるための留意点としては、スキームの構造を良く理解することである。中間者に所有権を移転させない法的な理論と契約の流れをつかむ。これが分かっていないことで、混乱を招く可能性が高くなる。我々も随時セミナーを開催して啓蒙と普及に務めている」

「金融機関の対応は、ごく一部の外資系ノンバンクを除いて、メガバンクを含め直接移転の場合でも融資をしている状況である。金融機関の担当者は、最終取得者に所有権が確実に移転しており、その上に抵当権を有効に設定できるということであれば、特に問題がないという。このスキーム自体は金融機関のリスクを高めるようなものではないからだ」

「大手の不動産会社でも、全てではないが、既に直接移転売買を活用している。活用のニーズは多様であり、第1の売主が最終取得者と直接取引したくないようなパターン、例えば既存の取引関係にない相手には売却できないという企業のニーズもある。共同事業でのマンション開発時のニーズや、中間者複数のニーズも少なくない」

## 中古物件買い得の「京都」　高まるリノベーション機運

京都でリノベーションの動きが活発化している。エリア特性により新築マンションが高価格であるため中古に目が向きやすいこと、また、昔ながらの町並みに特徴的な細長い敷地、中には法令上建て替えができない敷地にありながら、建て替え時期に差し掛かっている戸建て住宅などを再生する必要があるためだ。マンションと戸建て住宅のリノベーションに取り組む2社を取材した。（福島　康二）

たという。守山穣専務は、「環境問題などからして、今までのスクラップ&ビルドだけでは限界が出てくる。中古でもなく新築でもない魅力として、定着していくだろう」とリノベーションの可能性について語る。

今回、同社が事業を推進するにあたって重要視した

ルリノベーションでかつハイグレード仕様を内容としたものでも、例えば上京区の地下鉄今出川駅徒歩13分（専有面積64㎡、81年建築）の物件価格は2000万円。「利益を圧縮することで実現した」という。その圧縮分は、内覧者からのリフォー

ゼロ・コーポレーションの戸建て住宅リノベーションは、構造までいったん戻し補強してから再生する

に難がある軸組みが多く、その場合は補強材を充填（てん）したうえで作業にあたる。また、基礎の手直しも行わなければならないケースもあり、「場合によっては新築よりも割高になることがある」（金城社長）という。そのため、施工の難しさという点も加わり、事業として位置付けるには





### 大言小語

08年も2カ月…ず。昨年…頃は、団…代の定年…が始まる…わゆる「07年問題」…目されたが、結果的…乱は起こらなかった…かし、昨年明らかに…た課題—「新築住…工の大幅減」「サブ…イム問題」が今年に…一気に深刻化。「08…題」ともいえる事態…▼「姉歯事件」の…防止を主眼とした07…月の改正建築基準法…に伴う建築確認の停…は、住宅・不動産業…きなダメージを与…建築資材のコスト…などに伴う分譲マ…ンの価格上昇は売れ…低迷につながった。…降の不動産会社の…倒産も、その予兆は…にあったともいえそ…▼その一方で、…世界に類をみない…減少社会」に突入。…労働者が昨年末に…た人口動態統計で…年8月から07年7…の1年間で、国内…は766人の「自…に。更に泥沼化す…プライム問題。ア…1国の低所得者向…利住宅融資が世界…市場にこれほどの…もたらすことを想…いた人は、ほとん…かったのではない…▼こうした「混…期」を乗り切るため…情報をいかに選択…

（新聞記事⑥『住宅新報』2009年1月27日号より）

2009年(平成21年)1月27日号　第3種郵便物認可　住　宅　新　報

不動産証券化・ビル

## 信託物件

# “実物”取引で売却
# 直接移転方式を応用

### フクダリーガルがファンドに提案

信託受益権化された不動産を、現物売買で処分する方法が模索されている。不動産ファンドやJリートが組成物件を譲渡する時に、相手方が個人投資家や一般事業会社の場合、信託受益権の売買で処分しようとすると、相手方が「信託受益権」の意味をよく理解できないで交渉が難航するケースが増えているという。また、信託受益権の売買では、一般の宅建業者が仲介を扱えず、売却先を探すのにも大きな制約がある。フクダリーガルコントラクツ&サービシス（福田龍介・代表司法書士）はこのほど、こうした問題をクリアする登記スキームを開発し、ファンドを通じて信託銀行と詳細の交渉に入った。（遠藤　信明）

従来、信託受益権化された物件をファンドが処分する場合、信託受益権の状態で譲渡する方法を取っている。相手方は取得した信託受益権を現物化するために、信託銀行と交渉して信託を解約し、改めて「所有権」として物件を取得する手間をかけている。

信託受益権として物件を取得することで、物件の買主は、一時的にでも複雑な「証券化」の仕組みの中に入り込むことになる。

受益権での取得を検討する一般事業会社では、ファンドが運用している物件は取得したいものの、信託受益権での取得となると、前例もなく、稟議が通らないなど、難しい問題を処理しなくてはならないこともあるという。「よく分からないものを取得したくない」という心理もあるが、昨今の金融危機が証券化から生じたことへの過剰反応もあるようだ。

ファンドの売却担当者も、「信託受益権で取得する意味はどんなものか、物件取得を検討しているアマの一般ユーザーに説明することは容易ではない」という。そのため、ようやく見つけ出した買い手を逃してしまうこともあるようだ。

一般事業会社や個人投資家は、物件を通常の所有権として取得したい。最初から通常の不動産売買契約書で所有権として直接取得する方法があれば、信託の解約の手間もかからず、すっきりしていて望ましい。

ファンド自身が信託を解約して、現物化して売却すればよさそうだが、ファンド自身が信託を解約すると高額の「不動産取得税」がかかるため、所有権として取得することは避けたい。不動産特定共同事業法（不特法）の許可が必要になるという問題もある。

そこで、ファンドと取得希望者が通常の不動産売買契約書で契約し、信託銀行からファンドを介せずに直接買主に所有権を移転する方法が、これらの問題を解決する方法として考案された。

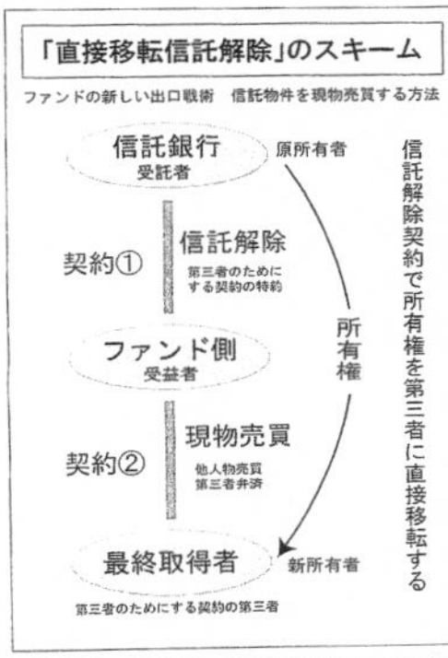


### 第三者のためにする契約を活用

まず、第1の契約として、信託銀行と信託の受益者（ファンド側）が、信託解除契約（解約）で、所有権の移転先について「第三者のためにする契約」の特約を付け合意する。

具体的には、「信託の受益者が解約による所有権の移転先となる者（受益者を含む）を指定できるものとし、その指定と同時に信託銀行が指定先に所有権を移転させる」ように決める。

信託契約の条項では、受託者である信託銀行と受益者で、条項の内容を委託者の権利を害さない限度で自由に修正できるとされていることが通常で、このような特約を付けることも合意次第だ。

こうすることで、後日、受益者（ファンド側）が移転先を指定し、移転先が信託銀行に「受益の意思表示」をすることで信託物件の所有権が信託銀行から移転先として指定された者に移転する。所有権の移転登記も信託銀行から指定された者に直接行うことができる。

このような解除契約（解約）の合意をしたうえで、第2の契約として、ファンド側（信託の受益者）が最終取得者と不動産売買契約を締結する。

この売買契約の法的性質は、あくまで不動産の現物売買であり、他人物売買契約となる。信託銀行が所有する物件をファンド側が他人の物として売買するためだ。他人物売買は、民法により法的に有効で、売主の取得移転義務は「第三者の弁済」として履行できる。

他人物売買は宅建業法で原則禁止されているが、売主が宅建業者であっても、信託の解除契約で第三者のためにする契約を締結しているので、07年7月10日に、宅建業法施行規則15条の6で除外規定として追加された第4号の規定により、適法に取引可能だ。

この売買契約の代金決済時に、先の信託解除契約の移転先として、売主（ファンド側）が買主を指定し、買主が信託銀行に受益の意思表示をすれば、所有権を取得できる。

## 宅建業者も仲介可能に

このようなスキームを使うことで、個人などの最終取得者は、信託受益権を直接扱う必要はなくなる。ファンド側も不動産取得税がかかることはない。

このスキームは、福田司法書士らが提唱した中間省略登記の代替手段を応用したもので、信託解除で中間者が取得せず直接第三者に移転させるので「直接移転信託解除」というものだ。

### 1社介在させ不特法クリア

スキームのメリットはこれだけではない。信託受益権売買では、仲介するのに第2種金融商品取引業者の登録が必要になる。受益権化されたファンドの物件は、一般の不動産業者は直接仲介できない。

しかし、ファンド側と最終取得者が現物の不動産売買契約を締結するなら、一般の宅建業者が仲介可能になるはずだ。信託銀行から所有権を買主に直接移転する手はずが整っていると説明することになる。

信託受益権の仲介ができる第2種金融商品取引業者は1000社程度といわれているが、不動産売買契約なら13万の全宅建業者が物件を仲介できる。昨今のように買い手を探すのに苦慮するような市況では、ファンドにとってそのメリットは小さくない。

ただし、このスキームをファンドが匿名組合で信託受益権のみを運用しているときは、ファンドが不動産売買契約を締結すると、不動産特定共同事業に該当し、許可が必要になる可能性があるという指摘がなされている。

不動産証券化に詳しい根井真弁護士は、「Jリートなら現物を運用できるので他人物売買をしても問題は全くない。しかし、信託受益権のみを扱う匿名組合型のSPCが現物売買をすると、不特法に抵触する可能性がある。ただ、ファンドが別の会社に信託受益権を譲渡する形を取ればその問題もなくなる」という。

フクダリーガルが進めているスキームは、不特法の疑義を回避するため、ファンドが別の会社に信託受益権を譲渡し、その別会社が受け皿となって信託契約を解約し、直接移転のスキームを実行する方法を採っている。不特法の問題が解消できるなら、ファンドが直接最終取得者と現物売買の契約をするシンプルなスキームが活用可能になる。

これについて根井弁護士は、「信託受益権をGK-TKスキームで運用していた場合に、入口でSPCが現物不動産を取得して即日信託する場合は、国交省では不特法の許可が必要ではないと考えている。しかし、出口段階で信託解除後にSPCが取得するケースでは、不特法の許可が必要と国交省は一貫して答えている。入口では、取得から即日信託までのほんの一瞬の利益についても信託していたと評価しているが、出口では信託解除後に現物不動産売却までの利益を信託で吸収する余地がなく、不特法の要件に該当すると考えているようだ」とし、国交省への確認が必要と前置きしたうえで、「出口段階においてファンド（SPC）と最終取得者で現物不動産の売買契約を締結し、最終取得者には信託銀行から現物交付を行わせる方法であれば、ファンドとしては一瞬たりとも現物不動産を持たない。現物不動産の運用を行っていないため、不特法違反の懸念は解消されるのではないか」としている。

（新聞記事⑦『住宅新報』2009年9月29日号より）

トップインタビュー

# 常日頃 13

## フクダ リーガルコントラクツ&サービシス代表 福田 龍介氏

新・中間省略登記の普及に力を入れている司法書士（事務所）として有名。全国を講演で飛び回る。昨年は「資格起業『3年で10倍の法則～成功する士業はここが違う』という本を出版。士業にも顧客本位の営業戦略が必要と説いた。同書をもじったビジネス交流会今は「明確な経営理念こそ大切」と主張する。「310クラブ」を主宰するなど多忙な日々を送る。

# 新・中間省略登記100件超す

## 年内に解説書を出版

＜会社概要＞
設立＝02年
所在地＝東京都千代田区飯田橋4－6－9
ロックフィールドビル3階
電話＝03(3264)8403
社員＝約20人

――司法書士事務所としてどのような特色がありますか。

「20～30歳代の社員が約20人。司法書士事務所としては比較的規模が大きく、機動力がある。業務範囲や顧客層の幅も広く、サブプライム・ショック以前にはファンド会社への人材派遣も行っていた」

――新・中間省略登記の普及に力を入れていますが、これまでに何件ぐらい取り扱いましたか。

「100件は超えている。第三者のためにする契約のうち2回売買方式を活用している。中間省略に対するニーズは依然として強い。最近は売主が瑕疵担保責任を負えない、あるいは負いたくないとき、中間に不動産会社を持ってくるというケースが増えている」

――政府が公認している新・中間省略登記を今でも拒否している司法書士事務所があるようですが、それについてはどう思いますか。

「そういう司法書士と会って話をする機会があったが『怖くてできない』ということだった。つまり新・中間省略登記のために2回売買方式を活用するには売買契約書に手を加えなければならないが、ほとんどの司法書士はそうした経験がない。慣れていないということだ。年内にも私が住宅新報社から出す『新・中間省略登記が図解で分かる本』（仮題）では売買契約書のひな型など実務的内容を満載しているので、ぜひ活用してもらいたい」

――今後、この問題についてはどのような展開を予想していますか。

「ニーズが強い東京でもまだ(新・中間省略登記を)受け付けない司法書士事務所の方が多いと思う。しかし、不動産流通コストの削減が今後の市場活性化には不可欠となってくるため確実に広がっていくと思う」

「ただ、私が本当に訴えたいことは、本来の目的である流通課税の非課税化を実現していかなければならないということだ。中間省略登記は『新』も『旧』もあくまで不動産の流通税を節減し（『旧』は登録免許税、『新』は不動産取得税も）、不動産取引の活性化を促進するのが狙いだ。本来なら課税されるべきではない取引を非課税にするための代替手段ということになる」

――というと。

「登録免許税の課税根拠は登記による保護（第三者に対する対抗力の取得）という利益に担税力を認め、所有権移転登記を受ける者に対して課税するというもの。従って、あえてその保護（利益）を放棄している者に法律上は義務のない登記を強制し登録免許税を課税することは妥当とは言えない」

「不動産取得税についても、その課税根拠は所有権を取得するという利益に担税力を認めてのことだから、例え買主となって占有の移転を受けても所有権取得が主たる目的ではない者に取得税を課すのは妥当ではない。地方税法でもそれが形式的な所有権の移転である場合には非課税としている。信託や譲渡担保による取得がそうなっているのと同じ理屈だ」

――もし中間者の登録免許税と不動産取得税の非課税化が実現したら2回売買方式などの代替方式は必要なくなると思いますが。

「そもそも新・中間省略登記は減税手段。その本来の目的が達成されるわけだから、〝ミスター中間省略登記〟を標榜してきた私としても本望だ」（笑）

――著書「『3年で10倍の法則』でも事務所が有名になりました。今後の事務所経営についてはどういう戦略を描いていますか。

「あの本を書いた頃は営業力で売上を伸ばすことに必死だった。今はそこに経営理念がついてくるようになった。知識と技術とホスピタリティ（顧客本位の気持ち）という最高のサービスを提供していく」

――社員との関係では、常日頃どのような点に注意していますか。

「ダメ出しをするより率先垂範を心がけている。社員の良いところは伸ばし、直すべきところは自分が手本になるようにしたい。じつは今密かに『笑顔』の練習をしている。ホスピタリティーの第1歩は『挨拶』と『笑顔』だ。これらも私が率先して行うようにしたい。社員に『あいさつをもっとしろ』と恐い顔で言っても効果はない。〝ミスター笑顔〟と言われるようになって、『おもしろおかしく』が社是だよと言えるような事務所にしていきたい」

（聞き手・本多 信博）

（新聞記事⑧『住宅新報』2015年5月12日号より）

2015年5月12日号（平成27年）第3415号週刊
定期購読料（送料込み）
6カ月 8,229円（本体7,619円＋税）／1カ年 15,840円（本体14,667円＋税）
©住宅新報社2015年　1948年6月18日第3種郵便物認可
発行／毎週火曜日　1部 360円（本体333円＋税）
株式会社 住宅新報社　Webはこちらへ［住宅新報］［検索］
本社／〒105-0001 東京都港区虎ノ門3-11-15 SVAX TTビル 電話 03-6403-7800 FAX 03-6403-7825
支社／〒541-0046 大阪市中央区平野町1-8-13 平野町八千代ビル 電話 06-6202-8541 FAX 06-6202-8129

読者とともに
住宅新報
創刊68年

## 新中間省略登記は今　◇上

## 公認から9年、今もなお

フクダリーガルコントラクツ&サービシス
司法書士法人代表社員　福田龍介

「新・中間省略登記」が政府のお墨付きを得てから9年が経つ。にもかかわらずいまだ完全に市民権を得たとはいえない状況だ。それはなぜなのか。中古市場の活性化が議論される中、今後の展望も含めて、同登記の第一人者といわれる福田龍介司法書士に3回に分けて語ってもらう。

筆者は昨年本紙から「新・中間省略登記」について取材を受けた。その時の記事のタイトルが「新・中間省略登記　高まる期待」だった（14年2月18日号）。新・中間省略登記が公認を受けてから8年経っていたこの時点で、更に「高まる期待」とはどういうことだったのか。

### 二極化する普及状況

それは中古住宅の流通など不動産市場の活性化が期待される中、積極的にこの手法を採用している不動産関係者もいる一方で、いまだ十分活用できていない、あるいはこの手法を知らない関係者もまだまだ多かったということである。そしてその状況は1年経った現在もあまり変わってはいない。

そこで今回改めて、この手法を活用できていない、あるいは知らない方々のために同手法が考案された背景から、今後期待される展開まで書かせて頂くことにした。

### 私たちが考案

05年の不動産登記法の改正により、それまで普通に行われていた（旧）中間省略登記（A→B→Cと順次不動産を売買する場合にBに所有権移転登記をしない手法）が事実上できなくなった。

紙面の都合上その経緯の詳細は割愛する（拙著「新・中間省略登記が図解でわかる本」＝住宅新報社刊参照）が、それに代わるものとして私たちが開発した手法が「新・中間省略登記」なのである。

そのしくみは極めて簡単なものである。当事者（ABC）が「Bが所有権を取得しない」と取り決める、すなわちAB間およびBC間の売買契約書上に特約を設けるというものである（下図）。

その最大の効果は、Bに不動産取得税（3～4％）と登録免許税（1・5～2％）が課税されないということである。

### 誤解がなせるわざ

この手法が06年に自民党の規制改革会議によって公認を得てから数年の間は予想に反して普及の速度は遅々としたものであった（筆者はこの手法が業界から熱望されて誕生したという背景から、当然すぐに普及するものと思っていた）。そこで前記著作を世に出したわけだが、この本によって普及は加速度的に進んだ。

しかし一方では前記の通りいまだに一部ではこの手法は十分浸透していない。「中間省略はできなくなったんじゃないんですか」と言われることはよくあるし、「ウチの県はやりません」と言っているという話も聞いた。それはなぜなのか？　誤解がなせるわざなのか。

例えば地方では土地の価格がさほど高くないため、あまり節税ニーズがないということがある。しかし地方でも都心部にあるビルやマンションであれば評価は地域によってそんなに変わらない。また、この手法は必ずしも節税目的だけのために行われるわけでもないのだ（調整区域内農地の例など）。ほかにもいくつか理由はある。

（続く）

55年生まれ。早大法卒。89年司法書士登録。02年現事務所設立。「新・中間省略登記」の第一人者で、規制改革・民間開放推進会議の答申にも関与。不動産証券化支援、債権バルク取引支援（デューデリ）等々幅広い実績を持つほか、数々の不動産トラブルを未然に防いできた実績から、不動産会社・金融機関に対して不動産取引リスクのコンサルティングを行っている。

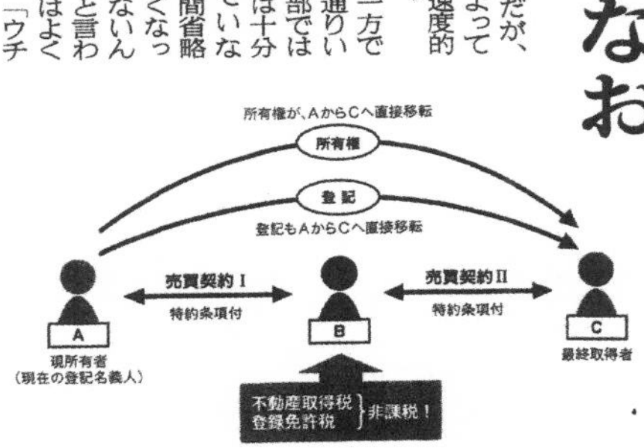

（新聞記事⑨『住宅新報』2015年5月19日号より）

2015年5月19日号（平成27年）第3416号週刊
定期購読料（送料込み）
6カ月 8,229円（本体7,619円＋税）／1カ年 15,840円（本体14,667円＋税）
©住宅新報社 2015年　1948年6月18日第3種郵便物認可
発行／毎週火曜日　1部 360円（本体333円＋税）
株式会社 住宅新報社 Webはこちらへ［住宅新報］検索
本社／〒105-0001 東京都港区虎ノ門3-11-15 SVAX TTビル 電話 03-6403-7800 FAX 03-6403-7825
支社／〒541-0046 大阪市中央区平野町1-8-13 平野町八千代ビル 電話 06-6202-8541 FAX 06-6202-8129
読者とともに
住宅新報
創刊68年

## 新中間省略登記は今 ◇中

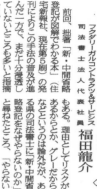

フクダリーガルコントラクツ&サービシズ
司法書士法人代表社員 福田龍介

# 成長戦略として政府が公認

前回、拙著「新・中間省略登記が図解でわかる本」（住宅新報社、現在第5刷）の発刊によりこの手法の普及が進んだ一方で、まだ十分浸透していないところも多いと指摘した。

なぜ浸透していないのか。今回はその理由を4つ述べるが、それらの根底にあるのは、なぜこの手法が政府に公認されたのか、それは新・中間省略登記が成長戦略の一環だからであるということを関係者が十分理解していないということである（06年12月の規制改革会議の答申参照）。

◆理由―1 司法書士のビジネススタンス

前回書いた「ウチの県はやりません」と言ったというのは実は司法書士だ。これはいろいろな地方で耳にした話でもある。理由としてリスクがあるからとか、グレーだからなどというのは論外だが、ある県の司法書士に「新・中間省略登記をなぜやらないのか」と尋ねたところ、「やらないとは言っていない。特約がちゃんと入った売買契約書を作ってくれればやる」という答えが返ってきた。

つまり売買契約書を作るのは司法書士の仕事ではなく、不動産会社の仕事である。だから不動産会社がちゃんとした特約入りの契約書を作って来なければやらないというわけだ。だがこの県の不動産関係者は「そもそも司法書士がやってくれない」と言っていた。これをどう解釈すべきだろうか。

◆理由―2 地域性（中央から地方へ）

例えば東京では当たり前に利用されている投資用マンションの専有卸のケースでも地方では必ずしも利用されていないということがある。

専門家向けの雑誌のインタビューで、専有卸の場面でこの手法が多用されているという話をしたところ（「月刊登記情報」（金融財政事情研究会）5月号＝第642号）、早速ある地方都市の司法書士から、「私たちも専有卸の営業をやってみます」というメールを頂いた程である。

また某県では賃貸している場合は中間者に所有権が移転しているという理由で不動産取得税が課税されているという話も聞いた。

◆理由―3 取引形態に内在する理由

取引形態によってこの手法を採用するかしないかに違いがあることも確かだ。

様々な取引形態におけるこの手法の活用例は前掲拙著を参照して頂きたいが、その一つにいわゆる買取り転売（再販）がある。

今後中古住宅の流通の増加が期待される中で、新・中間省略登記はそれを活性化させる有効な手段である。

実際に中古の投資用マンションの買取り転売ではこの手法は利用されているが、実需のマンションのいわゆるリノベ再販ではほとんど利用されていない。

◆理由―4 会社の方針の不徹底

金融機関の融資担当者（審査セクションでなく）、大手仲介会社の営業担当者（法務セクションでなく）が否定的という話もよく耳にする。

これはその会社の方針（審査や法務セクションの考え方＝頭から否定している会社は現在はない）が現場に徹底されていないということだ。本店はやるが支店はやらない（やれない）という話も聞いたことがある。（続く）

55年生まれ。早大法卒。89年司法書士登録。02年現事務所設立。「新・中間省略登記」の第一人者で、規制改革・民間開放推進会議の答申にも関与。不動産証券化支援、債権バルク取引支援（デューデリ）等々幅広い実績を持つほか、数々の不動産トラブルを未然に防いできた実績から、不動産会社・金融機関に対して不動産取引リスクのコンサルティングを行っている。

（新聞記事⑩『住宅新報』2015年5月26日号より）

2015年5月26日号（平成27年）第3417号週刊
定期購読料（送料込み）
6カ月 8,229円（本体7,619円＋税）／1カ年 15,840円（本体14,667円＋税）
©住宅新報社2015年　1948年6月18日第3種郵便物認可
発行／毎週火曜日　1部 360円（本体333円＋税）
株式会社 住宅新報社　Webはこちらへ　住宅新報　検索
本社／〒105-0001 東京都港区虎ノ門3-11-15 SVAX TTビル 電話 03-6403-7800 FAX 03-6403-7825
支社／〒541-0046 大阪市中央区平野町1-8-13 平野町八千代ビル 電話 06-6202-8541 FAX 06-6202-8129
読者とともに
住宅新報
創刊68年

## 新中間省略登記は今 ◇下

フクダリーガルコントラクツ&サービシス
司法書士法人代表社員　福田龍介

# 買取再販でも問題なし

前回は新・中間省略登記が十分浸透していない4つの理由と、その根底にはこの手法が政府の承認を受けた趣旨、すなわち、規制緩和という政府の成長戦略の一環であることについての無理解があるのではないかと述べた。最終回の今回はこれらの問題を克服し、成長戦略に寄与するためにはどうすればよいかを考える。

◆理由1（司法書士のビジネススタンス）

重要なのは依頼者（主に不動産事業者）と司法書士とがきちんとコミュニケーションを取るように努力することである。司法書士が「リスクがあるから」とか「グレーだから」という理由で断るのは論外だが、もしそう言われたら「どこがリスクなのか」「どのようにグレーなのか」をぜひ尋ねてみてほしい。

また「契約書に特約をいれるのは不動産事業者の仕事」という司法書士の意見もあったが、筆者は数年前に関西某県の不動産事業者の方から「司法書士に福田さんの本を読んでもらって何とか新・中間省略登記をやってもらえたが、取引をまとめるよりもそっちのほうが大変だった（笑）」と言われたこともある。

◆理由2（地域性）

新しい事が東京→地方都市→周辺部と伝わっていくというのは新・中間省略登記に限ったことではない。時間をかけて地道に浸透するよう努力するしかない。この点もやはり不動産事業者と司法書士との意思疎通が重要だが、私も講演などでお手伝いすることはできる。昨年も茨城県や岡山県の宅建協会で講演をさせて頂いている（茨城県は法定講習）。全国各地の業界団体や司法書士会での講演が多い（7月には船井総研、8月には住宅新報社主催で東京・名古屋・大阪で講演させて頂く）。

◆理由3（取引形態）

例えばリノベ再販で新・中間省略登記が行われていない理由はいくつかある。詳細は紙面の関係から割愛するが（セミナーでは触れる）、例えば「決済までが長期であるため、その間所有権を留保しておくのはリスクがある」や、「所有権を留保したまま工事を行うと再販が不調に終わった場合に工事代金の負担について売主とトラブルになりやすい」といった理由は、仕組みをつくることで解決できる。

つまり、決済を留保したままリノベ工事を行う場合は売買契約書および請負契約書に転売不調となった場合の手当て（どちらが危険を負担するか＝買主の負担が多いと思うが）を明確にしておく、また決済を留保しなかった場合は保全登記を併用するなどである。

◆理由4（会社の方針の不徹底）

ある大手金融機関ではファイナンス担当役員に私が説明し全拠点に通達を発して頂いたが、それから3年程経っても現場には徹底されていなかったという事例がある。これは金融機関に限らず大手企業に多くみられる傾向である。これに関しては企業自身が「成長戦略」という趣旨を十分に理解して、新・中間省略登記を全社的に徹底させて頂く（通達を一度発するだけでなく定期的に検証するなど）しかないだろう。（おわり）

ふくだ・りゅうすけ＝55年生まれ。早大法卒。89年司法書士登録。02年現事務所設立。「新・中間省略登記」の第一人者で、規制改革・民間開放推進会議の答申にも関与。不動産証券化支援、債権バルク取引支援など幅広い実績を持つほか、数々の不動産トラブルを未然に防いできた実績から、不動産会社・金融機関に対して不動産取引リスクのコンサルティングを行っている。

リノベ再販における中間省略

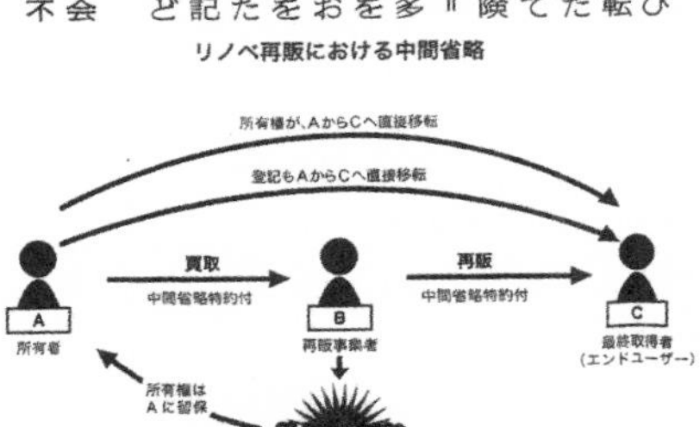

（新聞記事⑪『住宅新報』2018年1月23日号より）

住　宅　新　報

（5）　2018年（平成30年）1月23日号　第3種郵便物認可

マンション・開発・経営

# 認知症でも不動産取引はできる　◇上

司法書士・福田龍介

厚生労働省の試算によると、現在525万人の認知症患者数は年々増加し、団塊世代が後期高齢者の仲間入りをする25年には700万人を超える。これは65歳以上の５人に１人が認知症となる計算で、不動産取引においても、無関係ではいられない。そこで、司法書士の福田龍介氏に、取引時に留意すべき点や意思能力の判断方法などについて解説してもらう（全３回）。

## 判断能力低下で即、契約無効ではない

売主が認知症だというだけで司法書士に「ダメダメ、後見人を立てなきゃ」と言われた経験のある読者は多いのではないだろうか。

しかし、認知症でも後見人を立てずに不動産取引はできるのである。

### "定義"を確認

本当なのか？　と疑いの目を向けている読者の顔が見える（笑）。そう思われるのも無理はないが、もちろん本当である。そしてさほど難しい話ではない。つまり、認知症イコール意思無能力、ではないというだけのことだ。

ではまず、それぞれの定義から見てみよう。

認知症とは「脳血管疾患、アルツハイマー病その他の要因に基づく脳の器質的な変化により日常生活に支障が生じる程度にまで記憶機能及びその他の認知機能が低下した状態をいう。」（介護保険法第5条の2）。

## 個別診断で対応

意思無能力とは「精神上の障害により事理を弁識する能力を欠く常況にある」ことをいう（民法7条）。分かりやすく言うと、「例えば日常的な買い物も自分ではできないような方」（「わかりやすい成年後見制度の手続」最高裁判所）である。

つまり、認知症とは一定レベルまでの「判断力の低下」を意味するが、必ずしも「常に判断力を欠いている」、つまり意思無能力（契約無効）であるという訳ではないのだ。

確かに認知症を発症している高齢者は判断能力が低下しており、意思無能力である場合も少なくはない。

しかし反面、認知症で意思能力が低下していても完全に意思能力を失っているとはいえないレベルの高齢者も決して少なくはないのである。

そのような高齢者であれば、「認知症でも不動産取引はできる」のである。

### 多い有効判決

また、意思能力の判断は、法的な判断であり、行われる法律行為の内容などに照らし個別具体的にその有無が判断される。したがって、認知症の診断を受けた者が行った不動産取引であっても、それが有効とされた裁判例も枚挙に事欠かない。

例えば平成20年10月8日、東京地裁判決は認知症で徘徊行為まである者が行った不動産の売買について、取引経緯や当人の経歴等を総合的に勘案して有効であるという判断をしている。

では、どうすれば認知症の診断を受けている、あるいは高齢で判断能力が低下している当事者と安全に不動産取引をすることができるのか？

まず、意思能力の有無の判断が必要である（第2回）。次に、後日トラブルにならないように備えることが必要である（第3回）。　つづく

認知症と意思能力の関係

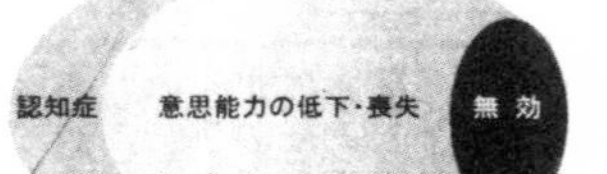


認知症の概念は意思能力の概念を包摂するが完全に重なりあうわけではない。
また、認知症は医学的概念であり意思能力は法的概念である。

ふくだ・りゅうすけ＝司法書士・不動産円滑化コンサルタント。フクダリーガルコントラクツ&サービシス司法書士法人代表。早大法卒。89年司法書士登録。05年に「新・中間省略登記」を開発、06年規制改革・民間開放推進会議を経て政府の公認を得る。理論・実績両面において「新・中間省略登記」の第一人者。新・中間省略登記、認知症、詐欺被害防止などの不動産円滑化コンサルティングを行っている。

（新聞記事⑫『住宅新報』2018年1月30日号より）

住　宅　新　報

（5）　2018年(平成30年)1月30日号　第3種郵便物認可

マンション・開発・経営

# 認知症でも不動産取引はできる ◇中

司法書士・福田龍介

## 丹念に情報収集を進める

まず、意思能力を疑うべきかどうかを早い段階で判断することが必要である。兆候をつかむということである。次のような情報をキャッチしたときは「兆候あり」と判断しなければならない。

### 疑うべき状況

①高齢である、②日常生活に介助が必要である、③要介護状態である（要介護認定を受けている）、④施設に入所している、⑤病院に入院している、⑥契約書の署名が代理署名である／本人の署名だが字が著しく乱れている、⑦不動産の取得時期が古い、⑧売買条件が著しく不利である（売却代金が低廉である等）

ふくだ・りゅうすけ＝司法書士・不動産円滑化コンサルタント。フクダリーガルコントラクツ&サービシス司法書士法人代表。早大法卒。89年司法書士登録。05年に「新・中間省略登記」を開発、06年規制改革・民間開放推進会議を経て政府の公認を得る。理論・実績両面において「新・中間省略登記」の第一人者。新・中間省略登記、認知症、詐欺被害防止などの不動産円滑化コンサルティングを行っている。

これらの情報をつかんだら、次に行うべきことは「会う」こと、そして「会話」することである。

もちろん認知症か否かの判断は医学的判断であり、意思能力の有無は法律的判断である。したがって最終的に専門家の判断を仰ぐ必要が出て来る場合もある。専門家に頼らなくても判断が可能な場合も多い。つまり、誰が見ても問題がないと感じる場合と、逆に誰が見てもダメ、すなわち完全に意思能力がないと感じられる場合である。会って話をすれば業界人なら判断できる（はずである）。

### 意思能力の有無を判断

問題はどちらとも判断がつかない場合だ。この場合に行うべきことは更に情報を集めることである。

### 判断に迷ったら

【第1段階】会話をする。日常会話の中から意思能力の程度をつかみ取るということだ。この場合に専門家の行う認知症の簡易テストの方法が参考になる。例えば「改訂長谷川式簡易知能評価スケール（HDS－R）」「ミニメンタルステート検査（MMSE）」等である。そしてこれだけで判断が可能となる場合もあるが、判断がつかない場合は次の段階に移る。

【第2段階】周辺からの情報を集める。

周辺とは、本人について多くの情報（本人の生活全般に関する情報等）を持つ人たち、すなわち家族や介護・看護担当者、主治医、市区町村・地域包括支援センターの福祉関係者等である。

これでも判断がつかない場合、次の段階に移る。

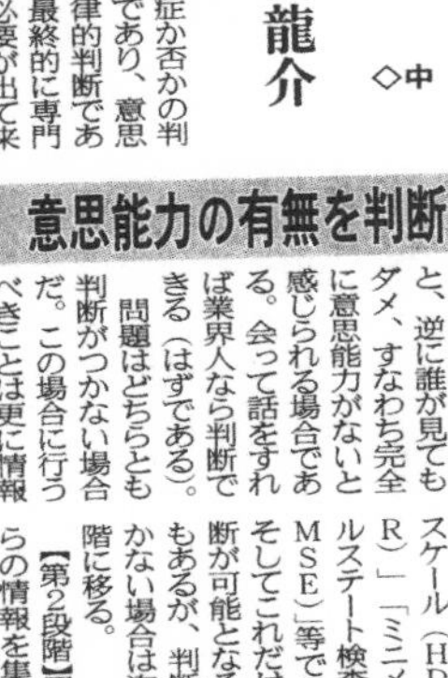

売主が一人暮らしの高齢者で不動産の取得時期が古いときなどは要注意

【第3段階】専門家に依頼する。医学的判断＝医師、法的判断＝司法書士・弁護士である。彼らに依頼する内容は本人と会ってもらって診断書または報告書（リーガルオピニオン）を書いてもらうことである。なお、裁判所は①医学的評価、②年齢、③動機・経緯、④取引の複雑性、⑤取引の客観的合理性等を総合考慮して判断している。

以上から判断は下せるはずである。そして重要なのは「意思能力あり」と判断を下した場合の、事後への備えである。

つづく

（新聞記事⑬『住宅新報』2018年2月6日号より）

住　宅　新　報

（5）　2018年(平成30年)2月6日号　第3種郵便物認可

マンション・開発・経営

# 認知症でも不動産取引はできる ◇下

## 医師の診断書、ビデオ撮影など

司法書士・福田龍介

意思能力ありと判断した場合に特に重要なのが、トラブル防止への備えである。

認知症であり判断力が低下している場合に不動産取引をするのであるから、取引後に意思無能力を理由に売買の無効を訴えられるなどのトラブルが発生する可能性があるからである。

### 訴訟沙汰も想定

もちろんきちんとした手順を踏んで意思能力ありと判断している訳であるから、公明正大、誰にはばかることもないのであるが、それをきちんと主張して、誰であっても納得させるだけの材料を用意しておかなければならない。

例えば最悪訴訟になっても勝てるだけの証拠を整えておくということだ。次の準備が必要である。

### 推定相続人の承諾

(1) そもそも訴えられるなどのトラブル発生を防止するために、推定相続人全員の承諾書を徴求する。最もクレーム源となる可能性が高いのが親族、特に本人に万が一のことがあった際に不動産を相続するはずであった推定相続人だからである。

## トラブル防止への備え

(2) (1)が行われていれば訴えられる可能性は低いが、万が一訴えられた場合でも責任追及を回避する、つまり過失を認定されないための備えをしておくことは不可欠である。

以下の5つが考えられる。

### 具体性が重要に

（イ）医師の診断書の徴求。これは主治医に依頼することが望ましいが、できるだけ具体的に書いてもらうことが重要だ。弊社で取り扱った例では「不動産の売却についての判断能力がある」としてもらったものがある。

（ロ）ヒアリング内容の記録。これも具体的に会話内容を記録する。特に本人が何を話したかが重要である。こちらの質問に対して「はい」と答えただけでは駄目である（敗訴の例あり）。

（ハ）ビデオ撮影または録音。ご本人や家族の承諾を取るのが難しい場合もあるができるだけ動画や音声の記録は残しておきたい。

（ニ）「登記されていないことの証明」の取得。成年後見制度を利用していない（後見人がいない）ことを証明する資料である。法務局（本局）で取得できる。

（ホ）公正証書化（または公証人の認証）。公正証書や公証人の認証を受けた文書は訴訟になった場合の証明力が通常の私文書に比べると高い。しかし、公正証書の作成（遺言を除く）も私文書の認証も本人が公証人と会う必要がないため、あくまでも自分たちの意思能力ありという判断を補強するためのものだという認識を持っておくことが重要である。

ふくだ・りゅうすけ＝司法書士・不動産円滑化コンサルタント。フクダリーガルコントラクツ&サービシス司法書士法人代表。早大法卒。89年司法書士登録。05年に「新・中間省略登記」を開発、06年規制改革・民間開放推進会議を経て政府の公認を得る。理論・実績両面において「新・中間省略登記」の第一人者。新・中間省略登記、認知症、詐欺被害防止などの不動産円滑化コンサルティングを行っている。

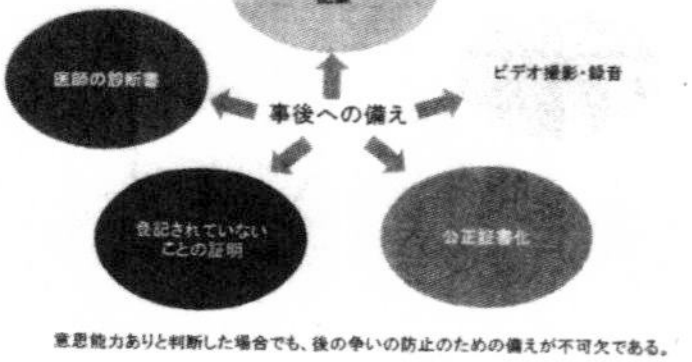


意思能力ありと判断した場合でも、後の争いの防止のための備えが不可欠である。

## 著者　福田　龍介　RYUSUKE　FUKUDA

フクダリーガル コントラクツ ＆ サービシス司法書士法人　代表社員
https://www.fukudalegal.jp


**【基本理念】**

未来を創る仕事

**【プロフィール】**

1955年生まれ
早稲田大学法学部卒業
1989年司法書士登録
大手司法書士事務所等の勤務を経て、
2002年フクダリーガル コントラクツ ＆ サービシスを設立

3年で事務所規模、売上を10倍にしたため、「3年10倍の法則」を講演、著作物等で発表。

2005年からは「中間省略登記問題」に取り組み、それが報道で大きく問題化され、最終的に政府を動かすきっかけとなる。“新・中間省略登記”の公認を求めた2006年末の規制改革・民間開放推進会議の答申にも関与。

**【業務歴・実績】**

□新・中間省略登記コンサルティング　□大型・大量・特殊案件対応
□不動産リスクコンサルティング　□不動産・金融の相互マッチング
□高齢者取引コンサルティング　□登記手続（不動産・動産・会社・債権他）

**【著作物】**

『会社の設立・変更登記　手続きと書式のすべて』（日本実業出版社、2008年1月第3刷）
『中間省略登記の代替手段と不動産取引』（住宅新報社、2007年11月発行）
『資格起業「3年で10倍」の法則』（日本実業出版社、2007年12月発行）

**【ブログ】**

ヤキソバオヤジの、3年10倍ブログ　http://hap.air-nifty.com/phytoncid/

**【主な新・中間省略登記講演実績】**

**■学会**

（公社）日本不動産学会（東京、大阪、名古屋、福岡、仙台、広島）

**■マスコミ**

（株）住宅新報社（東京、大阪、名古屋）

■**金融機関**

三井住友海上火災保険(株)

(株)りそな銀行（不動産営業部）

(株)静岡銀行（東京営業第四部）

■**不動産業界**

(一社)全国住宅産業協会

(公社)東京都宅地建物取引業協会

(公社)全日本不動産協会東京都本部

(公社)神奈川県宅地建物取引業協会

(公社)全日本不動産協会神奈川県本部

(公社)茨城県宅地建物取引業協会（法定研修会）

(公社)三重県宅地建物取引業協会

(公社)岡山県宅地建物取引業協会

■**司法書士会**

東京司法書士会（諸支部、ブロック）

札幌司法書士会

札幌司法書士協同組合

宮城県司法書士会

神奈川県青年司法書士協議会

群馬県青年司法書士協議会

栃木県司法書士会

富山県司法書士会

福岡県司法書士会

大分県司法書士会

長崎県司法書士会

■**その他**

(株)船井総合研究所（司法書士経営研究会）

綜合ユニコム(株)

(株)東京アプレイザル（TAP実務セミナー）

(株)日本経営合理化協会事業団

# あとがき

～“新・中間省略登記”が不要となる未来～

登記の担い手である私達司法書士の仕事の78％がAIによって代替される、という野村総研とオックスフォード大学による共同研究成果が発表されたのは2015年の事である。さらに近年は各所でブロックチェーンによる登記や取引記録の構想が発表され、実証実験も行われ始めている。また行政におけるDX（デジタルトランスフォーメーション）も声高に叫ばれている。

しかし、これら技術的変革はあくまでも手段であり、その目指すところ、即ちあるべき不動産取引の姿は、巨大な構造的変革である。現在のような、当事者、仲介会社、銀行、司法書士、等の存在を前提とする構造とは全くの別物であり、“新・中間省略登記”はもちろんその前提となるクッションモデル™という概念も成立し得ない。

そして、この構造的変革は遠い未来の事ではなく、既に実現し始めている。登記申請の局面においてである。

現在の登記の構造は、「申請主義」即ち当事者からの申請に基づいて行われるという構造である（不動産登記法16条1項）。しかしつい先日（2021年4月）この法律が改正され、申請を要せず登記できるしくみが新設された。個人・法人の氏名・名称や住所に変更が生じた場合に、それらの情報を登記官が直接入手して変更登記をすることができるというものである（同法76条の6）。

これは、AIによって司法書士の仕事（登記申請）が代替されるという類の問題ではなく、登記申請そのものが不要になるという、大きな構造変革なのである。

全ての登記申請が不要になるまでにはまだ多少の時間はかかるであろうが、マイナンバーや電子契約等の普及が進めばこの流れは一気に加速するであろう（ブロックチェーンのしくみによればさらに大きな構造変革が想定できる）。

そしてこの構造変革は登記申請のみに関するものではなく、不動産取引全般に渡って引き起こされるものと考えて間違いはない。

その様な未来に向けて私達が行うべきことは、自分たちの立ち位置を構造変革に巻き込まれるところに置くのではなく、構造変革を引き起こして行く側に置くことである。

次に私が書くべき書籍のテーマもそれについてのものでなければならないであろう。

**新・中間省略登記が図解でわかる本 改訂版**

2010年4月16日　初版発行
2015年10月16日　初版第6刷発行
2019年3月20日　新装版発行
2021年12月16日　改訂版発行

著　者　福　田　龍　介
発行者　馬　場　栄　一
発行所　㈱住宅新報出版
〒171-0014 東京都豊島区池袋2－10－7
(03)6388-0052

印刷・製本／（株)広英社
落丁本・乱丁本はお取り替えいたします。

Printed in Japan
ISBN978-4-910499-08-6 C2030